JONAS VERLAG

Redaktion Bärbel Schmidt

Wir danken Herrn Sigmar Radau aus Berlin für die wertvolle Hilfe bei der Identifikation der Steuerstempel.

für Kunst und Literatur GmbH
Weidenhäuser Straße 88, D-35037 Marburg

Gestaltung Gabriele Rudolph
Druck Fuldaer Verlagsanstalt

ISBN 3-89445-191-2

Detlef Hoffmann

Kultur- und Kunstgeschichte der Spielkarte

Mit einer Dokumentation von Margot Dietrich
zu den Spielen
des Deutschen Spielkarten-Museums
Leinfelden-Echterdingen

Jonas Verlag

Inhalt

Vorwort

Das deutsche Spielkartenmuseum ist nun schon mehr als drei Jahrzehnte ein fester Bestandteil des kulturellen Lebens von Leinfelden-Echterdingen. Zunächst auf den Gängen der Vereinigten Altenburger- und Stralsunder Spielkartenfabriken AG untergebracht, bezog es im Jahr 1974 mit Unterstützung der Stadt das Untergeschoß des damals noch »Grundschule Süd« genannten Schulgebäudes, wo es sich noch heute befindet. 1982 ging die Sammlung in den gemeinsamen Besitz des Landes Baden-Württemberg und der Stadt Leinfelden-Echterdingen über. Seither haben wir fast jedes Jahr Ausstellungen aus den reichen Beständen der Sammlung gesehen, die sich mit den verschiedensten Themen rund um Spiel und Spielkarte befassten.

Die diesjährige Ausstellung »Kultur- und Kunstgeschichte der Spielkarte« ist gedacht, als eine Blütenlese aus den vielfältigen und reichen Beständen des Museums. Aus jedem Sammlungsbereich wurden die schönsten und seltensten Karten ausgewählt, Kartenbilder, die sich mosaikartig zu einem Bild der Kultur- und Kunstgeschichte zusammenfügen. Dabei spannt sich der zeitliche Bogen vom 14. Jahrhundert bis zur Gegenwart und nicht nur das alte Europa, sondern die ganze Welt, vom Fernen Osten bis Amerika ist mit ausgewählten Stücken vertreten.

Wir freuen uns, daß mit dieser Ausstellung die ganze Vielfalt unserer schönen Sammlung nicht nur ausgebreitet, sondern auch in einem sehr ansprechenden Buch dokumentiert werden kann. Wir danken dem Jonas Verlag für die Kooperation und das besondere Engagement, ohne die die Finanzierung nicht möglich gewesen wäre. Danken möchten wir auch einem langjährigen Freund und Förderer des Deutschen Spielkarten-Museums für seine Spende, die es möglich machte, die Spiele ausführlicher zu dokumentieren als es sonst möglich gewesen wäre. Wir danken der Leiterin des Museums, Frau Margot Dietrich, ihren Mitarbeiterinnen und Mitarbeitern und nicht zuletzt und ganz besonders dem wissenschaftlichen Berater des Museums, Herrn Professor Dr. Detlef Hoffmann, der die Hauptlast der Publikationsarbeit getragen hat.

Wolfgang Fischer
Oberbürgermeister
der Stadt Leinfelden-Echterdingen

Prof. Dr. Volker Himmelein
Direktor des
Württembergischen Landesmuseums

1 Herzog Albrecht spielt während eines Balls in der Neuen Veste in München mit einer Dame Karten, 1500

Kultur- und Kunstgeschichte der Spielkarte

Spielen

Unsere Vorstellung von der Rolle des Spiels in der alltäglichen Lebenswirklichkeit ist von dem Gegensatz Arbeit-Freizeit bestimmt. Eine Vorstellung, die den westlichen Kulturkreis wie der ihm typischen Entwicklung hin zu der die gesamte Welt bestimmenden Moderne charakterisiert. Spiel wird hier als Gegensatz zu Arbeit gedacht. Wird Arbeit als zweckorientiert dem Reich der Notwendigkeit, der Realität, dem wirklichen Leben zugeordnet, so das Spiel dem Reich der Freiheit, der Lust, der Welt der Phantasie.[1]

Daß wir von Spiel sprechen, wenn etwas aussieht, als geschehe es absichts- und zwecklos, wird dadurch bestätigt, daß wir auch dann von Spiel sprechen, wenn es kein spielendes Subjekt gibt. Das Licht spielt auf dem Waldboden, der Wind auf den Wellen, der Wind spielt auch in den Haaren und – kommt ein Sturm auf – spielen die Wellen mit dem Schiff. Leichtigkeit und Zwecklosigkeit, oft auch Eleganz, Schwerelosigkeit und Harmonie werden in solchen Bildern beschworen. Was hier beschrieben wird, sieht aus, als geschehe es mühelos.

Im Grimmschen Wörterbuch liest sich dieser Sachverhalt so: »Spiel wird zunächst nur von menschen und thieren gesagt; doch finden sich in der neueren sprache zahlreiche gebrauchsweisen, wo spiel auch unpersönlichen subjekten zugeschrieben wird. die belege reichen indessen nicht über das 18. Jahrh. zurück. der sinn des wortes ändert sich insofern, als der Begriff der unterhaltung, des vergnügens dabei fortfällt; es bleibt also im allgemeinen die vorstellung einer zwecklosen, zumeist regellosen bewegung, doch wird zuweilen auch diese aufgegeben.« Das Grimmsche Wörterbuch definiert »spielen« als »eine thätigkeit, die man nicht um eines resultates und eines praktischen zwecks willen, sondern zum zeitvertreib, zur unterhaltung und zum vergnügen übt.«

Auch der niederländische Historiker Johan Huizinga machte 1932 in seiner Rektoratsrede an der Universität Leyden das Fehlen eines »praktischen Zwecks« zum Mittelpunkt seiner Definition des Spiels, die er 1938 in seinem Werk »Homo ludens«, der spielende Mensch, veröffentlichte.[2] Spiel ist für ihn eine »freie Handlung«, die »außerhalb des gewöhnlichen Lebens« steht. Mit der scharfen Trennungslinie, die er zwischen dem Spiel und dem »gewöhnlichen Leben« zieht, präzisiert Huizinga nur jene Entwicklung, die auch im Grimmschen Wörterbuch faßbar ist: Seit dem 18. Jahrhundert wird »spielen« auch im übertragenen Sinn gebraucht. Mit dem Wort »spielen« benennen Schriftsteller Vorgänge, die zweckfrei aussehen, Handlungen, die scheinbar um ihrer selbst willen zum Vergnügen geschehen. Vorher waren nur Handlungen mit »spielen« bezeichnet worden, deren »praktischer Zweck« nicht faßbar war: Ein Kind spielt mit dem Windrad, die Katze mit der Maus.

Nicht nur Erwachsenenwelt und Kinderwelt trennen sich seit Anfang des 18. Jahrhunderts zunehmend, auch Arbeit und – was man noch nicht so nannte – Freizeit werden zu zwei hermetisch gegeneinander abgeschlossenen Bereichen. Alle Sehnsüchte der arbeitenden Menschen konzentrieren sich auf die Freizeit. Man kämpft zunehmend dafür, soviel zu verdienen, daß man nicht nur genug zu essen hat, man will in der arbeitsfreien Zeit ein Stück mehr Freiheit, als die Maschine erlaubt; aus der Freizeit wird die Zeit der Freiheit. Spielen ist eine Beschäftigung in der Freizeit, im Spiel symbolisiert sich der Traum von Schwerelosigkeit, Heiterkeit, Leichtigkeit – Spiel ist in diesem Sinne eine Tätigkeit ohne praktischen Zweck.

Arbeit und Spiel stehen sich wie das Reich der Notwendigkeit und das Reich der Freiheit gegenüber. Dieses Reich der Freiheit[3], die Befreiung von dem Druck des praktischen Zwecks, wurde einmal als eine Zeit beschrieben, in der wir fischen gehen, ohne Fischer zu sein, und jagen

2 Geistlicher Herr beim Kartenspiel, Foto, um 1900

werden, ohne Jäger zu sein. Diese Formulierung aus der Mitte des vorigen Jahrhunderts hat im Denken über Arbeit und Spiel seinen Niederschlag gefunden. Schon in Freuds Kulturpsychologie findet sich eine – stärker am erlebenden Subjekt entwickelte – Beschreibung des Konflikts zwischen Lebensnot und freier Triebentwicklung, zwischen Realitätsprinzip und Lustprinzip. Das Bild jedoch von demjenigen, der jagt, ohne Jäger zu sein, bringt die Synthese der sich scheinbar schroff gegenüberstehenden Gegensätze: Nicht die Betätigung als solche ändert sich, der Charakter wird ein anderer. Herbert Marcuse hat die Arbeit, die ihren Charakter so wandelt[4], »dem freien Spiel menschlicher Fähigkeiten« gleichgesetzt. Während die Arbeit Zwekken diene, die außerhalb ihrer selbst liegen, sei das Grundmerkmal des Spiels, daß es Befriedigung an sich schafft.

Spiel und Arbeit sind also nicht hermetisch voneinander getrennt, sie stehen in einem dialektischen Verhältnis wie Zukunft und Gegenwart. Spiel ist immer eine Auseinandersetzung mit der Arbeit. Im Spiel werden Elemente des gewöhnlichen Lebens, der Arbeit, zueinander in freie Bezüge gesetzt. Nicht mehr die Notwendigkeit, nicht mehr der praktische Zweck, nicht mehr die alltägliche Realität bestimmen die Gesetze des Spiels, sondern andere, parallel zur Realität entwickelte Regeln.

Daß diese Sicht eine durchaus westliche ist, hat Heide Sbrzesny in ihrem Buch über die Spiele der !ko-Buschleute gezeigt.[5] Zur Zeit der Untersuchung kannte diese Gesellschaft noch sehr viele Mußestunden. Während in Kinderspielen die Älteren und die Jüngeren gemeinsam die Umwelt kennenlernten, Werkzeuge benutzten und körperliche Geschicklichkeit einübten, war die soziale Funktion der Spiele – vor allem die Einübung in Regeln – für Kinder wie für Erwachsene gleichermaßen bedeutsam. Der Umgang mit Aggressionen spielte hier eine wichtige Rolle. Spiel und Lebensunterhalt waren eng ineinander verzahnt, Lust- und Realitätsprinzip lassen sich in Kulturen wie der der Buschleute nicht mit der Klarheit trennen, die die westliche Moderne prägt.

3 Schachklub in Stockholm, 1912

In unsererer modernen Welt erleben die Menschen ihr gesellschaftliches Umfeld Staat und Bürokratien, Wirtschaft und Politik als etwas ihnen Fremdes. In einer solchen Gesellschaft können sich im Spiel die Hoffnungen einer Zeit spiegeln, hier üben die Menschen Aspekte ihrer Zukunft ein. Im Spiel sind auch Dinge möglich, die die »gewöhnliche Welt« nicht zuläßt.

Spiele lassen das Reich der Freiheit erahnen. Man kann Großgrundbesitzer werden und wieder alles verlieren, ohne Geld zu haben; man kann mit Amundsen an den Südpol reisen, ohne die Kälte ertragen zu müssen. Im Spiel wird die Notwendigkeit thematisiert, ohne daß sie unterdrückend wirkt, Realitätsprinzip und Lustprinzip halten sich in einem eigenartigen Schwebezustand.

»Ernste Tätigkeit, aber im leichtesten Flügelkleide«, dies ist Jean Pauls poetische Benennung jenes Schwebezustandes aus Notwendigkeit und Freiheit, aus Realität und Lust.[6] Und diesen Schwebezustand macht er in seiner Darstellung, das kindliche Spiel beschreibend, umkreisend anschaulich. In der Beschreibung von 1806 wird noch ein weiteres erfahrbar: Die Trauer des Erwachsenen über das verlorene Paradies der Kindheit. Seit Erwachsensein und Kindheit sich trennen, seit beide als unterschiedliche Welten erfahren werden, seitdem projizieren Erwachsene ihren Traum von Freiheit und Lust auf die Kindheit und vergessen dabei, daß Notwendigkeit und Realität diese Zeit gleichermaßen prägen. In gleicher Weise wird auf das Spiel alles projiziert, was ganz anders als Arbeit ist. Doch je konkreter man sich mit Spielen beschäftigt, um so mehr stellt man fest, daß Spiel nicht das ganz Andere, sondern das Gleiche in anderer Form ist.

In seiner Rezension von Karl Gröbers 1928 erschienener »Geschichte des Kinderspielzeugs« ist Walter Benjamin auf das Verhältnis von Arbeit und Spiel, von Erwachsenenwelt zur Kinderwelt eingegangen: »Wie nämlich die Merkwelt des Kindes überall von Spuren der älteren Generation durchzogen ist und mit ihnen sich auseinandersetzt, so auch in seinen Spielen. Unmöglich, sie in einem Phantasiebereich im Feenlande einer reinen Kindheit oder Kunst zu konstruieren. Das Spielzeug ist auch wo es dem Gerät der Erwachsenen nicht nachgeahmt ist Auseinandersetzung, und zwar weniger des Kindes mit dem Erwachsenen als des Erwachsenen mit ihm. ... Es ist also ein großer Irrtum in der Annahme, daß schlankweg die Kinder selber mit ihrem Bedürfnis alles Spielzeug bestimmen.«[7]

Spiel als eine Form der Verarbeitung, als eine Form, das Glück größer und den Schmerz erträglicher zu machen, bleibt auch in der Welt der Erwachsenen konstituierend. Benjamin verweist auf jenes Gesetz, das die Welt der Spiele regiert, das Gesetz der Wiederholung: »Wir wissen, daß sie dem Kind die Seele des Spiels ist; daß nichts mehr beglückt als ›noch einmal‹... Der Erwachsene entlastet sein Herz von Schrecken, genießt ein Glück verdoppelt, indem er's erzählt. Das Kind schafft sich die ganze Sache von neuem, fängt noch einmal von vorne an ... Denn Spiel, nichts sonst, ist die Wehmutter jeder Gewohnheit. Essen, Schlafen, Anziehen, Waschen müssen dem kleinen Balg spielhaft eingeimpft werden. Als Spiel tritt die Gewohnheit ins Leben, und in ihr, ihren starrsten Formen noch, überdauert ein Restchen Spiel bis ans Ende. Unkenntlich gewordene versteinerte Formen unseres ersten Glücks, unseres ersten Grauens, das sind die Gewohnheiten. Und noch der trockenste Pedant spielt, ohne zu wissen, kindisch, nicht kindlich, am meisten, wo er Pedant ist. Er wird sich nur seiner Spiele nicht erinnern.«[8] Sich seiner Spiele erinnern, sich bei seinen, sich aus seinen Spielen kennenzulernen, das mag die Folgerung sein. Unsere Geschichte, unsere Umwelt, wir selbst spiegeln uns in unseren Spielen.

Bevor wir das Wechselverhältnis zwischen dem Sonderfall der Spielkarte und der Geschichte von Kulturen beschreiben, soll noch auf andere Spiele als das Kartenspiel verwiesen werden, weil sie – wie sich zeigen wird – doch in dieser oder jener Form in den Karten präsent sind.

Losen

Die älteste bis heute praktizierte Form des Spiels ist das Losen. Kultische Handlung und Entscheidungsfindung, losgelöst von der Rationalität der Notwendigkeit, überlagern sich hier.

Als Christus gekreuzigt wurde, zogen ihm die Henkersknechte den Leibrock aus. Seinen Mantel – ein großes Tuch – zerschnitten sie, und jeder bekam ein Stück. Der Leibrock jedoch war in einem Stück gewebt, ohne Naht. Es wäre schade gewesen, dieses Kleidungsstück zu zerschneiden. Jeder der Knechte wollte es ganz, wollte es unzerschnitten haben. Einerseits mußte jedem die gleiche Chance gegeben werden, andererseits konnte nur einer den Rock bekommen. So ließen sie das Los entscheiden und der Rock wurde nur einem zugesprochen. Durch den Zufall, wie man sagt. Der Zufall ist – wo es nicht anders geht – durchaus eine Macht, auf deren Gerechtigkeit man sich verlassen kann.

Während in der Bibel berichtet wird, daß über das Gewand das Los geworfen wurde, stellen mittelalterliche Gemälde den Vorgang anders dar: Hier benutzen die Henkersknechte ein anderes Instrument für die Entscheidungsfindung als das Los: Sie würfeln.[9]

Von Eskimostämmen wird berichtet, daß sie, um zu entscheiden, in welche Richtung sie ziehen, einen Stock in die Erde stecken. Auf diesem Stock befestigen sie – waagerecht – einen zweiten, beweglichen Stock, einen Zeiger, der gedreht wird. In die Richtung, in die er zeigt, wenn er zum Stillstand gekommen ist, zieht der Stamm. Diese Menschen vertrauen ihr Wohl und Wehe einem Losinstrument an, das sich im Prinzip vom Roulettekessel kaum unterscheidet.[10]

Beide Beispiele sind Losentscheidungen. Im ersten Fall bestimmen Henkersknechte, wer das Gut erhält, im zweiten Fall wird eine von vielen möglichen Marschrichtungen festgelegt. Diejenigen, die sich dieser Entscheidung unterwerfen, verhalten sich unterschiedlich zu dem, was wir heute Zufall nennen. Für die Eskimos ist der Stand des Zeigers der Wille einer Macht. Von vornherein steht fest, daß nur eine einzige Richtung die richtige ist. Das Los entscheidet, welche, bringt also Klarheit. Anders die Henkersknechte: Jeder meint, der Rock stünde ihm zu. Gerade weil jeder damit rechnet, daß ihm der Rock zufallen könnte, fügt er sich dem Losentscheid.

Losen hat ein doppeltes Gesicht: Einerseits wird die Entscheidung einer – angenommenen – übergeordneten Macht durch das Los erst sichtbar, d.h., nur diese und keine andere Entscheidung konnte fallen. Andererseits: Wenn das Los nicht dazu dient, den Willen einer übergeordneten Macht zu offenbaren, dann liegt gerade in seiner Beliebigkeit sein Reiz. Doch »einerseits« und »andererseits« lassen sich auf dem Papier leichter trennen als in der Wirklichkeit. Das Spiel mit der

Beliebigkeit und das Vertrauen auf den Zufall, das Vertrauen auf die über allem stehende Macht, überlappen sich.

Beide Beispiele sind anders als die heute übliche Form des Losens: Heute wird unter den Spielern durch das Los Geld umverteilt. Ein einfaches Prinzip, das an einem schematisierten Beispiel verdeutlicht sei:

Wenn man 49 Lose ohne Preis (Nieten) und eines mit dem Gewinn 50 Mark in einen Eimer legt und alle 50 Lose für je eine Mark verkauft, dann werden durch diese Verlosung 49 Mark umverteilt. Kein Mitspieler nimmt diesen Vorgang jedoch so wahr: Jeder sagt – falls er gewinnt –, er habe das große Los gezogen, er habe Glück gehabt. Er nimmt das Geld wie ein Geschenk des Himmels und nicht wie ein Geschenk seiner Mitspieler. Er fühlt sich nicht als der Nutznießer eines Umverteilungsprozesses, er fühlt sich wie jemand, den die Götter lieben.

Diese Umverteilung durch den Zufall kennen auch viele Glücksspiele mit Karten: Alle Spieler setzen die gleiche Summe und nach einer bestimmten – meist sehr einfachen – Regel wird der Gewinner ermittelt. So zum Beispiel beim Faro.

Das Meisarspiel, ein dem Los ähnliches, jedoch komplexeres Pfeilspiel der Araber, in vorislamischer Zeit belegt, versucht das Glück des Einzelnen und den Nutzen für die Gruppe zu verbinden. Die Verlierer in diesem Spiel, diejenigen, deren Lose nicht gezogen werden, müssen – anteilig – ein Kamel bezahlen. Von den Gewinnern wird jedoch erwartet, daß sie ihren Gewinn an die Armen des Stammes weitergeben.[11]

Die Henkersknechte vermeiden Streit bei der Verteilung ihrer Beute; die Eskimos lernen den Willen der Götter kennen; bei dem Lotteriespiel wird mit mathematischer Logik Geld umverteilt, und beim Meisarspiel findet die Umschichtung auf der Basis eines sozialen Ausgleichs statt.

Würfeln

Das Würfelspiel hängt eng mit dem Losen zusammen. Alle Würfelspiele sind Glücksspiele. Gewinnen kann jeder, ob klug, ob dumm, ob geschickt, ob tolpatschig. Die Regeln sind denkbar einfach. Bewertet werden die erwürfelten Augen, die Kombinationen der meist drei Würfel spielen dabei eine Rolle. Das Spektrum an Möglichkeiten ist gering, ein Spiel ist kurz. Der am weitesten verbreitete Würfel hat sechs Seiten, doch das ist bei weitem nicht der einzige Würfeltypus.[12] Die Schafsknochen der Antike sind vielleicht die absonderlichsten Würfel, sie konnten – mit unterschiedlicher Wahrscheinlichkeit – auf vier Seiten fallen.[13] Vier bezeichnete Flächen haben auch

4 Würfel- und Kartenspieler in einem Spielhaus, Holzschnitt, 1505

längliche Würfel, also Quadern. Man warf sie, indem man sie in eine rollende Bewegung versetzte.

Würfelspiele sind sowohl im alten Indien wie im alten Ägypten belegbar. In der Mahabharata, einem indischen Epos, wird um Königreiche gewürfelt, wobei der magische Charakter dieser Würfelpartie schon daran deutlich wird, daß die Spieler selber Zauberer oder zumindest mit Zauberern verbündet sind. Der Charakter von Würfelspielen kann ähnlich unterschiedlich beschrieben werden wie der des Losens. Komplexer wird das Würfelspiel erst, wenn zu den Würfeln ein Spielplan tritt, auf dem die Steine nach dem Fall der Würfel fortbewegt werden.[14] Das älteste heute noch beliebte Spiel dieser Art ist »Mensch-ärgere-dich-nicht« (Abb. 5); Puff, Trictrac oder Backgammon heißt es, wenn Erwachsene es spielen.

Natürlich unterscheiden sich die Regeln. Sie sind jedoch immer nur Varianten des gleichen Grundprinzips: Fortbewegung nach dem Fall der Würfel und Schlagen der gegnerischen Steine. Auf diesem Grundprinzip lassen sich sehr verschiedene Schwierigkeitsstufen aufbauen. Je nach Regel wird nicht nur dem Zufall (dem Fall des Würfels), sondern auch der Geschicklichkeit des Spielers, seiner Rationalität, Raum gegeben.

5 Pachis-Spieler auf einer Mogul Ganjifa-Karte, 19. Jahrhundert

Lange vor den Karten berichten die Quellen über die Würfel. Sie waren im antiken Mittelmeerraum verbreitet und Tacitus berichtet, daß die Germanen »das Würfelspiel ... auch im nüchternem Zustand wie ernste Dinge« betreiben, »und zwar mit solcher Leichtfertigkeit beim Gewinnen und Verspielen, daß sie dann, wenn alles vertan ist, mit einem entscheidenden letzten Wurf Freiheit und Leben einsetzen.«[15]

Das Würfelspiel ist ohne Gewinn nicht denkbar. Die meisten Spiele – manchmal sogar das Schach – werden um einen Einsatz gespielt. Über das Würfelspiel im Mittelalter sind wir gut informiert.[16] Es lohnt sich, sich die genauen Umstände des Spielablaufes zu vergegenwärtigen, da er ähnlich auch die Karten betrifft. Im Mittelalter war das Würfelspiel in der gesamten Bevölkerung verbreitet, vom gemeinem Mann bis hinauf zum König. Nicht nur Schausteller und fahrende Sänger würfelten, auch Adel und Bürger, ja sogar Geistliche und Ordensleute. Das Würfelspiel war nicht nur unter Männern, sondern ebenfalls unter Frauen sehr beliebt, selbst die Frauen der höfischen Gesellschaft würfelten.

Im geselligen Leben der höfischen Gesellschaft spielt das Würfelspiel fast eine genauso große Rolle wie das Schach. Erholung und Zerstreuung, Kurzweil, geben die Autoren dafür als Grund an. Im Sommer spielt man im Freien, auf der Wiese, im Winter am Kamin. Wie schon gesagt, wurde das Würfelspiel meist um Gewinn gespielt, seit dem 9. Jahrhundert um Geld. War kein Geld mehr vorhanden, setzte man jegliches Pfand ein, sogar Frau und Kind. Mit dem Reichtum erhöhten sich gleichzeitig die Einsätze. »Philipp von Chalons mußte die Stadt nach elfmonatiger Belagerung aufgeben und mit ihr Frieden schließen, weil er das Geld, das er von Karl V. für die Löhnung erhalten, beim Würfelspiel verloren hatte.«[17] Es gab Gewohnheitsspieler, die sich mit den Würfeln ihren Lebensunterhalt verdienten. Falschspiel war hier oft die Folge, um dem Glück ein wenig nachzuhelfen.

Verlust im Spiel führt zu ungeheuren Gefühlsausbrüchen. Petrarcha schildert deswegen in seinem Werk »De remediis utriusque fortunae«, »Von der Artzney bayder Glück, des guten und widerwärtigen«, wie die deutsche Übersetzung von 1532 lautet, die schlechten Folgen des Würfelspiels auf das Temperament (Abb. 6). Das menschliche Angesicht sei von Zorn und Trauer

6 Die Folgen des Spiels. Ein Spieler bespuckt das Kruzifix. Holzschnitt, 1532

bedeckt, gerötet und von Geschrei verwildert. Zierde der Sitten, Mäßigkeit des Wortes und Liebe unter den Menschen gingen verloren. Was hier der humanistische Philosoph schreibt, scheint keine Übertreibung, liest man den Text, den Semrau 1910 aus altfranzösischen Quellen zusammengestellt hat. Der Verlierer im Spiel schnarrt den Nächststehenden an »und macht ihn verantwortlich, die auf dem Tisch stehenden Kerzen wirft er ins Feuer, zähneknirschend beißt er auf den Würfel, donnert mit der Faust auf den Tisch, die Schiedsrichter werden der Lüge bezichtigt, u.a.m. Wer ihn beim Spiele stört, dem wirft er den Leuchter nach, oder er gibt ihm einen Fußtritt vor die Brust, und stets hagelt es Flüche, Verwünschungen und Gotteslästerungen.«[18] Gespielt wurde vornehmlich im Wirtshaus. Der Spieler trug die Würfel entweder bei sich oder sie wurden vom Wirt zur Verfügung gestellt. Spieler in einem Wirtshaus sorgten für Umsatz. Es wird berichtet, daß Wirte auch Geld verliehen, allerdings nur so lange wie Hoffnung auf Rückerstattung bestand. Spielhäuser und Spielstuben sind ebenfalls nachzuweisen. Ihre Besitzer oder Pächter erzielten großen Gewinn. Schließlich gab es noch wandernde Spielhalter, etwa auf Jahrmärkten.

Angesichts dieser Tatsachen verwundert die große Zahl an Verordnungen und Verboten kaum. Auf dem Reichstag zu Augsburg 952 drohte Otto I. den Geistlichen, die vom Würfelspiel nicht ließen, mit Absetzung. Friedrich II. erließ 1232 ein Gesetz »de aleatoribus«. König Ludwig IX. verbot 1255 nicht nur seinen Beamten das Würfelspiel, er untersagte auch die Anfertigung der Würfel.[19]

Weitere Verbote betrafen bestimmte soziale Gruppen – Kreuzfahrer, Mitglieder einer Bruderschaft, Gefangene. Ordensleuten war teilweise das Zusehen beim Spiel untersagt. Andere Verordnungen verboten das Spiel zu gewissen Zeiten, etwa an Feiertagen oder dem Tage davor. Schließlich gab es Bestimmungen, die die Höhe des Einsatzes regelten.

Auch die Würfel selbst wurden, wie bereits vermerkt, geächtet. Es durften keine Würfel angefertigt oder verkauft werden; die Einwohner sollten keine Spieler in ihren Häusern dulden, die Wirte nicht in ihren Schenken, oder nur mit Genehmigung ihres Grundherrn.

Natürlich war das Spiel nicht immer und überall verboten. Die Verordnungen und Verbote betrafen nur kleine Verwaltungseinheiten. Zudem war es damals schwierig, die Verbote auch durchzusetzen. Es gab noch keine öffentliche Finanzwirtschaft, man plante kaum. Waren die Kassen leer, so suchte man nach neuen Möglichkeiten der Besteuerung. So kann es vorkommen, daß einmal die Würfel verboten werden und dann wieder die Würfelmacher in Steuerlisten auftauchen.

Seit dem Ende des 14. Jahrhunderts ist Würfeln nicht mehr das einzige Glücksspiel. Von nun an stellen die Spielkarten die Würfel in den Schatten. Alle Autoren, die bisher das Würfelspiel verdammt haben, schreiben nun gegen Würfel und

Karten. So beginnt Sebastian Brant das 77. Kapitel seines 1494 erschienenen »Narrenschiffs«, das »von Spielern« handelt, mit den Zeilen:

»Noch find ich närrischer Toren viel, die haben Freude nur am Spiel und wähnen, sie könnten leben mit, sollten sie nicht umgehn damit und spielen Tag und Nacht im Saus mit Karten und Würfeln im vollen Braus...«[20]

Schach

Das Schachspiel klammert den Zufall völlig aus. Der Spielverlauf hängt ausschließlich von den Spielern ab. Somit ist dieses Spiel die höchstmögliche Abstraktion vom »gewöhnlichen Leben«, das eben nicht nur von Rationalität bestimmt ist, sondern von Zufällen, von Realitäten, die nicht eingeplant werden können. Das Spiel gegen den Schachcomputer ist die Konsequenz dieser Spielstruktur. Jede Form der Gesetzmäßigkeit kann der Computer lernen, doch den Zufall kann er nicht produzieren. Das Spiel etwa mit dem Black-Jack-Computer (in Japan kann man diesen in jedem Kaufhaus erwerben) wird schnell langweilig, weil der »Zufall« bald seinen Rhythmus offenbart.

Das Schachspiel ist ein höchst gegenständliches Spiel. Die Figuren werden durch ihre Namen, oft auch durch ihr Aussehen, mit der politischen Hierarchie identifiziert, die die Gesellschaft, die das Spiel umgibt, organisiert – hierin der politischen Rangfolge der Spielkarten ähnlich. Auf den 64 Feldern des Schachbrettes stehen sich zwei Heere gegenüber. Die wichtigste Figur ist der Heerführer, der König. Die anderen Truppenteile werden durch die weiteren Figuren vertreten (Abb. 7). Im Laufe der Geschichte des Schach wechseln Namen und Aussehen der Schachfiguren, das gleiche gilt für die – der jeweiligen Figur möglichen – Züge. Aber auch hier bleibt durch die Geschichte das Grundprinzip des Spiels erhalten: Von Anfang an überschauen beide Spieler das gesamte Spiel, keine Maßnahme des einen bleibt dem anderen verborgen. Natürlich ist jeder Zug unterschiedlich interpretierbar, der eine mag den Spielzug des anderen nicht oder zu spät durchschauen, Zufälligkeiten gibt es nicht. Das Aussehen der Spielfiguren und die Struktur der Regeln stehen in einem Wechselverhältnis: Während die Figuren eine konkrete (politische) Wirklichkeit abbilden, ist im Regelsystem des Spiels der Zufall, also das nicht Einzuplanende, das unseren Alltag konstituierend prägt, eliminiert.

7 Schachspiel auf einer Straße in Beiying, Juni 1984

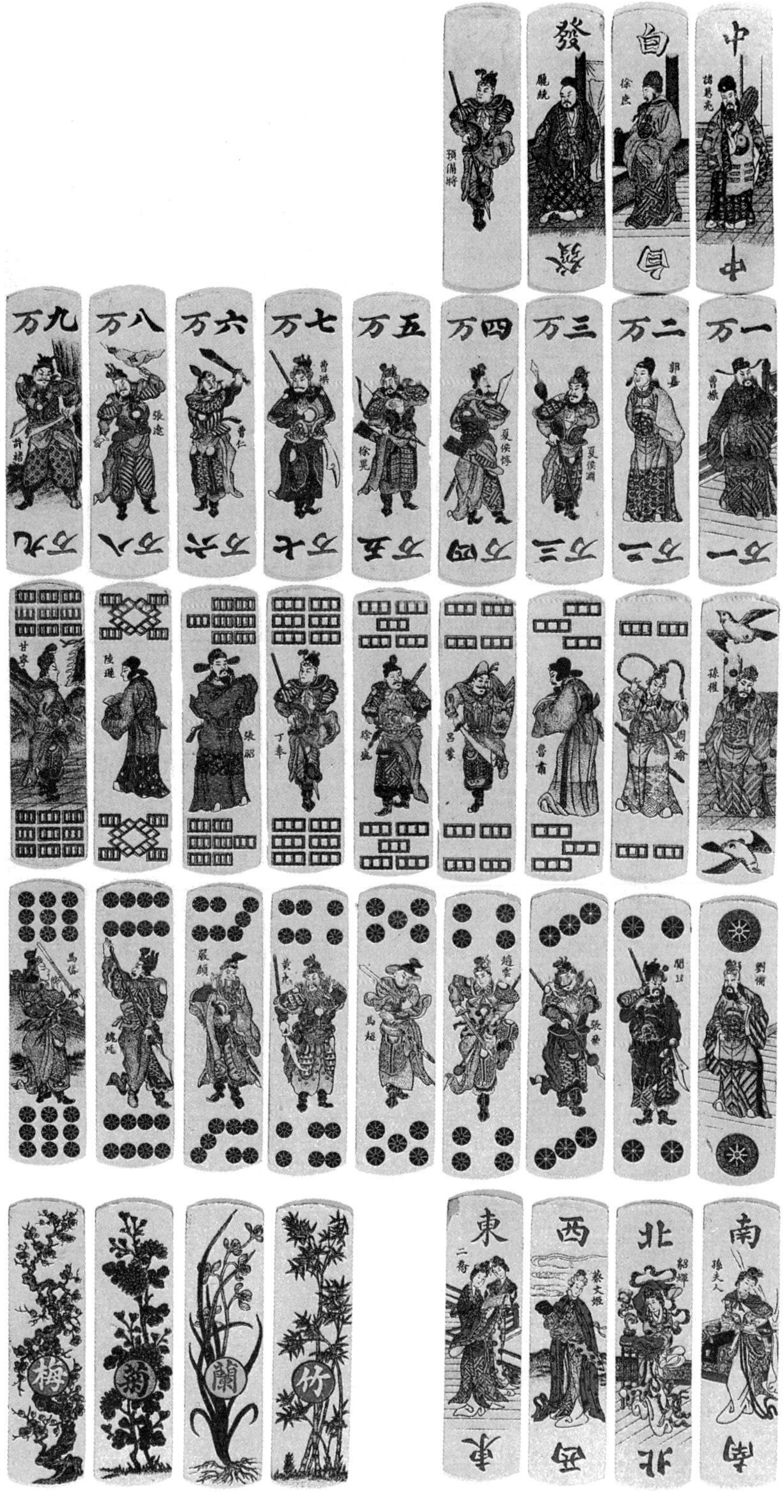

8 Majong-Spielkarten

Im Gegensatz dazu steht das Würfelspiel: Das Spielinstrument ist denkbar abstrakt, ein Kubus, dessen Seiten einen bis sechs Punkte tragen. Ausschließlich der Zufall bestimmt den Ausgang des Spiels. Brettspiele, bei denen die Steine durch den Würfel bewegt werden, können hier als Synthese bezeichnet werden. Durch den Würfel erhält der Zufall seinen notwendigen Raum, er behindert das Fortkommen, er bestimmt es aber – je nach der Regel – nicht ausschließlich. Dieser Zusammenhang zwischen Spiel und »gewöhnlichem Leben« ist immer wieder gespürt worden. Der islamische Dichter Ibn Sina sagt: »Das Schicksal ist ein Spieler. Wir sind die Spielsteine, der Himmel ist der Würfel, und unsere Erde ist das Spielbrett.«

Im 6. Jahrhundert unserer Zeitrechnung ist das Schachspiel in Indien unter dem Namen »Chaturanga«, das mit »Das Viergliedrige« übersetzt werden kann, nachweisbar. Über die arabische Welt erreicht es im Mittelalter Europa. Neben dem heute üblichen Zweierschach kennen wir ein Viererschach, das mit Würfeln gespielt wurde. Ob es älter oder jünger als das Zweierschach ist, ist nicht geklärt.[21] Theorien, die einen Zusammenhang zwischen Kartenspiel und Schachspiel herstellen, geben dem Viererschach den Vorzug – wenn auch in Indien – wie noch zu zeigen sein wird – die Karten acht Spielfarben haben.

Kartenspiele

Da Kartenspiele äußerst vielfältig sind, müssen wir uns in einer ersten Annäherung mit den verschiedenen Systemen vertraut machen. Beginnen wir mit China, das die ältesten Belege für das Kartenspiel auszeichnet. Hier ist die Geschichte der Kartenspiele eng mit der des Steinspiels verknüpft: Domino – dessen Herkunft von Würfeln deutlich zu erkennen ist –, Majong (Abb. 8) sowie das chinesische Schach können gleichermaßen mit Steinen[22] wie mit Karten, die in China wie schmale Papierstreifen aussehen, gespielt werden. Während jedoch bei den Schachkarten bei der Übertragung von Steinen und Spielbrett ein strukturell neues Spiel entsteht, sind Majongsteine und Dominosteine den Spielkarten sehr ähnlich. Sie haben eine Vorderseite mit Wertbezeichnungen sowie eine neutrale Rückseite. Wie der Majongspieler nur seine Steine kennt, kennt jeder Kartenspieler nur seine Karten. Im Laufe des Stein- wie des Kartenspiels klärt sich die Situation in vergleichbarer Weise.

9 Zwei Dashavatara-Ganjifa-Spieler

Den indischen Subkontinent prägen zwei große, einander verwandte Kartenkulturen. Im Norden, dem Reich der Mogulen, ist ein System mit acht Spielfarben verbreitet, das Mogul Ganjifa. Die Farben entsprechen acht Ämtern bei Hof, wie beispielsweise Schatzmeister und Mundschenk. Jede dieser acht Symbolreihen, die wir Farben nennen, wird von einem König und seinem Minister angeführt. Im Süden des Subkontinentes herrscht ein religiöses, das hinduistische Kartensystem vor, das Dashavartara Ganjifa (Abb. 9). Die Spiele haben zehn Farben, die den Erscheinungsweisen des Gottes Vishnu entsprechen. An der Spitze der Reihen – die wie im Mogul Ganjifa – aus je zehn Karten bestehen, ersetzen zwei Ereignisse aus der Geschichte des Gottes Vishnu König und Minister.

Eng verwandt den nordindischen sind die Karten der arabisch-persischen Welt. Um 1530 ist das ermittelte Datum des ältesten Spiels. Das System gleicht dem europäischen: Es gibt mehrere Zahlenreihen von eins bis zehn. Über dieser mathematischen Hierarchie ist eine soziale angordnet: Ein König und sein Minister oder – in einem Spiel aus dem mameluckischen Ägypten – ein König sowie sein erster und sein zweiter Gouverneur.

Wahrscheinlich sind die Spielkarten – wie das Schach – aus dem Orient nach Europa gekommen. Die Daten bilden ein Problem, da in Europa Karten das erste Mal 1377 sicher erwähnt wer-

10 Italienisch-spanische, deutsche und französische Farbzeichen sowie Figuren aus den unterschiedlichen Farbzeichensystemen

den, und zwar in Italien, in einem Spielverbot der Stadt Florenz. Dieses Datum liegt gut eineinhalb Jahrhunderte vor den ersten Nachweisen in Persien und Ägypten, woher die Kartenspiele durchaus stammen könnten. Wie auch immer: Die Karten des Orients zeigen eine große Verwandtschaft mit den europäischen.

Die meisten europäischen Spiele bestehen aus vier Farben, also vier unterschiedlichen Symbolen (Abb. 10). So spielte und spielt man in Italien mit Schwertern und Stäben, zwei länglichen Farbzeichen, sowie mit Münzen und Kelchen, zwei runden. In den deutschsprachigen Ländern nördlich der Alpen, vor allem in Deutschland, kennt man noch Eichel und Blatt, Herz und Schelle. Weltweit durchgesetzt haben sich indessen die französischen Farben: Treff (Kreuz) und Pik, Herz und Karo, zwei schwarze und zwei rote Symbole.

Diese Farbsysteme weisen, grob unterschieden, verschiedene Figurenkarten auf. In Italien stehen an der Spitze der Reihen – in aufsteigender Folge – Bube, Reiter, Dame (Königin) und König – eine höfische Gesellschaft. In Frankreich fehlt der Reiter; hier besteht der Hofstaat aus Bube, Dame und König. Das deutsche Farbsystem hat an seiner Spitze eine militärische Hierarchie, der König wird von Ober- und Unter-Mann gefolgt, wobei der Schellen-Unter ganz unsoldatisch ein Narr sein kann. In allen Systemen ist dieser gesellschaftlichen Hierarchie eine mathematische untergeordnet – figurenlose Zahlenkarten, die von zehn abwärts bis eins reichen können.

Parallel zur Geschichte der deutschen verläuft die der Schweizer Farben (Abb. 11), die die gleichen Figurenkarten, aber zwei andere Farbsymbole haben: Zu den bekannten Eicheln und Schellen treten Blumen und Schilde. In dem Banner, das die Schweizer Zehnen kennzeichnet, ist ein alter, im 16. Jahrhundert belegter, aber wahrscheinlich schon aus dem Ende des 14. Jahrhunderts stammender Typus enthalten.

11 Fragmente eines Schweizer Kartenspiels mit Schilten und Schellen, Hüten und Federn

Vielleicht hat die Nennung der verschiedenen Kartensysteme schon deutlich gemacht, welch komplexes, vielfältiges Gebilde ein Satz Karten ist. So mag es nicht überraschen, daß die Spielkarten zu den jüngsten Spielen der Geschichte gehören.

Eine Zwischenbilanz: Während der Fall eines Loses oder der Würfel, wie die Positionen im Brettspiel, allen Spielern zu jeder Zeit bekannt sind, trifft dies für das Kartenspiel nicht zu. Bei einfachen Glücksspielen wie Faro (Abb. 12) oder Blackjack kann dies zwar durchaus der Fall sein, doch schon komplexere Glücksspiele, zum Beispiel Poker, beziehen ihren Reiz gerade daraus, daß jeder Spieler nur seine Karten kennt, die der anderen jedoch erschließen und erraten muß. Während der Ausgang dieser Kartenspiele überwiegend vom Zufall und zum kleinen Teil von der Geschicklichkeit bestimmt wird, gibt es andere, beispielsweise Hombre, Bridge oder Skat, die weitgehend vom Können, nur zum kleinen Teil vom Zufall bestimmt werden. Durch das Mischen und verdeckte Verteilen der Karten, das zum überwiegenden Teil der Spiele gehört, ist auch der Zufall ein Element des Spiels. Der Kartenspieler hat sich immer mit dem Zufall auseinanderzusetzen, der in der Logik des Spielinstrumentes liegt.

Entsprechen beim Schachspiel ein geradliniges Regelsystem und die klare Rationalität des Spielverlaufs dem höfischen Gesellschaftssystem, in dem jeder vom Anfang bis zum Ende des Lebens seinen Platz hat, wird dagegen beim Kartenspiel durch die sich immer verändernden Regeln, durch den Zufall, auf den die Spieler reagieren müssen, die Hierarchie, an deren Spitze wohl anfänglich König und Königin standen, ins Wanken gebracht.

12 Faro-Spiel

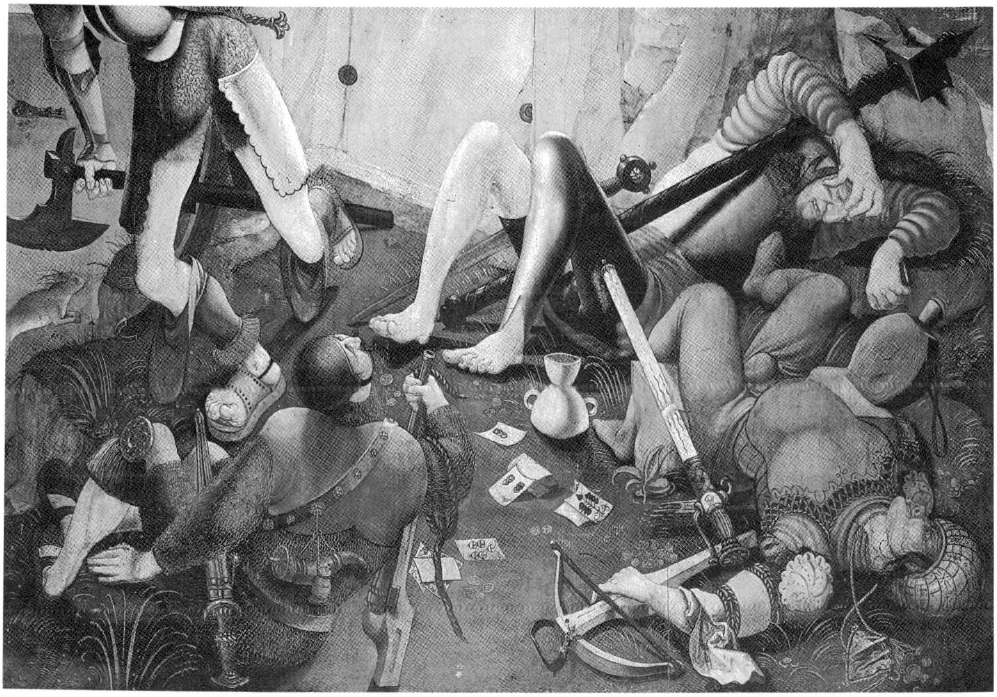

13 Ein gestörtes Karnöffelspiel, 1517

Wie schon erwähnt, kamen die Spielkarten wahrscheinlich aus dem Orient. Die Regel, die mit den Karten kam, war das einfache »Bedienen«, das heißt, der erste Spieler mußte eine Farbe anspielen, die anderen Spieler mußten in dieser Farbe mit einer höheren oder niedrigeren Karte antworten oder eine andere Farbe abwerfen. Der Trumpf ist eine italienische Erfindung und im Zusammenhang mit der Entwicklung der Tarocchi im ersten Viertel des 15. Jahrhunderts entstanden.[23] Im übrigen kennen wir meist nur die Namen von alten Spielen, ihre Regeln sind weitgehend unbekannt. Zwei Spiele waren nicht ausschließlich vom Zufall bestimmt, sondern erforderten auch Geschick: Tarock und Karnöffel (Abb. 13). Das Karnöffelspiel[24] entstand im oberdeutschen Sprachgebiet während des ersten Viertels des 15. Jahrhunderts. Gegen Ende des 15. und dann vor allem im 16. Jahrhundert wurde es von Predigern und Pamphletisten als Gleichnis für die verkehrte neue Weltordnung beschrieben. Landsknechte sorgten für seine weite Verbreitung. Der »Karnöffel«, der Trumpfuntermann, ist hier die höchste Karte. Er sticht »Papst«, »Kaiser«, »König« und »Obermann«. Als letzte Nachfahren geben das Kaiserjass in der Innerschweiz und das »Knüffeln« in Friesland noch im 20. Jahrhundert Zeugnis von diesem Spiel.

Neben dem wohl aus dem Orient gekommenen Stichspiel und dem europäischen Trumpfen ist das »Bieten« die dritte große Erfindung der Kartenspielgeschichte. Sie ist zum ersten Mal in Spanien bei einem Spiel nachzuweisen, das Tresillo heißt. Bekannter ist es im übrigen Europa – wo es sich im 17. Jahrhundert durchsetzt und im 18. ein Modespiel ist – unter dem Namen Hombre oder Ombre. Es wird zu dritt gespielt. Durch das Bieten wird erklärt, unter welchen Bedingungen der Alleinspieler gegen seine gemeinsam spielenden Gegner antritt.[25]

Bedienen, trumpfen und bieten – diese drei Worte beschreiben die großen Erfindungen in der Geschichte der Kartenspiele. Doch Spielerinnen und Spieler scheren sich sehr wenig um all diese Dinge, deswegen gibt es erst seit Mitte des 17. Jahrhunderts Bücher mit Spielregeln, oft sehr umständliche, schwer lesbare Texte. Einige wenige Begriffe, von denen einzelne bereits verwandt wurden, seien jedoch kurz genannt: Ablegespiele, Stichspiele und Glücksspiele.

Bei den Ablege- und Anlegespielen geht es darum, bestimmte Kartenfolgen zusammenzustellen und zu sogenannten »Meldungen« auf dem Tisch auszulegen oder auch einzelne Karten an bereits bestehende Meldungen anzufügen.

Bei den Stichspielen werden Stiche ausgespielt, indem die Spieler reihum jeweils eine Karte ablegen. Den Stich gewinnt der Spieler mit der höchsten Karte. Abgerechnet wird entweder nach der Anzahl der gewonnenen Stiche oder nach dem Punktwert der in den Stichen gewonnenen Karten.

Bei den Wett- oder Glücksspielen schließlich wetten die Spieler um einen Einsatz auf eine bestimmte Karte, einen Punktwert oder die höchste Kartenkombination. Nicht bei allen Glücksspielen muß sich ein Spieler im übrigen ausschließlich auf sein Glück verlassen. Immerhin sind etwa beim Poker alle Chancen mathematisch präzise berechenbar, und bis zu einem gewissen Maß läßt sich hier durch eine kluge Taktik der Spielerfolg steigern.

Viele Spiele beziehen ihren Reiz aus der Kombination mehrerer dieser Strukturen, etwa dem Vorschalten einer Bietrunde vor das Ausspielen der Stiche.[26]

Die Spielkarte

Anders als bei Losen, Würfeln oder auch Schachfiguren sind Vorder- und Rückseiten der Spielkarten von großer Bedeutung. Die Vorderseite der Karten ist mit Symbolen, den sich wiederholenden Farbzeichen versehen, die Rückseiten sind heutzutage gemustert. Die Symbole der Vorderseite geben den Spielenden den Wert der Karte an. Auf die Kennzeichnung des Wertes kann keine Spielkarte verzichten, wohl aber auf die Bilder, die uns von den geläufigen Karten vertraut sind: König, Königin oder ein Reiter. Dafür können Bilder, die mit dem Spielwert der Karte überhaupt nichts zu tun haben, die gesamte Vorderseite füllen: politische Karikaturen, erotische Bildchen[27] oder nur die Sehenswürdigkeiten eines Landes, einer Stadt, eines Badeortes. Das haben Karten anderen Spielinstrumenten voraus: Sie können beliebig bemalt oder bedruckt werden, nur muß ihr Wert an einer Stelle, und sei es noch so klein, angegeben werden. Diese Illustrationen, diese Bildsequenzen, machen den Reichtum der Geschichte der Spielkarte aus. Meist zeigen die Spielkarten keine originalen Bilderfindungen, sie übernehmen Erprobtes. Damit klinken sich die Karten in populäre Druckgrafik, Buchillustration und Künstlergrafik ein, in die Geschichte der Werbung und der Karikatur, in die – noch unerforschte – Geschichte sekundärer und tertiärer Wiederverwendung von Bildern. Beschäftigt man sich mit der ununterbrochenen Wiederholung von Bildern, stößt man häufig auf Spielkarten.

Heute sind die Rückseiten der Karten[28] entweder neutral gemustert oder – wie in den angelsächsischen Ländern – mit immer dem gleichen Bild versehen (Abb. 14). Auf jeden Fall müssen alle Rückseiten eines Blattes identisch sein – nur ein Falschspieler wäre an dem Gegenteil interessiert. Deswegen ist man auch von dem Brauch der ersten Jahrhunderte abgegangen, die Rückseiten unbedruckt zu lassen. Die weißen Blätter verschmutzten unterschiedlich, visuell begabte Spieler konnten anhand der Schmutzwolken der Rückseite auf den Wert der Vorderseite schließen. Schon im 16. Jahrhundert begann man deswegen nördlich der Alpen die Rückseite zu mustern, anfangs mit einem Liniengebilde, das vom Holzstock gedruckt wurde. Im 18. Jahrhundert färbte man die Rückseite ein, marmorierte sie oder bearbeitete sie mit Walzen. Hier verbindet sich die Geschichte des Buntpapiers mit der der Kartenrückseiten.[29]

Unbedruckte Rückseiten reizen zu Zweitverwendungen. So benutzte man die Kärtchen als Notizzettel jeder Art, als Karteikarten für Bibliografien, Liebesbeteuerungen, Verabredungen, Gutscheine und Passierscheine. Als die Franzosen in Kanada nicht genug Goldmünzen zur Verfügung hatten, verwandten sie die Karten als Notgeld. Doch nicht nur Schriftliches fand auf den weißen Kärtchen seinen Platz: Wir finden hier kleine Ölbilder, so zeigt ein Spiel eine Auswahl schöner Blumen. Eine besondere Gruppe sind seit dem 16. Jahrhundert Kartenrückseiten mit gezeichneten, später mit gedruckten Noten.[30] Zuerst nur als Einzelfälle bekannt, werden diese Notenrückseiten im 17. und 18. Jahrhundert offenbar sehr beliebt. Schließlich existiert eine Beziehung zwischen der Geschichte der Visitenkarten und der Zweitverwendung von Spielkartenrückseiten. Dieses Jahrhundert sah gedruckte Werberückseiten, immer die gleichen.

Das Wort »charta« bedeutet Karten, Papier – ist also zuerst eine Materialbezeichnung.[31] Die

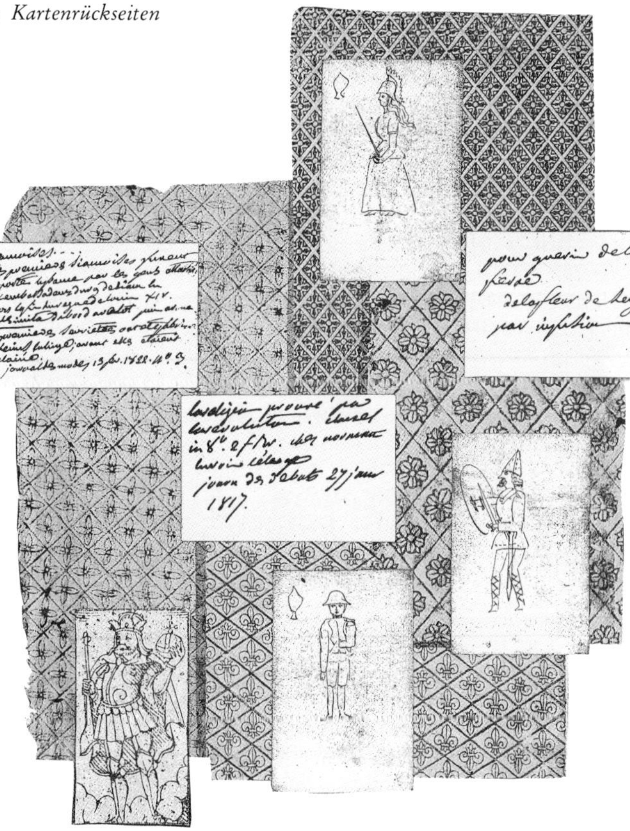

14 Kartenrückseiten

Einführung des Papiers aus dem Orient nach Europa war eine der Voraussetzungen für die schnelle Verbreitung der Spielkarte. Die ältesten erhaltenen europäischen Spielkarten – sie stammen aus dem zweiten Viertel des 15. Jahrhunderts – sind meist auf Papier gemalt; es sind kunstvolle Unikate, auf Bestellung angefertigt und nicht – wie bei der Massenware – auf Vorrat gedruckt. Verbindet sich auch die Materialbezeichnung mit dem deutschen Wort »Karte«, so gibt es durchaus Spielkarten aus anderem Material, ja, jedes dünne Täfelchen konnte zur Spielkarte werden: Es gibt Karten aus Metall, aus Leder, aus gelackten Holztäfelchen. Die handgemalten indischen Karten sind meist auf versteiftem Gewebe, doch gibt es auch kostbare aus Elfenbein, Schildpatt oder Perlmutt.

Die heute im Handel befindlichen Karten besitzen ein hochrechteckiges Format.[32] In der Vergangenheit Europas war dies ebenfalls die Regel, dabei konnte das Format einmal schlanker, einmal breiter sein. Selten sind annähernd quadratische Karten nachzuweisen. Runde oder ovale Karten sind in Europa die Ausnahme, in Indien die Norm. Über die wie Papierstreifen schmalen Karten Chinas war schon die Rede. Sie wanderten mit der chinesischen Kultur bis Indonesien und nach den USA.

Neben die Vielfalt des Materials und des Formates tritt die Vielfalt der bebildernden Techniken.[33] Die frühen chinesischen Karten kennen wir nur aus den schriftlichen Quellen, die allerdings, da sie in die T'ang-Zeit (618-906) zurückreichen, noch nicht den Holzschnitt voraussetzen können. Doch nach dem 10. Jahrhundert westlicher Zeitrechnung ist bei grafischen Erzeugnissen in China mit dem Holzschnitt zu rechnen. Ganz anders der indische Subkontinent, der für seine traditionellen Kartenspiele nur die malerische Herstellung kennt. Sehr viel weiter verbreitet als diese lokalen Karten sind in diesen Regionen allerdings die westlichen Pokerkarten, hergestellt im modernen Offsetverfahren. In Europa ist die Geschichte der Spielkarten eng mit der Entwicklung des Holzschnitts verbunden und es scheint nur unabweisbar, daß sich die Spielkartenverbote im letzten Viertel des 14. Jahrhunderts schon auf Holzschnittkarten beziehen. Erhalten sind allerdings aus früher Zeit nur Inkunabeln der Miniaturmalerei, sie waren schon damals kostbar, wanderten in die fürstlichen Kuriositätensammlungen. Den Karten blieb der Ruf, Ort für grafische Neuerungen zu sein, erhalten. Die ersten Kupferstiche sind ebenfalls Spielkarten. Die Kolorierung der Luxuskarten ist eine Form der Miniaturmalerei, die üblichen Holzschnittkarten färbte der Kartenmacher in Serie, für jede Farbe stand eine Schablone zur Verfügung. Alle modernen industriellen Drucktechniken werden sehr früh für die Karten verwandt, die Radiertechniken des späten 18. Jahrhunderts, die Lithografie, die Chromolithografie und schließlich die Autotypie und der Offsetdruck. Von Anfang an boten die Kartenmacher ein breites Sortiment an, im 16. Jahrhundert kommen in Aussehen und Qualität unterschiedliche Spiele vom gleichen Kartenhersteller.

Das Kartenspiel wird in einer bestimmten Verpackung[34] verkauft (Abb. 15). Ist es ein billiges, zum täglichen Gebrauch bestimmtes Spiel, so ist auch die Verpackung einfach. Oft besteht sie nur aus einem Bogen Papier, der mit dem Namen des Herstellers, einer Qualitätbezeichnung wie »Feine« oder »Extra Feine Spielkarten«, sowie der Anzahl der Karten versehen ist. Vielfach, vor allem in Italien, ist noch ein Firmenzeichen, ein

15 Händler mit einem Kartenspiel, 18. Jahrhundert

Tier oder eine allegorische Figur, auf der Verpakkung angebracht. Kostbare Spiele, etwa aus dem Laden des Stichverlegers, werden in Schachteln oder Schubern verkauft, die meist mit einem gebastelten Etikett versehen sind. Besonders teure Spiele, wie etwa die handgemalten des 15. Jahrhunderts, stecken in Lederschubern oder werden in Holzkästchen aufbewahrt. Und dann gibt es kostbare Holzkästchen und Schatullen, in Japan etwa, oder Spielkästen mit Intarsien versehen, Metalltrühchen für Metallspiele...

Anders als andere Spielinstrumente sind Spielkarten nicht ausschließlich zum Spielen geeignet. Man kann mit ihnen spielen, kann sie aber auch nur als Kuriositäten sammeln. Spielzweck und Sammlerstücke schließen sich gegenseitig aus.[35] Die Karten können auch die Funktion von Buchseiten annehmen: Viel Wissenswertes findet sich auf Spielkarten – Mythologie (Abb. 198) und Wappenkunde (Abb. 181), Geografie (Abb. 182, 194 und 197), Mathematik und Sprachen. Es gibt Karten zum Zaubern (Abb. 207-209), Spezialanfertigungen versteht sich, und zur Ermittlung der Zukunft (Abb. 176). Die Lehrkarten sind die Ahnen unserer Quartette, die mantischen Techniken stehen am Anfang von Wahrsagekarten und okkultistischen Tarots.

Die älteste Erwähnung von Spielkarten findet sich in China. Deswegen werden wir auch unsere Darstellung mit China beginnen. Ihr soll Japan folgen, obwohl beide Spielkartenkulturen wenig Gemeinsames haben. Korea wird als drittes Land Ostasiens den Beitrag zur Geschichte der Spielkarten abrunden. Zwischen den Karten Ostasiens und denen Indiens besteht kein nachweisbarer Zusammenhang, sie unterscheiden sich in Aussehen und Struktur. Enger sind die Verbindungen von den Nord-Indischen zu den persisch-arabischen Karten des 16. Jahrhunderts. Die Quellen für beide Kulturen stammen jedoch erst aus dem Anfang des 16. Jahrhunderts, so daß wir die frühen europäischen Erwähnungen vom Ende des 14. Jahrhunderts dazu benutzen müssen, Spielkarten des Orients vorauszusetzen und zu rekonstruieren. Dazu berechtigen nicht nur arabische Worte für Spielkarten, sondern die vielfach zu beobachtenden Adaptionsbemühungen in Europa. Mit der Expansion der europäischen Kultur setzten sich die westlichen Spielkarten in aller Welt durch. Die Spanier und Portugiesen brachten die italienisch-spanischen Farbzeichen – Schwerter, Stäbe, Becher und Münzen – nach Süd- und Mittelamerika, nach Indien (wo ja schon eine eigene Spielkartentradition bestand) und nach Japan.[36] Mit den Engländern und Franzosen segelten die französischen Farben über den Ozean nach Nordamerika. Die englische Spielkartenindustrie exportierte nach den USA und nach Rußland. Schon zu früherer Zeit waren dorthin über den Balkan und durch Polen die deutschen Farben Eichel, Blatt, Herz und Schelle gewandert.

China

Aus einer Quelle des 11. Jahrhunderts erfahren wir, daß das Kartenspiel in der Mitte der T'ang-Zeit, also wohl im 7./8. Jahrhundert, aufgekommen sei und »daß ein gewisser Yang Tan-ien das Kartenspiel sehr geschätzt habe«. Damit haben wir einen Nachweis, daß man in China zuerst die Spielkarten kannte.

Der älteste materielle Beleg ist die Turfan-Karte; sie soll – nach den Fundumständen – in das 11. Jahrhundert zu datieren sein. »Wenn das stimmt, dann wäre dies nicht nur die älteste erhaltene Spielkarte überhaupt, sondern es wäre zu dieser Zeit auch bereits ein Spielkartentyp vorhanden gewesen, der als direktes Vorbild der uns aus dem 18. und 19. Jahrhundert bekannten chiu-p'ai zu bezeichnen ist. Leider lassen uns die chinesischen Quellen in dieser Richtung völlig im Stich.«[37]

Ausführliche Informationen über Spielkarten besitzen wir aus der späten Ming-Zeit, dem 17. Jahrhundert also. Aus Abbildungen wissen wir auch, wie diese Karten ausgesehen haben. Literarische Szenen, seien es Szenen aus Theaterstükken, seien es Romanfiguren, sind auf diesen Karten dargestellt. Von solchen Theaterspielkarten wurden uns 26 Blatt mit Zitaten aus 24 verschiedenen Theaterstücken aus der Yüan- und Ming-Zeit überliefert. »Es handelt sich um Holzschnitt, in blauer Farbe auf weißes Baumwollpapier gedruckt und auf 14,5 x 7,5 cm große steife Karten aufgeklebt. Daß wir es mit chiu-p'ai zu tun haben, beweisen die Inschriften. Diese bestehen aus zwei Teilen: Das obere Drittel jeder Karte enthält jeweils ein Zitat aus einem Theaterstück. Die beiden unteren Drittel werden von einer szenischen Darstellung eingenommen, welche zu dem obigen Zitat paßt.«[38] In das Kartenbild hinein ist eine Trinkanweisung geschrieben, etwa »dem gelehrten Gast zwei Gläser« oder »die Gegenübersitzenden mögen einander zutrinken« oder »demjenigen, dem ein Sohn geboren wurde, ein großes Glas«. Solche Trinksprüche kennen wir noch heute, allerdings haben sie sich von den Spielkarten verselbständigt, wir finden sie nun auf sogenannten Weintäfelchen, schmalen Stäbchen aus Elfenbein oder anderem Material. Mit diesen Täfelchen wird der Fortgang eines Gelages bestimmt.

Ein anderes altes Spiel, wohl aus dem 18. Jahrhundert, bildet Breitkopf ab.[39] »Soweit sich ersehen läßt, hatte besagtes Spiel wahrscheinlich vier Farben, nämlich Win (Zivil), Wu (Militär), K'o (Wissenschaft), Yüan (Akademie) mit jeweils 9 Werten, von denen jeder einem Titel innerhalb dieser Bereiche entsprach ... Wir haben also hier die wichtigsten Ränge der zivilen Verwaltungshierarchie vor uns, und zwar der Reihe nach von den höchsten Ämtern bei Hofe bis zur Basis...«[40]

Bei den Spielkarten des 17. Jahrhunderts konnte Prunner drei Elemente heraussondern: 1. das literarische Zitat, 2. die Trinkanweisungen und 3. die Spielfarben »in Gestalt der Wertbezeichnungen von Zehnmal-Zehntausern über Zehntausender und Hunderter bis zu den Einzelmünzen«. Die Werte der Karte erscheinen also in Form von Geldbeträgen. Aus den Spielkarten sind in neuester Zeit sowohl die Beamtentitel als auch die Trinkanweisungen verschwunden, gehalten haben sich jedoch literarisches Zitat und Wertbezeichnung bis heute.

Die bekanntesten chinesischen Spielkarten sind die Geldspielkarten (Abb. 16). Der Spielwert wird durch eine mehr oder weniger lange Münzschnur bezeichnet. Zu diesem Wert treten bei vielen Spielen noch Reste literarischer Darstellungen. So ist in einem Spiel noch das geschorene Haupt des Räubermönches Chih-shen zu erkennen, in einem anderen neben Geldsystem und Darstellungen aus dem Shui-hu-chuan noch Figuren aus dem Bericht vom weißen Schlangengespenst, einem alten Volksroman, der Anfang des 19. Jahrhunderts erst niedergeschrieben wurde.[41] Schon im 18. Jahrhundert gibt es dreifarbige und vierfarbige Spiele des Geldsystems.

Das der Zusammenhang zwischen Spielsteinen, Brettsteinen und Spielkarten in China eng ist, wurde schon gesagt. Die Majongkarten hängen mit den Geldspielkarten zusammen. Auch sie können literarische Szenen oder Figuren zeigen. Das gilt ebenso für die Dominokarten, die nur die Wertbezeichnungen tragen können; manchmal treten auch Illustrationen hinzu. Möglicherweise ist das Domino »durch Zusammenlegung der

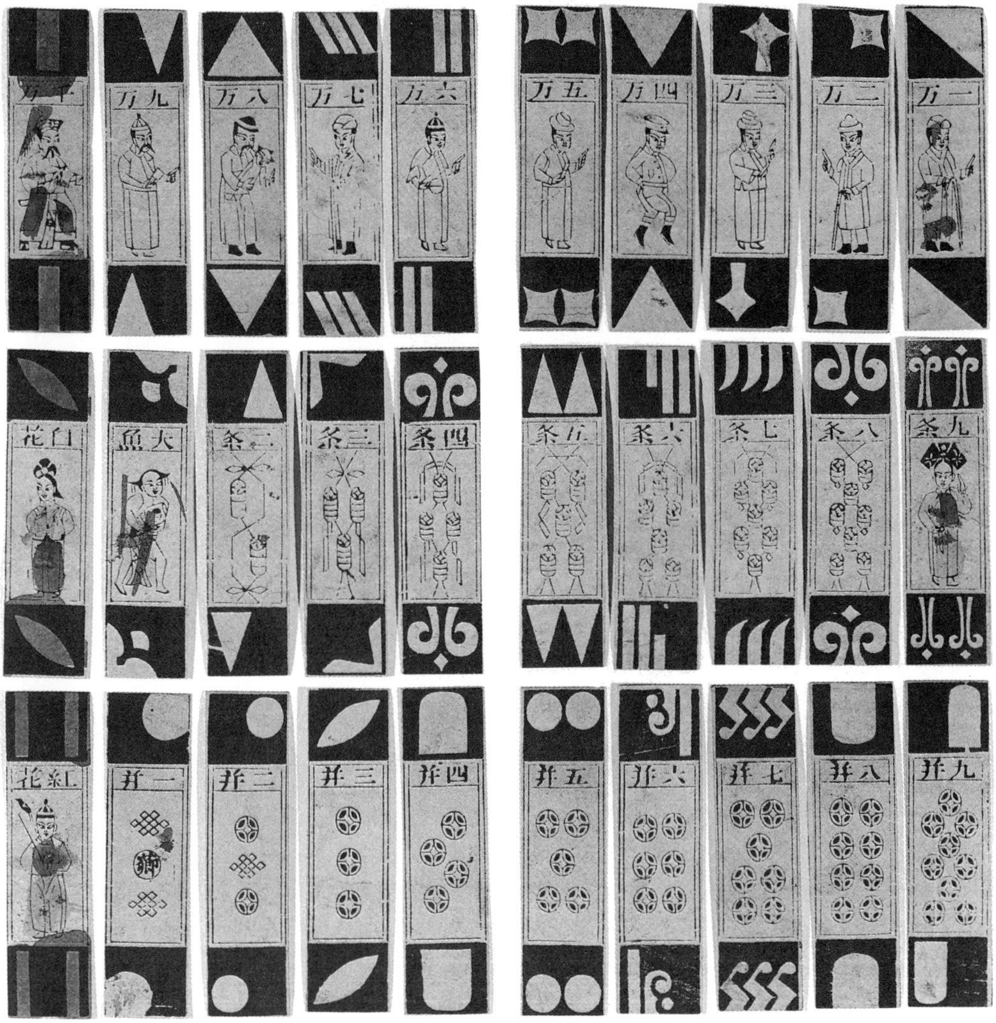

16 Chinesische Geldspielkarten

möglichen beim Würfeln erzielten Augenkombinationen entstanden.«[42] Ob nun diese Augen auf Holz oder Elfenbeintäfelchen oder auf Papierstreifen angebracht werden, ist gleich. Hier erhalten wir zum ersten Male im Ablauf unserer Betrachtung einen Hinweis darauf, wie Spielkarten entstanden sein könnten – sicher nicht das Werk eines großen Erfinders, vielmehr eine Zufälligkeit, vielleicht eine Notlösung. Andere Kombinationsspiele, ähnlich den Dominokarten, sind bekannt.

Schließlich kann in China auch das Schachspiel mit Karten gespielt werden. »Während aber das Steinschach zwei Farben zu je 16 Steinen kennt ..., so sind bei den einzelnen Typen der Schachkarten zwar die Werte, nicht aber unbedingt deren Zahl und die Zahl der Farben beibehalten. So umfassen die Vierfarbenkarten nur jeden Wert einmal, der aber in vier verschiedenen Farben je viermal auftritt, so daß ein ganzes Spiel aus 118 Blatt besteht. Die Farben sind Rot, Grün, Gelb und Weiß.«[43]

Korea

Über koreanische Spielkarten wissen wir sehr wenig. Das koreanische Wort für Spielkarten bedeutet »Kampftäfelchen«. Die Theorie Culins, die koreanischen Spielkarten seien von Pfeilen abzuleiten[44], läßt sich nicht beweisen. Etwas mehr läßt sich über die daraufgeschriebenen Zeichen sagen (Abb. 18): In den stark stilisierten Schreibweisen der Zahlzeichen ist ihre ursprüngliche Form teilweise noch zu erkennen, das gleiche gilt für die Marken auf den Generälen (kor. cang), zumindest in ihrer gebräuchlichsten Form. Culins Behauptung, sie gingen auf figürliche Darstellungen zurück, läßt sich deshalb nicht aufrechterhalten. Ein Spiel besteht aus 60 oder 80 Karten, d.h. 6 (8) Serien von je 9 Karten mit den Werten von 1-9 und 6 (8) Generälen mit dem Wert 10. Im Grunde haben wir es also mit demselben System zu tun wie bei den chinesischen Kartenspielen, nur daß die einzelnen Farben in der Regel nur durch Generäle unterschieden werden, d.h., daß die einzelnen Karten mit Zahlenwerten untereinander austauschbar sind. Bei einem einzigen der bisher bekannten Spiele erscheinen auch die Bezeichnungen der Generäle sozusagen als Farbmarkierungen auf den Zahlenkarten. In den Sammlungen ist häufig ein Kartentyp vorhanden, dadurch gekennzeichnet, daß auf der Rückseite das charakteristische Federmotiv abgebildet ist. »Die Wertbezeichnungen sind

17 Koreaner beim Kartenspiel

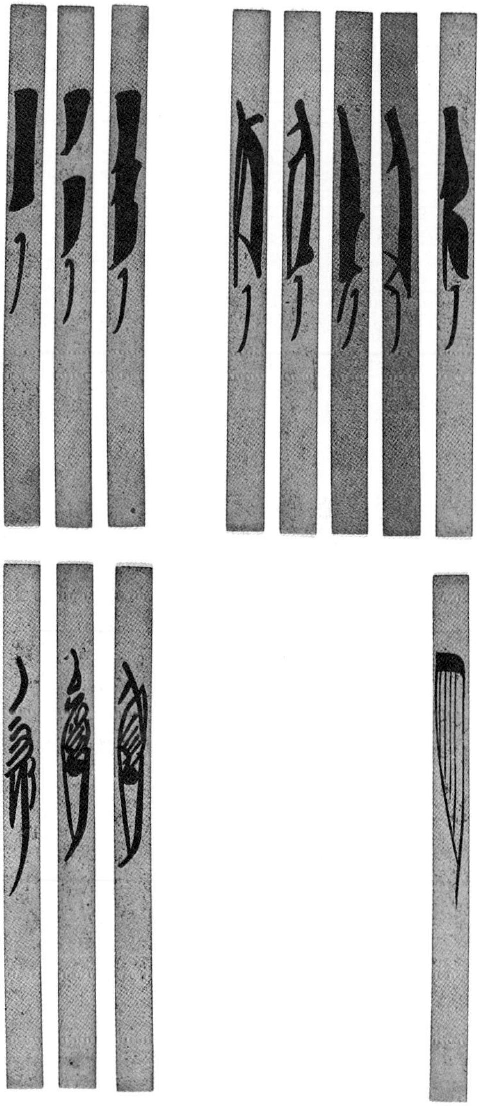

18 Koreanische Spielkarten

stark stilisiert, aber auffallend stereotyp.«[45] Als Material für diese sehr langen, schmalen Karten dient meist Leder oder Ölpapier.

Japan

»In Japan lassen sich zwei große Spielkartentraditionen unterscheiden: Eine ältere, rein japanische Tradition ist die des Awase-Typus, d.h. der Zusammensetzspiele, der in der Form der Mu-

19 Japanerinnen beim Hundertdichterspiel, 1776

schelzusammensetzspiele (kaiawase) schon bis auf die Heian-Periode (794-858) zurückgeht. Die zweite, jüngere ist unter europäischem Einfluß im 16. Jahrhundert entstanden und wird durch die sogenannten Tenshō-Karuta und die davon abgeleiteten Spiele repräsentiert.«[46]

Wie in China scheinen auch in Japan anfangs nur Gebildete mit Karten gespielt zu haben, und so beziehen sich die Darstellungen auf japanischen Spielkarten auf Gedichte wie in China auf Romane und Theaterstücke. Das finden wir schon bei den Gedichtmuscheln (Abb. 53), die seit dem 15. Jahrhundert bekannt sind. »Die eine Hälfte trug die Oberzeile, die andere die Unterzeile des Gedichtes genau in der Weise, wie es heute noch bei den meisten literarischen Kartenspielen der Fall ist.«[47] Ob die richtige Oberzeile mit der richtigen Unterzeile in Zusammenhang gebracht worden war, konnte man daran feststellen, daß beide Teile der Muschel aufeinander paßten.

Dieses Prinzip, zwei Teile zu vereinen (Abb. 19), konnte natürlich auch für andere Gebiete als das der Lyrik angewendet werden, »etwa in dem Sinne, daß es galt, die Anfangssilbe und eine bildliche Darstellung mit dem dazu passenden Text eines Sprichwortes zusammenzufügen. Die meisten Alphabetkarten gehören hierein. Der Schritt von solchen Zusammensetzspielen bis zu Karten, die dasselbe Prinzip verwenden, aber rein didaktischen Zwecken dienen, ist ziemlich klein.«[48]

Die Versratespiele und Verszusammensetzspiele sind die Vorfahren der Hundertdichterkarten (Abb. 54). Jedes Gedicht einer klassischen Sammlung von Werken hundert verschiedener Dichter aus der Zeit vom 7. bis zum 13. Jahrhundert wird also auf zwei Karten verteilt, die eine trägt die Oberzeile mit dem Portrait des betreffenden Dichters, die andere ist nur mit der Unterzeile beschriftet. Wie bei den europäischen Quartetten müssen Karten zusammengesetzt werden, nur in Japan zu einem Duett. Japan ist das klassische Land dieser Zusammensetzspiele.

Eine Zwischenstellung zwischen den Zusammensetzspielen und den Zusammenzählspielen, wozu fast alle bisher besprochenen Spielkartensysteme gehören, nehmen die Blumenkarten (Abb. 56) ein, die heute in Mengen für den Export nach den USA hergestellt werden. Ein komplettes Spiel dieser Karten besteht aus zwei Serien à 48 Blatt, von denen die eine am Rand und auf der Rückseite braun, die andere schwarz ist. Die 12 Farben des Spiels entsprechen den 12 Monaten. Jede Farbe kennt vier Werte, die durch die dem jeweiligen Monat entsprechenden Motive – wie Blumen oder Vögel – gekennzeichnet sind. Jede Karte hat nun – nach den Spielregeln – auch einen Punktwert, so daß als Gewinner derjenige ermittelt werden kann, der die meisten Punkte zusammengetragen hat.

Erst aus Europa gelangten die Farbzeichen nach Japan; Vermittler waren die Portugiesen (Abb. 78). Diese Karten haben sich bis in die Gegenwart gehalten, seien es nun die Meguri-karutas (Abb. 57) oder die Kabu-karutas.

Indien

Im Juni des Jahres 1527 werden die Spielkarten zum ersten Mal in Indien erwähnt.[49] Der Mogulkaiser Babus (1526-1530) berichtet in seinen Annalen: »An diesem Abend ... wurde Mir Ali Korchi nach Tatta (in Sind) zu Shah Hussain gesandt. Der hatte das Spiel mit Karten sehr gerne und hatte um welche gebeten, die ich ihm nun schickte.« Der Text berichtet über Karten als etwas Selbstverständlichem, sie sind sowohl dem Kaiser Babur wie dem König Hussain bekannt. Keine Erfinderlegende, kein Bericht von etwas Neuem in dem Kulturkreis; die Karten haben hier bereits eine Geschichte. Das Wort, mit dem der Kaiser die Karten bezeichnet ist »Ganjifa«, vom persischen »Ganjafeh«. Das Vertraute wird also mit einem persischen Fremdwort bezeichnet. Wie im deutschen bezeichnet auch das persische »Ganjafeh« beides, den Gegenstand und die Tätigkeit: Kartenspiel. Das Wort ist im 15. Jahrhundert in persischen Schriften nachweisbar, wir werden darauf noch zurückkommen.

Erst gegen Ende des 16. Jahrhunderts erfahren wir wieder etwas über indische Spielkarten. In dem »Ain-i-Akbari« einem Bericht über die Regierungszeit des Mogulkaisers Akbar (1542-1605) findet sich ein Kapitel über Spiele, die der Kaiser spielte, Schach und Ganjifa. Das Kartenspiel des Kaisers hat 12 Farben, je 10 Zahlenkarten sowie König (Mir) und seinen Minister (Wesir) an der Spitze. Jede Farbe symbolisiert eine militärische Abteilung: Kavallerie, Infanterie, gepanzerte Krieger, Elefanten, Festungen sowie die Flotte. Es fehlt auch nicht der Zahlmeister mit »Töpfen von Gold«. Die weiteren vier Farben thematisieren Mythologisches: Dämonen, Schlangen, Tiere und Götter. Die fünfte Farbe zeigt Frauen. Der Autor der Chronik, Abul Faz, beschreibt das Spiel als alt, die »alten Weisen« sollen es erfunden haben. Dem Kaiser gefiel es

20 Kartenmaler Pandurang Krishna in Sawantwadi, Indien, 1940

21 Dashavatara Ganjifa-Spieler in Orissa, Indien, um 1950

nicht mehr, er habe es modernisiert. Aus den zwölf habe er acht Farben gemacht, die die wichtigsten Ämter am Kaiserlichen Hof thematisieren. Das neue Spiel ist das uns vertraute Mogul Ganjifa.[50] Der Bezug von Spielfarben zu sozialen Bereichen war schon in China, bei dem von Breitkopf abgebildeten Spiel zu beobachten und es wird auch im Persischen zu beschreiben sein.

Das Mogul Ganjifa (Abb. 22) besteht aus 96 Blatt, acht Farben mit je 10 Zahlen- und den zwei schon erwähnten Figurenkarten, Mir und Wesir.

Die Zahlenkarten sind in ihrem Wert durch die Anzahl der Farbzeichen festgelegt. Die acht Farben bilden zwei Gruppen von je vier Farben. Die erste gilt als stärkere, die zweite Gruppe als schwächere. Die Reihenfolge der Werte wechselt; einmal ist die Zehn die höchste und die Eins die niedrigste Zahlenkarte, in der anderen Gruppe ist es umgekehrt. Die schwächere führt am Tage das Spiel an, die starke in der Nacht. Der Mir der ersten Farbe jeder Gruppe ist dabei jeweils der höchste Trumpf, der Pasha. Die starke Gruppe: 1. Taj, Krone mit dreispitziger Kappe. 2. Safet, weiße Scheibe = Mond. 3. Shamsher, Schwert. 4. Gulam, Menschen in verschiedensten Gruppierungen und Szenen. Die schwache Gruppe: 5. Chang, das indische leierähnliche Musikinstrument. 6. Surkh, rote Scheibe = Sonne. Der Mir ist oft als Sonnenscheibe mit menschlichem Gesicht, auf einem Löwen sitzend, dargestellt. 7. Barat, Schriftstück, rechteckiges weißes Papier mit Schriftzeichen. 8. Qimash, ein Oval mit zwei runden Dekorationen. Die Bedeutung des Farbzeichens ist noch ungeklärt (Kissen, Warenballen oder Kuchen?). Die Zugehörigkeit eines Blattes zu einer der Farben wird nicht nur durch das Farbzeichen, sondern auch durch die besondere Grundierungsfarbe gegeben, auf der das Farbzeichen steht und die in jeder Farbe verschieden ist.

Neben diesem höfischen Mogul Ganjifa gibt es mehrere Spiele, die von der hinduistischen Mythologie beeinflußt sind: das achtfarbige Dikpala Ganjifa (Abb. 67), das zehn- bis zwölffarbige Dashavatara Ganjifa und das Ganjappa (Abb. 71). In allen Spielen hat jede Farbe zwei Figurenkarten, einen König und einen Minister sowie zehn Zahlenkarten, eine ähnliche Struktur, wie sie schon für das Mogul Ganjifa beschrieben wurde. Das noch heute verbreitetste dieser drei hinduistischen Spiele ist das Dashavarta Ganjifa (Abb. 23). Bild- und Zahlenkarten stellen den Gott Vishnu in seinen 10 Inkarnationen, den

Farbzeichen	Rajasthan I	Rajasthan II
1. Taj: persischer Kronenhut, oft zu Blume umgewandelt		
Grundfarbe:	braun	karmin
2. Safed: weiße Scheibe oft mit rotem Rand		
Grundfarbe:	schwarz	schwarz
3. Shamsher: Schwert oder Säbel		
Grundfarbe:	karmin	karmin
4. Gulam: menschliche Figuren, uniform oder in Szenen		
Grundfarbe:	goldgelb	goldgelb
5. Chang: Leier oft als Vogel oder verkannt		
Grundfarbe:	olivgrün	dunkelgrün
6. Surkh: Goldscheibe mit rotem Rand oder Sonne		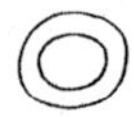
Grundfarbe:	hellgrün	grün
7. Barat: Rechteck oder Parallelogramm mit Schriftzug		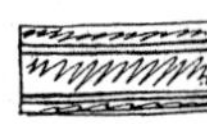
Grundfarbe:	rot	karmin
8. Qimash: Kissen, auch als Quertrommel verkannt		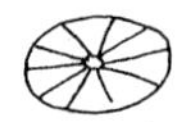
Grundfarbe:	ockergelb	ockergelb

22 *Farbzeichen des Mogul Ganjifa*

Avatara, dar, die den 10 Farben mit ihren je 2 Figuren- und je 10 Zahlenkarten entsprechen. Jedes Blatt trägt eine die ganze Fläche deckende Grundfarbe, auf der das Farbzeichen steht, das im Emblem der betreffenden Inkarnation besteht. Die jeweils höhere der Bildkarten (Avatara) ist kein König, sondern der Gott in einer seiner Erscheinungsformen. Durch die sich aus dem Mythos ergebende Abfolge der Inkarnationen ist

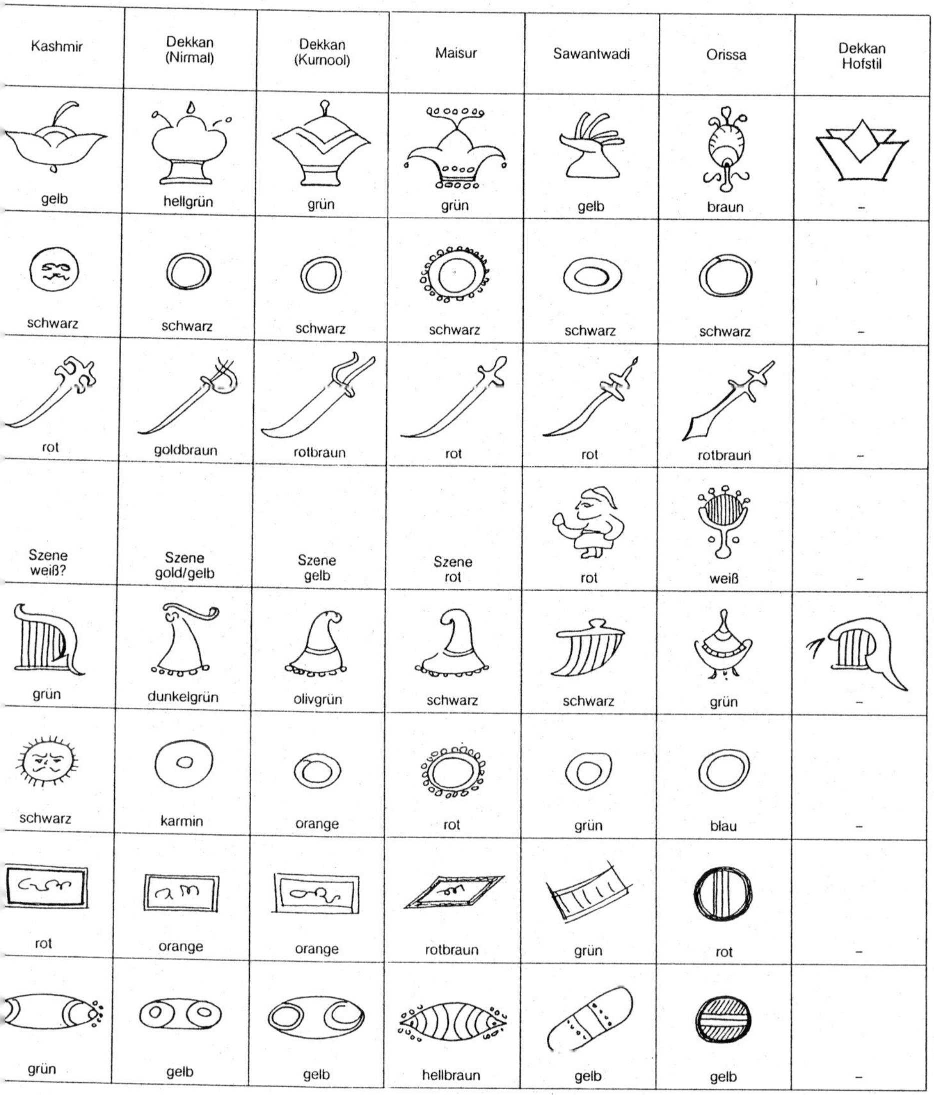

die Reihenfolge der Farben gegeben. Diese sind: 1. Matsya, Fisch, auf Rot. 2. Kurma, Schildkröte, auf Rot. 3. Varaha, Eber, auf Gelb. 4. Nara-Sinha, Löwe, auf Olivgrün. 5. Vamana, Zwerg, auf Grün; Farbzeichen = Wassergefäß. 6. Parashurama, der Brahmine mit der Axt; Axt = Farbzeichen. 7. Rama mit dem Bogen = Farbzeichen auf Gelb. 8. Der schwarze Krishna mit dem Zeichen des Blitzes (weiß) auf Braun. 9. Buddha meditierend; Farbzeichen = Muschel auf Grün. 10. Kalki, das weiße Pferd, auf Schwarz; Farbzeichen = Schwert.

Sehr viel seltener ist das Ganjappa (Abb. 71), ein Spiel von nur noch lokaler Bedeutung. Es stammt aus Sonepur, einem kleinen ehemaligen Fürstentum. Bei dem Ganjappa handelt es sich um Zwölffarbenspiele, mit zwölf Karten in jeder Farbe, so daß ein Spiel (Thoka) 144 Karten hat.

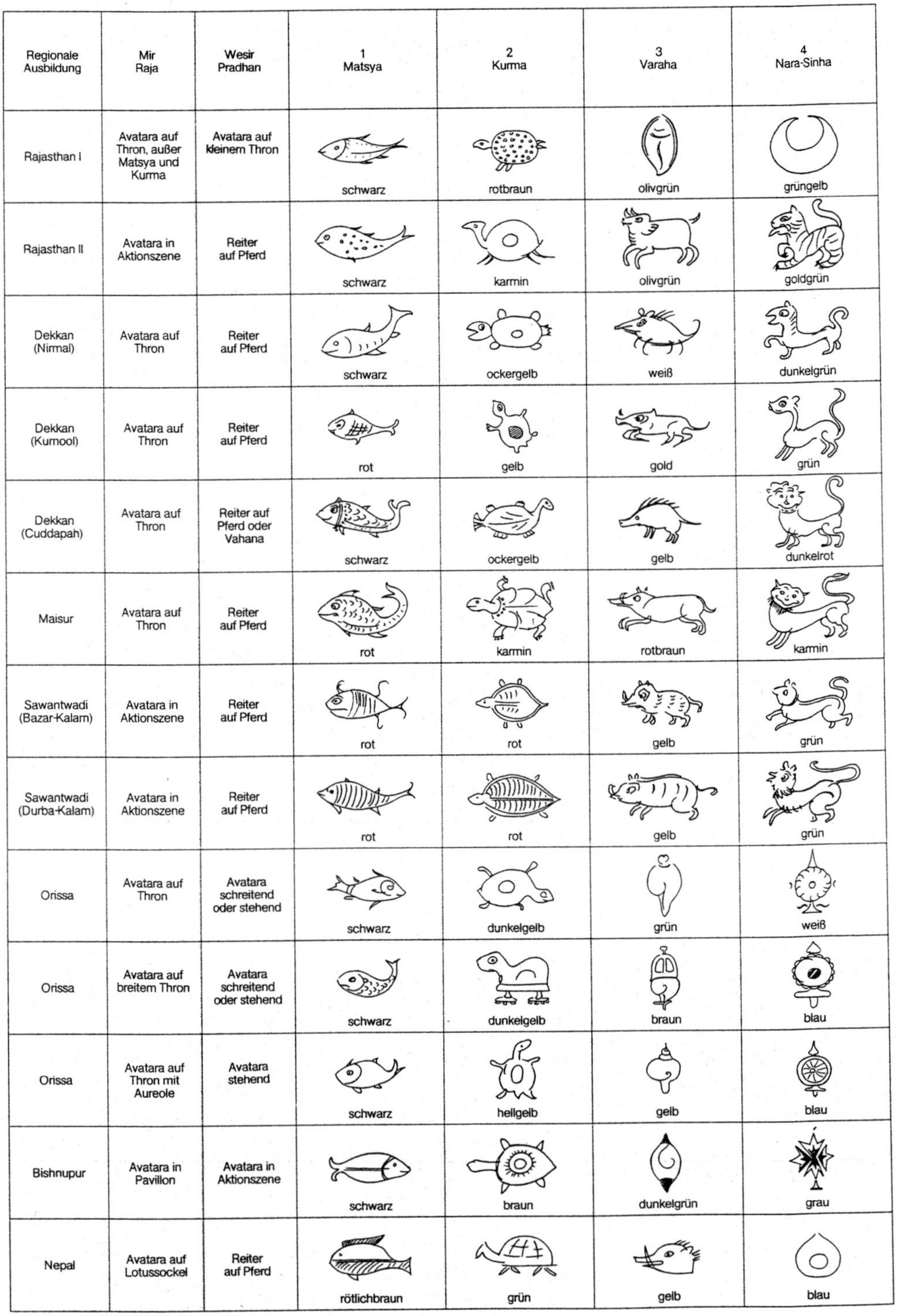

Regionale Ausbildung	Mir Raja	Wesir Pradhan	1 Matsya	2 Kurma	3 Varaha	4 Nara-Sinha
Rajasthan I	Avatara auf Thron, außer Matsya und Kurma	Avatara auf kleinem Thron	schwarz	rotbraun	olivgrün	grüngelb
Rajasthan II	Avatara in Aktionszene	Reiter auf Pferd	schwarz	karmin	olivgrün	goldgrün
Dekkan (Nirmal)	Avatara auf Thron	Reiter auf Pferd	schwarz	ockergelb	weiß	dunkelgrün
Dekkan (Kurnool)	Avatara auf Thron	Reiter auf Pferd	rot	gelb	gold	grün
Dekkan (Cuddapah)	Avatara auf Thron	Reiter auf Pferd oder Vahana	schwarz	ockergelb	gelb	dunkelrot
Maisur	Avatara auf Thron	Reiter auf Pferd	rot	karmin	rotbraun	karmin
Sawantwadi (Bazar-Kalam)	Avatara in Aktionszene	Reiter auf Pferd	rot	rot	gelb	grün
Sawantwadi (Durba-Kalam)	Avatara in Aktionszene	Reiter auf Pferd	rot	rot	gelb	grün
Orissa	Avatara auf Thron	Avatara schreitend oder stehend	schwarz	dunkelgelb	grün	weiß
Orissa	Avatara auf breitem Thron	Avatara schreitend oder stehend	schwarz	dunkelgelb	braun	blau
Orissa	Avatara auf Thron mit Aureole	Avatara stehend	schwarz	hellgelb	gelb	blau
Bishnupur	Avatara in Pavillon	Avatara in Aktionszene	schwarz	braun	dunkelgrün	grau
Nepal	Avatara auf Lotussockel	Reiter auf Pferd	rötlichbraun	grün	gelb	blau

23 Farbzeichen des Dashavatara Ganjifa

5 Vamana	6 Parashurama	7 Rama	8	9	10 Kalki
gelb	gelb	rot	Balarama karmin	Buddha gelb	braun
gelbbraun	gelb	karmin	Krishna dunkelkarmin	Buddha gelb	dunkelkarmin
gelbbraun	karmin	dunkelrot	Balarama ockergelb	Buddha ockergelb	karmin
braun	rotbraun	olivgrün	Balarama karmin	Buddha rot	schwarz
hellrot	grün	grun	Balarama hellbraun	Krishna gold	rotbraun
dunkelgrün	rot	rot	Balarama dunkelgrün	Krishna braun	schwarz
grün	rotbraun	gelb	Krishna rotbraun	Buddha schwarz	schwarz
grün	rotbraun	gelb	Krishna rotbraun	Buddha schwarz	schwarz
blau	rot	hellgelb	Balarama braun	Jagan-Natha grünbraun	rotbraun
gelb	weiß	rot	Balarama rosa	Jagan-Natha dunkelgrau	hellbraun
gelb	weiß	rot	Balarama rosa	Jagan-Natha hellgrün	hellbraun
blau	weiß	rot	Balarama hellgrün	Jagan-Natha gelb	rot
hellgrün	braun	rot	Balarama orange	Buddha hellolivgrün	schwarz

Thema dieser Spiele ist der Kampf Ramas mit Ravana, dem hundertköpfigen Dämonfürsten von Lanka (Ceylon oder Sri Lanka), der Ramas Frau Sita geraubt hatte und dafür büßen mußte. Ganjappa ist offensichtlich die Hinduversion eines alten Spieles mit militärischem Charakter, in dem sich zwei Armeen gegenüberstehen. Die ersten sechs Farben stellen die Waffen und Bundesgenossen Ramas und die zweiten sechs jene des Ravana dar. In den Farben Ramas rangiert unter den Zahlenkarten das As hoch und der Zehner niedrig, während es in den Farben Ravanas umgekehrt ist. Hier muß an das in der Ain-i-Akbari beschriebene Zwölffarbenspiel erinnert werden, ein ursprünglich militärisches Spiel. Es ist daher durchaus möglich, daß sich in diesen abgelegenen Teilen Indiens eine sehr alte Spielform erhalten hat.

Die Mir-Karten zeigen den Helden oder seine Widersacher in einem Ratha (Streitwagen) mit Dach; die Räder sind unten als kleine Kreise erkennbar. Rechts und links von dem Wagendach sind oben zwei in der Luft hängende Ehrenschirme (Chatri) angebracht und unten – je nach Ausführung – das entsprechende Farbzeichen oder zwei Helfer. Auf der Seite Ramas ist der Held selber, sein Bruder Lakshmana, seine Verbündeten unter den Affen- und Bärenvölkern des Dschungels und – durch seine Kleidung als solcher erkennbar – der Bruder des feindlichen Königs, Bibhishana, der sich auf Ramas Seite geschlagen hat, dargestellt. Unter den Mirs auf der Ravana-Seite ist Ravana selber mit mehreren Köpfen zu erkennen sowie sein Sohn Indrajit. Die Mir-Figuren der Rama-Seite haben alle nackte Oberkörper und ein kurzes Beinkleid, während die Mir-Figuren der Ravana-Seite betresste oder quergestreifte Röcke anhaben, wobei vielleicht an Moslems gedacht war, die ja der Feind schlechthin im mittelalterlichen Indien waren. Auch Bibhishana trägt solche Kleidung.

Die Wesir-Figuren reiten auf Pferden oder Elefanten. Andere sind stürmende Affen und Bären. Der Wesir der Rama-Farbe zeigt Rama getragen von Hanuman, dem Affengott, eine Form, die den Namen Kapi-Ratha oder »vom Affen getragen« hat. Der Wesir der Indrajit-Farbe zeigt diesen bei seinem magischen Opfer, das ihn im Kampf unsichtbar macht. Der Wesir der Hanuman-Farbe zeigt diesen manchmal, wie er in der erhobenen Hand einen Berg trägt: In der Sage bringt er einen Berggipfel aus dem Himalaya bedeckt mit Heilkräutern, um die in der Schlacht von Lanka Verwundeten (vor allem Lakshmana) zu heilen. Das merkwürdige Farbzeichen dieser Farbe, das aussieht wie ein Hut mit Feder, ist ein Berg mit einer Pflanze an der Seite. Auf den Einserkarten der ersten fünf Rama-Farben ist Hanuman mit der Heilpflanze in der Hand zu sehen.[51] Die zwei Parteien – die es in vergleichbarer Deutlichkeit in keinem anderen Kartenspiel gibt – legen einen Zusammenhang zwischen den Spielkarten und Brettsteinen nahe, zwischen Kartenspiel und Brettspiel.

Auf eine letzte Gruppe indischer Spielkarten ist noch einzugehen, die Chada von Maisur (Abb. 72). Sie sind die Schöpfung eines extravaganten Fürsten, des Raja Krishnaraja III. Wodeyar, der Anfang des 19. Jahrhunderts in Maisur lebte und von 1811 bis 1831 regierte. Krishnaraja war ein grüblerischer Mensch, der sich für vieles interessierte, so auch für Spiele. »Im Jagmohan-Palast in Maisur sind die Wände der großen Halle mit gemalten Spielsystemen bedeckt. Er verfaßte ein Buch ›Shritatwanidhi‹, das man vereinfacht als ›Schatz der Philosophie‹ übersetzen kann. Das neunte Kapitel dieses Buches heißt ›Kautuknidhi‹, ›Schatz des Sports und Zeitvertreibs‹. Es handelt zuerst von Kartenspielen, dann von Würfeln, allen möglichen Maßen und Gewichten, Währungstabellen, Brettspielen und zum Schluß von einem Schach mit 144 Feldern. Das Buch ist in Sanskritversen geschrieben und hat einen Kommentar in Kannada – der Sprache Maisurs. Die Schrift ist Devanagari. Die beiden ersten Abschnitte sind mit 1745, die Shaka-Ära des Hindus, datiert, was dem Jahr 1823 unserer Zeitrechnung entspricht.

Im ›Kautuknidhi‹ werden 13 verschiedene Kartenspiele beschrieben, die 36 bis 360 Karten in einem Spiel umfassen. Die Thematik aller dieser Spiele ist religiös, die Farben werden durch präsidierende Gottheiten benannt und bestimmt. Unter ihnen nimmt Chamunda, die Schutzgöttin der Wodeyars und Maisurs die führende Stellung ein. Chamunda ist eine der alten Muttergöttinnen Südindiens. In ihrem Kult gehen alle anderen Götter auf. Zudem enthält der Kult mystisch-tantrische Elemente. Diese kommen auch in den Kartenspielen zum Ausdruck. Man könnte sagen, daß die Einführung religiöser Gestalten und Symbole in das Kartenspiel tantrischen Prinzipien entspricht: das Spiel wird zu einer Art Gottesdienst, da der Name Gottes immer wieder ausgesprochen und in Erinnerung gebracht wird. Wie weit sich Krishnaraja auf ältere bekannte

Kartenspiele bezogen, und wie weit er Neues erfunden hat, entzieht sich unserer Kenntnis. Jedenfalls kannte er das Mogul Ganjifa, dessen Grundregeln in den Chada zur Anwendung kommen. Ganjifa ist synonym mit Chada, da beide Worte das Spiel wie auch die Karten, mit denen man spielt, bezeichnen. Die eigentliche Bedeutung von Chada ist Blatt.«[52]

Persien und die arabische Welt

Daß die chinesischen und die Spielkarten des indischen Subkontinentes wenig Gemeinsamkeiten haben, wurde schon mehrfach gesagt: Das Aussehen der Karten sowie die Struktur der Spiele und ihrer Regeln sind zu verschieden. Doch die Ganjifa-Karten Indiens und die europäischen Karten weisen – bei einem hohen Abstraktionsniveau Gemeinsamkeiten auf. Im indischen Mogul Ganjifa wie in europäischen Spielen sind innerhalb einer Spielfarbe eine Zahlenreihe von 1 bis 10 und Figurenkarten, Könige und ihr Hofstaat, kombiniert. Sowohl die Farbzeichen wie auch die Figuren können sich in beiden Kulturkreisen verändern, die Grundstruktur bleibt erhalten. Wer wäre nicht geneigt, ähnlich wie beim Schach einen Weg von Indien nach Europa anzunehmen; die arabische Welt hätte auch hier ihre Vermittlerrolle wahrgenommen. Bis vor wenigen Jahren galt als ein Argument gegen dieses Denkmodell, daß das Kartenspiel im Durchgangsland Persien wenig und vor allem nur literarische Spuren hinterlassen habe.

1981 publizierte der inzwischen verstorbene Wiener Forscher, Rudolf von Leyden, acht Spielkarten-Bilder (Abb. 24).[53] Sie stammen aus dem Codex mixtus 313, einem Klebeband oder – wie man heute sagt – einem Scrap-Book, der in der Österreichischen Nationalbibliothek in Wien aufbewahrt wird. Die Lackmalereien sind recht groß, zwischen 17,8 und 19,5 cm hoch und 11,2 bis 13 cm breit. »Die Technik dieser Bilder entspricht der seit dem 16. Jahrhundert in Persien verbreiteten Lackmalerei auf Bucheinbänden, die möglicherweise schon Ende des 15. Jahrhunderts in der Metropole Herat des Timuriden-Herrschers Husain Baigara, vielleicht unter Einfluß chinesischer Lackarbeiten, entstanden ist. Vom chinesischen Einfluß zeugen die Perlmutteinlagen und häufig auch das Einmengen von Goldstaub in die auf Gewebe, Leder, Holz oder Klebepappe über Leim- oder Kreidegrundierung aufgetragenen dünnen Lackschichten, die mit Wasserfarben bemalt und mit weiteren schützenden transparenten Lackschichten überzogen wurden.«[54] 1523 bis 1530 sind diese Miniaturen wohl in Tabriz gefertigt worden.

Über den zehn Löwen unserer Abbildung 24 erkennen wir bei genauem Hinsehen einen Vierzeiler, der allerdings nur noch fragmentarisch erhalten ist. Mehdi Roschanzamir hat ihn ergänzt und ins Deutsche übertragen:

24 Persische Spielkarten, ca. 1523-1530

»Oh Schwert! In der Gerechtigkeit deines richterlichen Diwans gehorchen die Löwen deiner Zeit deinem Befehl; wie ein alter Fuchs mit List wollen die wackeren ›Zehn Löwen‹, zu deinen Füßen gereiht, ihr Leben retten.«

Es ist möglich, daß dieser Vierzeiler von dem Dichter Muhammad Ahli Shirazi stammt, der im Jahre 1535/36 westlicher Zeitrechnung starb. Er ist Autor eines Diwan, einer Gedichtsammlung, zu den 96 Blättern des Ganjifa. In der Einleitung berichtet er, in seinem Freundeskreis habe einer der vornehmen Herren ein wunderschön gemaltes Kartenspiel gezeigt, das er einem Prinzen zum Geschenk machen wollte. »Wäre es nicht herrlich«, sagte er, »wenn dieses Ganjifa, das nur aus Bildern besteht, auch mit Versen versehen wäre, damit es in künstlerischer und in poetischer Schönheit erstrahle.« Passende Gedichte könne man auf den Rand der Karten schreiben. Diese Aufgabe sei ihm, Ahli Shirazi, übertragen worden. Er meint, nachdem er die 96 ruba'j (Vierzeiler) vollendet habe, sei es nicht mehr nötig, Karten zum Spiel zu verwenden, es genüge, wenn man die 96 Verse auf je ein Blatt schriebe. Vor den Augen des neuzeitlichen Literaturwissenschaftlers können die Verse schlecht bestehen. Mehdi Roschanzamir meint: »Viele seiner Redewendungen sind nur Gebildeten mit guter Kenntnis der persischen Literatur verständlich, wobei sein Gedankengut und seine lyrischen Übertreibungen oft etwas einfältig klingen. Seine Dichtkunst hat wahrscheinlich in ihrer Oberflächlichkeit eine leichtlebige, höfische Gesellschaft belustigen können, hat aber nie zum Herzen des Volkes gesprochen...«[55]

Damit ist der gesellschaftliche Ort der gemalten Spielkarten aus den ersten Jahrhunderten benannt: Es ist der Hof, der Reichtum, der Künstler anzog und künstlerische Arbeit ermöglichte. Das Album, in dem sich unsere persischen Lackmalereien befinden, gehört dem Osmanensultan Murad III. (1574-1595 Regierungszeit), es wurde also in der Türkei zusammengestellt; Spielkarten waren hier zu dieser Zeit unbekannt. Der größte Teil der in dem Band vereinigten Kunstwerke ist ornamentaler Art: Miniaturen, Kalligrafien, dekorative Zeichnungen, Scherenschnitte. Die Arbeiten sind zusammengetragen worden. Einzelne Stücke wurden direkt als Sammlungsgegenstände für ein Album gefertigt, andere sind Fragmente

25 Polostab-10 der persischen Spielkarten, daneben Polostab-5 aus einem Mameluckischen Kartenspiel, um 1500

nicht mehr erhaltener Handschriften: Neben unseren Lackmalereien befinden sich noch andere Miniaturen im Tabrizer Stil in dem Band. Seit 1514 hatten die Osmanen Tabriz mehrfach erobert; von dort kamen Künstler, aber auch Handschriften als Beutestücke an den Hof in Istanbul. Als unsere acht Spielkartenbilder in das Album eingefügt wurden, wußte man schon nicht mehr, daß es sich um Spielkarten handelt. Dabei ist es wahrscheinlich, daß auch in Tabriz mit den Täfelchen nicht gespielt wurde, dafür ist die Serie zu uneinheitlich. Man kann die Malereien als kunstvolle Variationen zum Thema Spielkarte sehen, als Prototypen für verschiedene gelehrte Luxusspiele, die Kostproben künstlerischer Arbeit. Sie belegen ein hohes Raffinement der Spielkartenfertigung im Persien des frühen 16. Jahrhunderts.

Eine Karte unserer Serie verweist auf ein berühmtes Spiel: Die einen sind sich sicher, hier das »missing link« vor sich zu haben, den Beweis, daß die europäische Spielkartengeschichte im Orient beginnt, die anderen wollen den umgekehrten Weg nicht ausschließen. Wie auch immer: Eine der persischen Lackmalereien zeigt einen Ausritt zum Polospiel (Abb. 25). Die Karte ist eine Figurenkarte, ein Wesir und ein Minister, der seinem König folgt. Doch wir sehen auf den ersten Blick kein Farbzeichen, keinen Löwen, keinen Buckelochsen, nichts. So kann das Farbzeichen sich nur in der Hand des Wesirs befinden: der Polostab. Und Polostäbe sind Farbzeichen jener berühmten Karten, die im mameluckischen Ägypten entstanden, heute in Istanbul aufbewahrt werden.

Diese Karten (Abb. 26) sind über einer Vorzeichnung auf Papier gemalt; auffallend im Ver-

26 Becher-3, Münzen-König, Schwerter-7 aus dem Mameluckischen Kartenspiel, um 1500

gleich zu heutigen Karten ist ihre Größe: 25,2 x 9,5 cm, also ein sehr schlankes Hochformat. Bei einer Revision hat man sie im Palast gefunden. 1939 – zum Zeitpunkt ihrer Erstveröffentlichung[56] waren sie – zusammen mit anderen Beispielen ägyptischer Kunst – in der Schatzkammer des Topkapi Saray ausgestellt.

Über die Herkunft dieser berühmten Kartenblätter ist nichts bekannt; aber viele Jahrhunderte scheinen sie unbeachtet herumgelegen zu haben. L. A. Mayer beschreibt ihren Erhaltungszustand als annehmbar, »wenn auch Mäuse daran geknabbert haben, allerdings ohne sie empfindlich zu beschädigen.«[57] Von der Spielkartenforschung wurde der an entlegener Stelle publizierte Beitrag Mayers nur gelegentlich zur Kenntnis genommen, erst um 1970 haben sich verschiedene Autoren aus unterschiedlichen Blickwinkeln mit den Karten beschäftigt[58], so daß wir sie heute recht gut beschreiben können: Erhalten sind 48 Blatt; als Farbzeichen wurden Schwerter, Polostäbe, Kelche und Münzen verwendet. Wie noch heute besteht jede durch ein Symbol gekennzeichnete Serie aus der Zahlenreihe 1 bis 10. Über dieser numerischen Sequenz rangiert eine soziale Hierarchie: König (malik), Gouverneur (na'ib malik) und zweiter Gouverneur (na'ib thāni).

Wenn man sich einsieht, dann wird man die Karten der Kelch- und der Münzenfarbe am leichtesten erkennen können. Verwirrend – für unsere heutigen, westlichen Augen – ist der mit kleinteiligen Ranken belegte Grund, von dem sich die Kelche und Münzen, die in sich ebenfalls durch pflanzliche Muster belebt sind, lediglich durch die Goldfarbe, die jedoch auch sparsam im Grund verwendet wird, abheben. Die Ranken sind in Blau, Rot und Grün gehalten. Eingefaßt wird jede Karte durch eine ornamentale Rahmenform, etwa mit Akanthusvoluten geschmückten Bögen am oberen Rand. Schwerter und Polostäbe sind in jeweils zwei verschiedenen Ausführungen kombiniert: Einige Karten – die mit ungeraden Zahlen – zeigen neben den krummen auch lange Schwerter; die in die S-Form stilisierten Polostäbe sind neben gewinkelten zu sehen, ein Sachverhalt, der der Forschung große Schwierigkeiten bereitet hat. Die Figurenkarten, die Vertreter der feudalen Hierarchie, sind ebenfalls rein ornamental gestaltete Blätter, natürlich durch Farbzeichen charakterisiert. Die Königskarte erkennt man an einer quadratischen Form, wohl ein Teppich. Oberer und unterer Rand zeigen ein leuchtend blaues Feld mit goldener Schrift. Neben dem Namen ist ein glückverheißender Vers zu finden.

Stilistische Unterschiede legen die Vermutung nahe, daß einige Karten später gemalt wurden, wohl um verlorene oder beschädigte zu ersetzen. Die Art, wie die blauen Schriftfelder die Ornamentierung überdecken, hat zu der These geführt, daß Blätter bei diesem Restaurierungsvorgang umgewidmet wurden.

Mayer datiert – und spätere Autoren folgen ihm darin – das Spiel mit stilistischen Argumenten um 1500. 1517 eroberten die Osmanen unter ihrem Sultan Selim Ägypten. Die Karten mögen damals erbeutet worden sein; als schöne ornamentale Illuminationen hat sie wohl jemand mit in die Hauptstadt genommen. Die Türken kannten damals noch keine Spielkarten, so daß die eigentliche Funktion dieser Blätter – wie schon die der persischen Lackmalereien – nicht verstanden wurde.

Während die Malereien in Wien höchst gegenständliche Bilder zeigen, der abbildende Charakter des Kartenspiels bei diesen Täfelchen deutlich dominiert, erreichen die mameluckischen Karten einen Grad der Abstraktion – deutlich vor allem bei den Figurenkarten –, die die Spielkartengeschichte so nur selten kennt. Auffällig ist, daß – obwohl die mameluckischen Karten keine Figuren abbilden – sie jedoch – wie die persischen und ihnen gleich die indischen – Ränge der höfischen Hierarchie zur Benennung der Blätter verwenden, die über der Zahlenreihe stehen. Die Annahme scheint begründet, daß das mameluckische Spiel ein Spätling ist, das letzte Glied in einer langen Kette. Damit ist für die Zeit um 1500 je ein Spiel in Persien und in Ägypten nachweisbar, das jeweils eine längere Tradition voraussetzt. Die Verschiedenheit beider Kartenfolgen spricht für eine lange Vorgeschichte.

Ist die Hypothese einer Wanderung der Spielkarten von Ost nach West richtig, so wäre auffällig, daß in der islamischen Welt diese Tradition ohne Fortsetzung blieb. Mag sein, daß noch dieses und jenes Einzelstück gefunden wird. Eine breite Kartenspieltradition vergleichbar dem Schach kennt die arabische Welt nicht. Das shiitische Persien jedoch, das nicht wie die Suniten unter einem strengen Bildverbot steht, spielt seit der Safawiden-Dynastie, seit 1700 mit As-Nas-Karten (Abb. 27). Von allen beschriebenen orientalischen Spielkarten unterscheiden sie sich in Format, Bildinhalt und Aufbau. Aus je 5 Farben zusammengesetzt, enthalten sie eine beliebige,

27 Persische As-Nas-Karten, um 1850

durch 5 teilbare Zahl von Blättern. Mit den indischen Spielkarten haben sie die unterschiedlichen Grundierungsfarben gemeinsam, die eine schnelle Unterscheidung ermöglichen. Streng genommen kann man die Reihen As (schwarz), Padishah (grün), Bibi (rot), Lakkat (gelb) und Sarbaz (gold) mit ihren mindestens vier gleichen Blättern nicht als ›Farben‹ bezeichnen.

Fanden die Spiele, die für die Zeit um 1500 nachgewiesen werden können, in der persischen und in der arabischen Welt keine Nachfolge, so lassen die italienischen Spiele auf Vorläufer schließen. Die Europäer konnten sich unter Schwert, Becher oder Münze etwas vorstellen, es fehlte ihnen aber zum Polostab jedes Pendant: So wurde daraus jener gedrechselte Stab der italienischen Farben, den es in keinem Haushalt gibt. Am Anfang gibt es auch andere Übertragungsversuche: Die Visconti-di-Modrone-Karten (Abb. 34) etwa – verwandeln die Polostäbe in Pfeile. Im Liechtensteinspiel (Abb. 35 und 36) gibt es richtige Polostäbe, aber statt eines Reiters eine nackte Frau, die mit dem Stab hantiert. Während sich die Farbzeichen in Indien, Persien und im mamelukischen Ägypten leicht auflösen lassen, ergeben sie in Europa (wo niemand diese Zusammenstellung von Hofämtern kannte) keinen Sinn – Ansporn für immer geistreichere Erörterungen.

28 Karten des Stuttgarter Spiels, um 1427-1431

29 Karten des Ambraser Hofjagdspiel, 1440-1445

Die Anfänge der Spielkarten in Europa

Prächtig gemalte Spiele waren schon im 15. Jahrhundert Kostbarkeiten. Anders als die auf den Plätzen gespielten Karten, verwahrten sie ihre Besitzer. Sie reflektieren die allgemeine Entwicklung, sind wohl Ausnahme und nicht die Regel. Das Stuttgarter Spiel (Abb. 28) von 1427-1431 ist das alteste erhaltene Kartenspiel. Es gehört wie das etwas spätere Ambraser Hofjagdspiel (Abb. 29) – um 1440-1445 – dem höfischen Milieu zu, bildet soziale Wirklichkeit ab und gibt sie in die Hände von spielenden Edelleuten. Die vier Farben werden durch jagende und gejagte Tiere dargestellt. An der Spitze der Jagdgesellschaft stehen beim Ambraser Spiel vier berittene Könige, bei dem Stuttgarter zwei Könige zu Pferd und zwei thronende Königinnen. Männern ist die Falken- und Entenfarbe zugeordnet, Frauen die der Hirsche und Hunde. Entsprechend sind die Ober der Frauenfarben Oberhofdamen. Die gleiche Differenzierung prägt die Reihe der Unter. Den berittenen Königen des Ambraser Spiels sind vier berittene Königinnen zugesellt, es folgen die Ober- und Untermänner. Der sozialen Hierarchie ist eine numerische Sequenz nachgeordnet, die Zahlenreihe von 1 bis 10. Insofern ist in den ältesten Spielen das Prinzip aller Kartenspiele sichtbar: durch Symbole – meist vier – voneinander unterschiedene, sonst aber identische Reihen, die in eine soziale – meist höfische – und eine numerische Hierarchie unterteilt sind. Das Stuttgarter Spiel ist eine der ganz wenigen Ausnahmen von diesem Prinzip, weil es zwei Frauen- und zwei Männerfarben gibt, ansonsten zeigen alle vier Farben die gleichen Personen, jedoch in verschiedenen Bildern. Sehr typisch für Spiele nicht nur aus Süddeutschland ist die Kennzeichnung der Zehn durch eine Fahne mit dem Farbzeichen, ein Banner. Dem höfischen Bereich gehört schließlich ein drittes Spiel zu, das nicht gemalt, sondern vom Holzstock gedruckt und sorgfältig koloriert

30 Karten des Ambraser Hofämterspiels, um 1450

ist: das Ambraser Hofämterspiel (Abb. 30). Während das Stuttgarter Spiel 52, das Ambraser Jagdspiel – wegen der vier Königinnen – gar 56 Blatt zählt, besteht das Hofämterspiel lediglich aus 48 Karten: Den Zahlenkarten 1 bis 10 präsidieren lediglich König und Königin. Dieses älteste erhaltene vom Holzstock gedruckte Spiel ist eines der exklusivsten Spiele überhaupt. Die vier Farbsymbole sind die Wappen des Römischen Reiches, Böhmens, Ungarns und Frankreichs. Die Zahlenkarten sind lediglich durch eine römische Ziffer gekennzeichnet, sonst sind Vertreter und Vertreterinnen des Hofes dargestellt: von Närrin, Narr und Töpferin, Bote und Schneider über Kämmerer, Marschall und Hofmeister bis hin zur Königin und zum König.

Wie auch immer: So exklusiv das Spiel inhaltlich und formal ist, so wenig es als alltägliches Kartenspiel angesprochen werden kann, so sehr ist doch zu vermuten, daß die inhaltliche Struktur nicht aus der Luft gegriffen ist, daß es vielmehr auf der Grundlage von üblichen Spielen verfeinert wurde. Der Mönch Johannes von Rheinfelden, der das Kartenspiel als Allegorie beschreibt, folgt seinem Vorbild Jacobus de Cessolis, der die Bauern, die Wenden, des Schach nach Berufen unterscheidet. Den Königen und ihren zwei »Marschalchi« sind die Zahlenkarten nachgeordnet, die Johannes als Bäcker, Müller, Bauer, Küfer, Winzer, Kellermeister, Weinschenk, Fleischer, Fischer, Koch, Jäger, Schneider, Weber, Färber usf. bezeichnet. In dem erweiterten Spiel, das er ebenfalls erwähnt, treten noch vier Königinnen und vier Hofdamen hinzu. Schließlich, so paraphrasiert Peter Kopp Johannes, gäbe es Spieler, die benutzen vier Könige, acht Diener »nebst den üblichen Zählkarten, so daß jeder König von seiner ganzen Familie und seinem ganzen Reich umgeben sei, dazu fügten sie noch vier Königinnen mit vier Mägden, was eine Gesamtzahl von 60 Karten« ergebe.[59]

Das güldin Spiel des Meisters Ingold, eines Dominikaners aus Straßburg, behandelt ebenfalls das Kartenspiel. Es ist eher unwahrscheinlich, daß diese Schrift von 1432/33 auf Johannes von Rheinfelden zurückgeht. In der Ausdeutung kommen die Karten bei Meister Ingold schlechter weg. Bemerkenswert ist jedoch, daß auch der spätere Text die Karten mit Berufen identifiziert:

»Nun sind auf dem kartenspil fier küng mit iren wauppen, und hat ieglicher under im XIII karten, das macht an ainer sum LII, und hat ieglichü das zaychen irs küngs. Etlich kartenspil hat dar zu fier küngin und fier junkfrawen, etlich haben den ackermann, den edelman, den wuchrer, den pfaffen, die toypel, den riffian, den wirt; und gewint ie ains dem andern ab: dem edelman der wuchrer, dem wuchrer der pfaff, dem pfaffen das tappelweib, dem tappelweib der riffian, dem riffian der wirt, dem wirt der weinmann, dem weinman wider umb der paurmann der den wein pauwen sol, der nimmt das gelt wider von dem wirt.«[60] Es folgt die Auslegung. Das Spiel unterteilt sich also in zwei Gruppen: die Figurenkarten und die Zahlenkarten. Für die Spielregeln macht Ingold nur Angaben zu den Zahlenkarten: die Figurenkarten König, Königin, Jungfrau bleiben in der gesellschaftlichen Rangordnung erhalten. Zahlenkarten scheinen keine Figurenkarten zu stechen. Unter den Zahlenkarten, die ebenfalls eine Abfolge, wenn auch nur bedingt eine ständische, aufweisen, verkehrt sich scheinbar die Abfolge des Stechenkönnens: Den Ritter sticht der Wucherer, den Wucherer der Geistliche, den Geistlichen die Kupplerin, die Kupplerin der räuberische Wirt, den Wirt der Weinhändler, den Weinhändler wiederum der Winzer (der wohl mit dem Ackermann identisch ist). Ganz geklärt ist diese Textstelle nicht, denn der Hinweis, daß der Winzer das Geld vom Wirt nehme, wirft Fragen auf. Ist die Formulierung »abgewinnen« also besiegen, stechen, gleichzusetzen mit »Geld wegnehmen«? Dann wäre die Kette vom Winzer zum Ritter so etwas wie eine Kette vom Erzeuger zum Endverbraucher. Die Entwicklung, die Hierarchie umzukehren, führt Ende des Jahrhunderts zu einem Konflikt:

In seiner Predigt »Von dem bösen Wannenkremer« (1517) beschreibt Geiler von Keisersberg[61] (Abb. 31) den Zusammenhang zwischen der Hierarchie im Kartenspiel und der realen gesellschaftlichen Ordnung:

»Also, in dem weltlichen regiment ist einer ein künig, der ist ein burgermeister, der ein schultheiß, der hat ein andern namen uff und ab, etc. item uff der karten, so sticht eins das ander, der künig sticht die fraw, die fraw den obern, der ober den undern etc. Also einer in dem gewalt auch ein künig überwint ein fürsten, ein fürst ein grafen, und wer baß mag, der that baß.«

Diese Ordnung ist jedoch, wie der Prediger feststellt, neuerdings durch das Karnöffelspiel, karniffelspil, karniffelius durchbrochen worden:

»Aber ietz, so hat man ein spil, heiset der karniffel spil, karniffelius, da seint alle ding verkert, die drü stechen ein ober, die fier den undern, zwei

31 Glücksspiele, Illustration zur Predigt Geiler von Keisersberg, 1517

und sechs stechen ein künig, und so schlecht man umb, ietz so ist einerlei Keiser, darnach so würt ein anderer lei Keiser, wie das glück gibt.«

Und ein zweites Beispiel für die Umkehr der Wertigkeiten im Spiel führt Geiler an:

»Aber ietz so ist ein ander spil funden in dem regiment, auff der karten, das der underbub sticht den künnig, die zwei und sechs ein Künnig, die drü den obern, und der minder den merern, wan sie von dem keiser spil sein.«

Das Hofämterspiel hingegen gehört noch vollständig in den Zusammenhang der höfischen Spiele. König und Königin stehen an der Spitze, gefolgt von Hofmeistern und Marschällen. Die unterste Viererreihe wird durch die Narren gebildet. Ich halte es für wahrscheinlich, daß das Hofämterspiel eine besonders schöne – und deswegen erhalten gebliebene – Ausführung einer Gruppe von Spielen ist, zu der auch das von Meister Ingold beschriebene gehört.

Mit einem Bogen des Schwäbischen Bildes, der um 1520 in München gedruckt wurde, fassen wir vielleicht noch einen Kartentypus der Anfangszeit (Abb. 113). Die vier thronenden Könige halten ihr Farbzeichen in der Hand, ein Obermann hält sein Farbzeichen hoch, ein Untermann hält es kopfunter. Genauso hat Johannes von Rheinfelden 1377 die Karten beschrieben. Einige Züge dieses Schwäbischen Typus gehen in das Stukeley-Bild über, ein im 16. Jahrhundert weit verbreitetes Kartenbild, das Einflüsse bis ins 18. Jahrhundert ausübt.

Damit wären wir ein wenig geschwind vom 14. Jahrhundert in das 18. Jahrhundert gelangt. Vom ältesten erhaltenen Kartenspiel führt über dieses Jahrhundert ein Weg zu den heutigen Karten. Deswegen mag der Hinweis schon hier eingeschaltet sein, daß es Kartenbilder gibt – wie etwa die genannten des Stukeley-Typus (Abb. 115) – die noch in gegenwärtigen Bildern (wie den Sächsischen) nachklingen.

Aus Italien, davon gehen wir traditionellerweise aus, stammt die erste Erwähnung der Spielkarten, 1377. 1802 hat Zani darauf hingewiesen, »daß Kartenspiele um die Mitte des 14. Jahrhunderts noch nicht in Italien bekannt gewesen sein könnten. Petrarca beschreibt nämlich in seinem Traktat ›De remediis utriusque fortunae‹ (Lib. I, Dial. 25-29) alle damals üblichen Spiele, ohne der Karten zu gedenken. Auch Boccaccio spricht nicht davon in seinem ›Decamerone‹.«[62]

Für den 23. Mai 1376 Florentiner Zeitrechnung gibt es den ersten sicheren Nachweis, daß man Karten spielte. In einer Verordnung der Stadt Florenz wird ein Spiel, das »naibbe« genannt wurde, verboten. Dieses Spiel, so heißt es, sei neu eingeführt worden. Die nächste Erwähnung kommt aus dem in der Nähe von Rom gelegenen Viterbo. Leber[63] hat dieses Zitat zuerst in die Diskussion eingeführt, und seitdem baut eine Theorie darauf auf, die annimmt, daß die Spielkarten aus dem Orient nach Europa gekommen seien. »In der von Nicolo delle Tuccia geschriebenen, bis zum Jahre 1476 von ihm fortgeführten

32 Karten des Visconti-Sforza-Tarock, um 1445

Chronik dieser Stadt lautet eine, jedenfalls einer älteren Quelle entnommene Eintragung: ›1379. Fu recato in Viterbo il gioco delle carte da un saracino chiamato Hayl.‹ Eine andere Handschrift bietet die Variante: ›il gioco delle carte, che in saracino parlare si chiama nayb‹. In der späteren, um 1480 von Covelluzo niedergeschriebenen Fassung lautet diese Stelle: ›il gioco delle carte, che venne de saracinia e chiamasi tra loro naib‹.« Schreiber faßt zusammen: »Wir werden daraus schließen dürfen, daß das Spiel im Jahre 1379 in Viterbo noch etwas Neues war, das man nur vom Hörensagen kannte und dessen richtigen Namen man erst später erfuhr.«[64]

Der Name »Naibi« geht wohl auf das arabische »na'ib« zurück, was soviel wie Gouverneur bedeutet. Die oberste Karte des mameluckischen Spiels – das allerdings erst 150 Jahre nach unserem Datum gefertigt wurde, ist der König (malik). Die Ober und Unter, die ihm folgen, hören auf den Namen »na'ib«. Knapp hundert Jahre vor dem mameluckischen Spiel, um 1445, sind in Italien die Farbzeichen Schwerter (Krummschwerter) und Stäbe, Becher und Münzen nachzuweisen, allerdings in keinem reinen Vierfarbspiel – wie wir es vom Oberrhein beschrieben haben – vielmehr in einem Tarockspiel.

Der Auftraggeber oder die Auftraggeberin gehören zur Familie Visconti-Sforza, Herzöge von Mailand. Ob nun für die Karten, die heute in New York, Pierpont Morgan Library, und Bergamo, Academia Carrara, aufgehoben werden, gerade jene »fünfzehnhundert goldene Scudi«, die die Quellen erwähnen, gezahlt wurden, ist nicht sicher. Der Herzog Filippo Maria Visconti hat viele Spiele in Auftrag gegeben, alle wurden sie mit der Hand gemalt.

74 der ursprünglich 78 Blatt des auf New York und Bergamo verteilten Spiels (Abb. 32) sind erhalten, wir können es eindeutig und klar rekonstruieren, die vielen Gemeinsamkeiten feststellen, die es mit späteren Tarockspielen hat. Die vier Farben mit den Zeichen Schwerter, Stäbe, Becher und Münzen kannten nicht nur die Figurenkarten König, Reiter und Bube; neben dem König ist als vierte Karte die Königin eingeführt.

Das Spezifische der Tarocchi ist eine eigene Trumpfreihe, die aus 22 Blatt besteht. Auch diese Reihe ist hierarchisch gegliedert; allerdings zeigt unser Spiel nicht – wie etwa das ihm nahestehende, aber spätere, vom Holzstock gedruckte »Marseiller Tarock« – die Abfolge klärende Numerierungen (Abb. 33). Doch Texte, etwa Predigten, halten die Abfolge fest, so daß wir auch für die Karten dieses Spiels die Reihenfolge erschließen können. Die 22 »trionfi« (die auch tarocchi genannt werden) folgen einer gedanklich-bildlichen Logik, deren Gesetze wir nicht (mehr) kennen –, diese Wissenlücke ist seit dem späten 18. Jahrhundert mit geheimnisvollen Fabeln und Mythen überwuchert worden. Damals erfand Court de Gebelin das okkultistische Tarot.

Die Reihe beginnt mit dem Zauberer (I »Le Bateleur«), ihm folgen nicht nur Kaiser (IIII) und Kaiserin (III), nicht nur Papst (V), sondern auch die legendenumwobene Päpstin (II) – im 15. Jahrhundert sicher eine weniger irritierende Figur als heute. Den »Liebenden« (VI) folgt der »Wagen« (VII): Beide Bilder lenken den nach einem Sinn für die Abfolge Suchenden auf die »trionfi«, jene Triumphzüge in den italienischen Städten des Quattrocento und Cinquecento, die teils aus antiken, teils aus mittelalterlichen Quellen gespeist wurden. Ein Typus dieser Züge ist durch das Vorherrschen allegorischer Figuren und Szenen charakterisiert. Auf Wagen fuhr »die Liebe« vor. Sie wurde überwunden durch eine Tugend, die als Allegorie auf dem nächsten Wagen zu sehen war, die Keuschheit. Ich zitiere hier den berühmtesten literarischen »trionfo«, den des Petrarca. Wenn auch die Keuschheit nicht auf den Karten vorkommt, so doch der Tod (XIII), und – wenn die Deutung richtig ist – die Zeit; dann würde sich Saturn, »Father Time«, in der Gestalt des Eremiten (VIIII) verbergen. Über die gesamte Serie verstreut finden wir drei der vier weltlichen Tugenden: »Gerechtigkeit« (VIII), »Kraft« (XI) und »Mäßigkeit« (XIIII). Neben dem geläufigen Bild für das vom wankelmütigen Glück beherrschte irdische Leben, das »Rad der Fortuna« (X), treten Darstellungen, die uns große Schwierigkeiten bereiten, etwa der »Gehängte« (XII), ein Mann, der an einem Fuß an den Galgen geschnürt ist. Der »Teufel« (XV) hat in dieser Reihe seinen festen Platz, wenn auch heute der Sinn nicht mehr nachvollziehbar ist. Ein Turm, in den ein Blitz fährt, gehört in die ikonografische Tradition des Turmbaus zu Babel, die Beischrift jedoch lautet: »das Haus Gottes« (XVI), Sonne (XVIIII), Mond (XVIII) und Stern (XVII) stehen für den kosmischen Bezug; warum jedoch diesen Gestirnen die Tierkreiszeichen Jungfrau, Krebs und Zwilling zugesellt wurden, bleibt ungeklärt. Beschlossen wird die Reihe durch eine Darstellung des »jüngsten Gerichts« (XX) und der »Frau Welt« (XXI). Die letzte Kar-

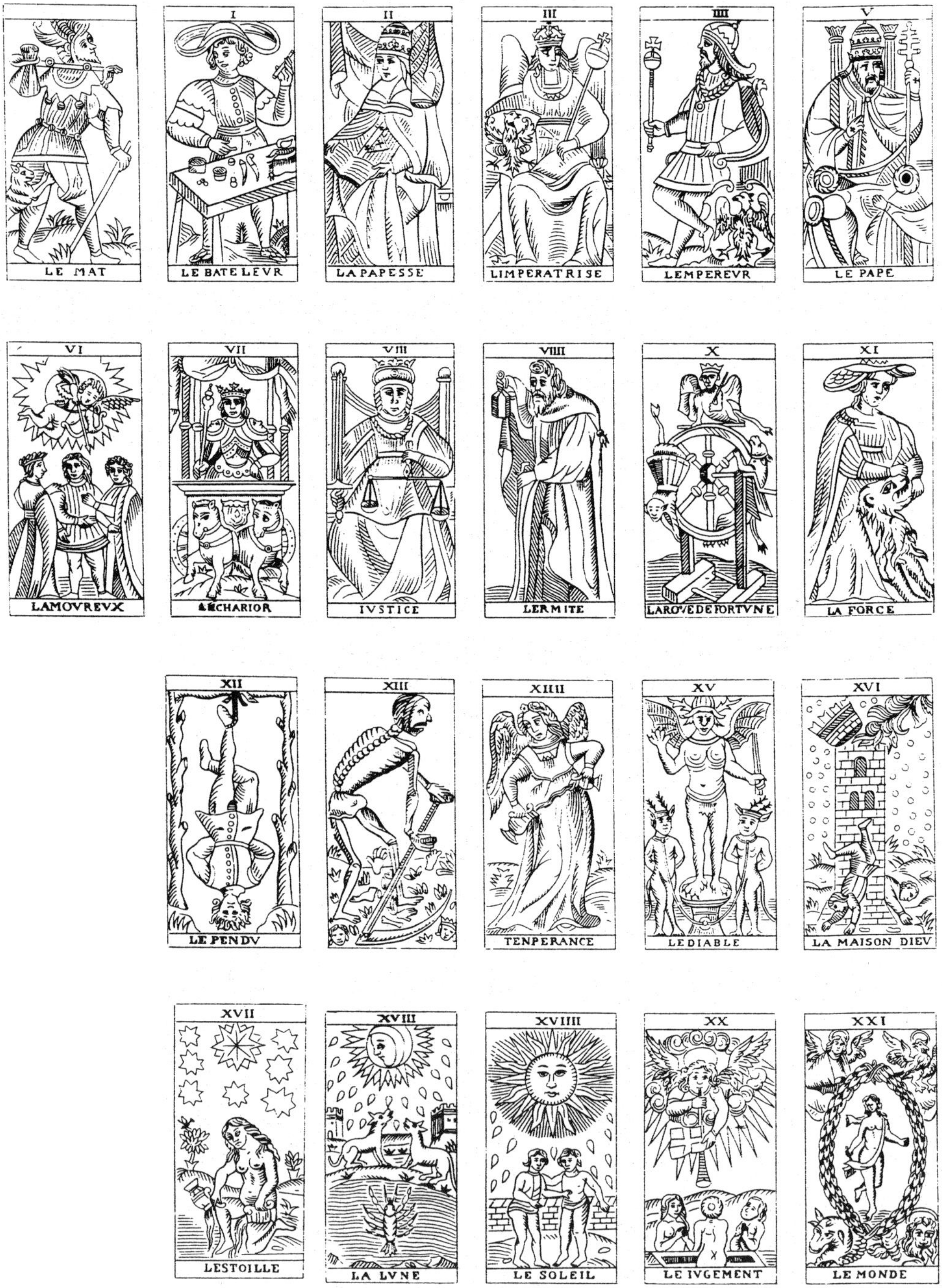

33 Schema der 22 Tarocke aus dem Tarot de Marseille

te zeigt einen Narren (»Le Mat«), ohne römische Zahlenbezeichnung.

Die römischen Zahlen, die ich in Klammern angefügt habe, beziehen sich auf das Marseiller Tarock. In New York und Bergamo fehlen zwei Karten, der »Teufel« und das »Haus Gottes«.

Stilistisch dem vorgestellten eng verwandt sind zwei weitere Spiele: Das eine wird in der Brera in Mailand aufbewahrt, nach seinem letzten Eigentümer heißt es Brambilla-Tarock; neben 46 Figurenkarten sind zwei Tarocke erhalten. Das andere befindet sich heute in der Cary-Collection in Yale, 67 Karten sind erhalten (Abb. 34). Noch Anfang unseres Jahrhunderts befand es sich im Besitz der Familie Visconti. Alle drei Spiele zeigen die Devise »a bon droyt« des Herzogs Filippo Maria Visconti sowie die Visconti-Schlange im Wappen. Da auch das Savoyen-Kreuz vorkommt, das erst nach Filippos Heirat mit Maria von Savoyen verwandt wird, müssen die Karten zwischen dem Heiratsdatum 1428 und dem Tod des Herzogs 1447 gemalt worden sein.

Die Größe der Spiele weist leichte Unterschiede auf, die Ausführung hingegen ist fast identisch. Alle sind mit einem gleichen Randmuster versehen. Mit Punzen wurden die Rautenfelder in dem Goldgrund geprägt. Unsere Blätter zeigen stilistische Unterschiede zu den beiden anderen Spielen, deren Figuren elegant gelängt, deren Gesichter schmal sind. Dagegen fallen auf unseren Karten die pummeligen, kugeligen Köpfe und die vergleichsweise fülligen Gestalten auf.

Über den Maler, dessen bedeutende Leistung unbestritten ist, herrscht Rätselraten. 1928 sind sie Bonifacio Bembo zugeschrieben worden. Er wurde um 1420 geboren, nach 1477 starb er. Zwischen 1447 und 1477 erhält er vom Mailänder Herzogshaus viele Aufträge, die jedoch nur durch Urkunden belegt sind. Leider – und hier liegt die Schwierigkeit – sind nur wenige Arbeiten von ihm erhalten, die eine klare Zuschreibung mit stilistischen Argumenten ermöglichen. Deswegen ist auch Bembos Autorenschaft angezweifelt worden, ersatzweise hat man Francesco Zavatari vorgeschlagen, der im Dom zu Monza die Kapelle der Theodolinda ausgemalt hat.[65]

Neben diesen Inkunabeln der Miniaturmalerei weist ein schon erwähnter früher Holzschnitt auf die Einwanderung der orientalischen Farbzeichen hin: das Liechtensteinsche Spiel (Abb. 35 und 36). Die Reste dieses Spiels haben sich auf zwei Makulaturbogen erhalten, 16 Kartenbilder. Das Spiel bestand aus 5 Farben: Schwerter, Stökke, Becher, Münzen und Wappen. König, Ober und Unter entsprechen nicht nur in der Spielkartentypologie sondern auch stilistisch nordalpinen Gebräuchen. Die Farbzeichen sind die in Italien bekannten. Die Ober reiten nicht wie in Italien. Eine Reihe von Königinnen scheint völlig zu fehlen und zwei der vier Untern sind Frauen, eine davon nackt. Die Kartenbilder sind ein früher Beleg für eine süddeutsche Tradition, die in der Unter-Reihe eine nackte und eine bekleidete Frau zeigt (Abb. 114). Bemerkenswert ist auch

34 Karten des Visconti-di-Modrone-Tarocks, um 1445

35 Bogen mit allen fünf Königen des Liechtensteinschen Spiels, um 1440-1450

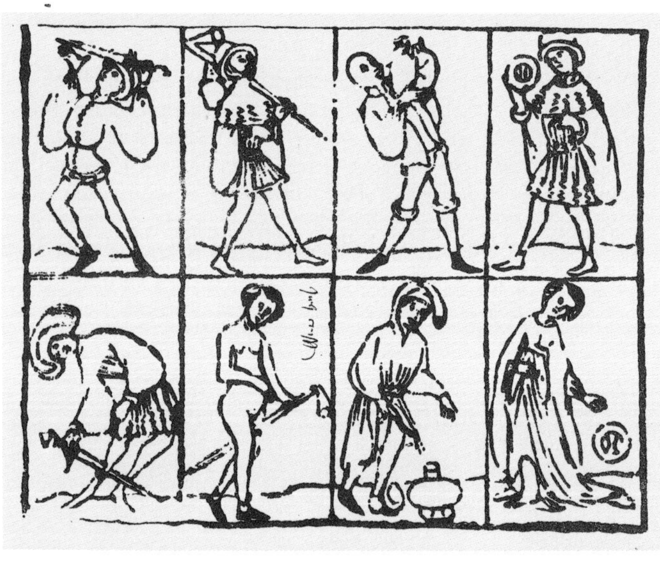

36 Bogen mit Ober- und Unterkarten der Farben Schwerter, Stäbe, Becher, Münzen des Liechtensteinschen Spiels, um 1440-1450

die Form der Stöcke: Sie gleichen den Polostäben Persiens und der Mamelucken, die wiederum mehr als ein halbes Jahrhundert später materiell belegbar sind. Fritz Korenys Datierung auf 1440-1450 behält weiterhin die besten Argumente für sich.

Kommen wir noch einmal auf die älteste Erwähnung von Spielkarten in Europa zurück. Nach dem ersten Datum folgen die Nachweise in großer Dichte: 1377 unserer Zeitrechnung in Florenz, ebenfalls 1377 beschreibt der Dominikanermönch Johannes von Rheinfelden die Karten. 1378 wird das Kartenspiel in Regensburg verboten, 1379 in Brabant. Möglicherweise gibt es sogar ein Verbot von 1367 aus Bern. Es fällt schwer, sich vorzustellen, daß das Kartenspiel

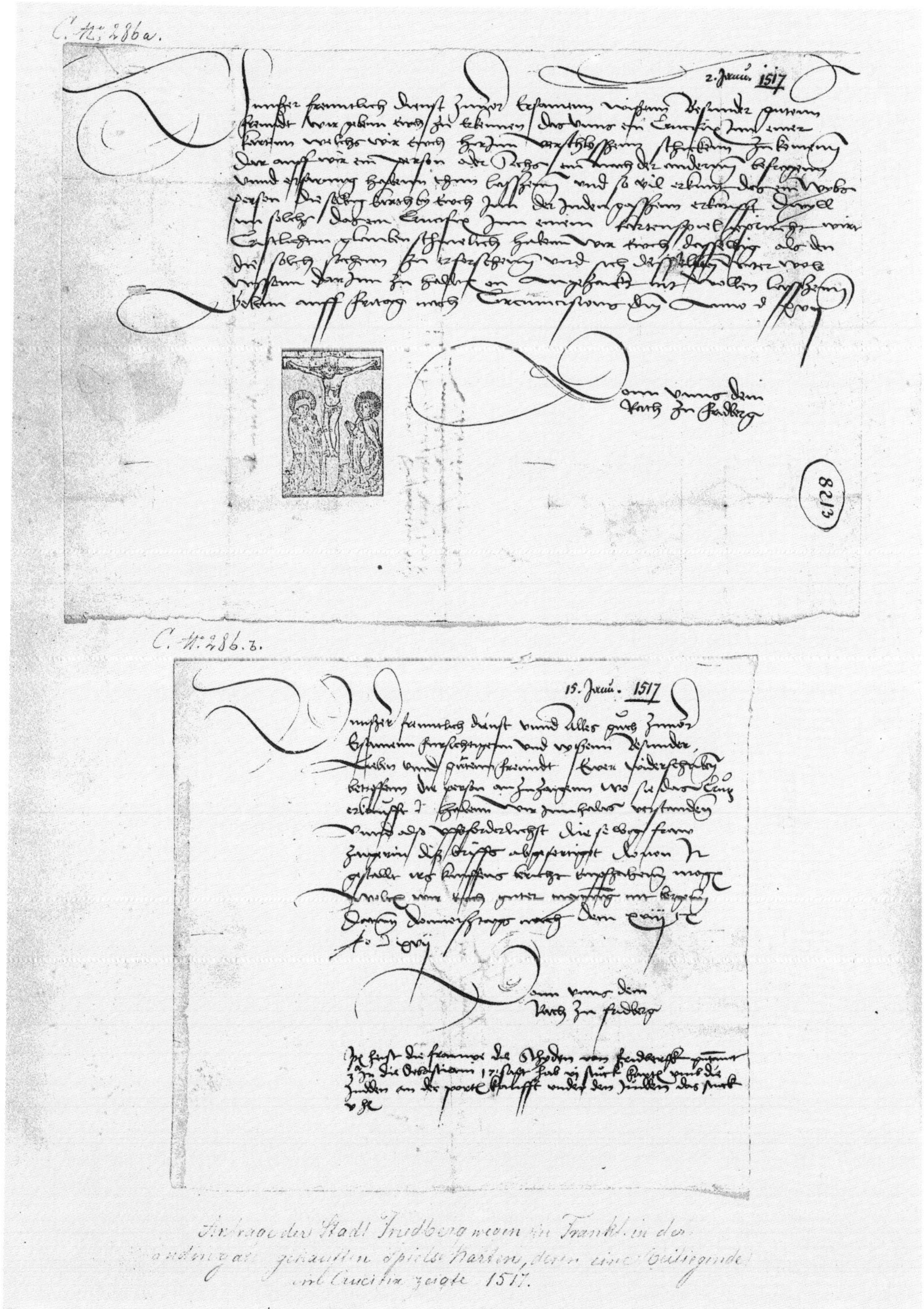
C. 42: 286 a.

2. Janu. 1517

8213

C. 42: 286 b.

15. Janu. 1517

37 Anfrage an den Rat der Stadt Frankfurt, wie er sich erkläre, daß die beigefügte Kreuzigungsszene in einem Kartenspiel gefunden wurde, 1517 sich ohne Vorlauf binnen ein bis zwei Jahren über ganz Westeuropa zur Verbotsreife entwickelt haben soll. Wir sind bereit anzunehmen, daß die Spielkarten wie schon vor ihnen das Papier aus dem Orient kamen. Dabei unterstellen wir – da wir einigermaßen gesicherte Nachweise aus der muslimischen Welt erst seit dem frühen 16. Jahrhundert haben – mindestens zwei Jahrhunderte bisher nicht präzise nachweisbarer Spielkartenentwicklung, und das bei hochentwickelter Schriftkultur. Es ist vernünftig, die Ankunft von Spielkarten und Spielregeln einige Jahre vor der Zeit anzunehmen, in der sie aktenkundig werden.

Karten wie das Stuttgarter Spiel oder die Tarocke der Familie Visconti sind kaum Anlaß für Verbote gewesen – sozial auffällig wurde das Spiel nicht bei Hof, sondern auf den Plätzen, in den Kneipen. Wenn es vor allem zur Versorgung der Pilger schon im Mittelalter eine größere Massenproduktion von Klein-Devotionalien gegeben hat und wenn auch eine serielle handgefertigte Produktion von Andachtsbildchen (Abb. 37) belegbar ist, so ist doch zu bezweifeln, daß Kartenspiele von 52 Blatt von Italien bis nach Brabant – also entlang der Handelswege – binnen ganz weniger Jahre in solcher Anzahl gezeichnet und koloriert wurden, daß sie der Obrigkeit als soziales Problem erschienen. Ich nehme an, daß etwa im dritten Viertel des 14. Jahrhunderts Kartenspiele wie Andachtsbilder gezeichnet wurden. Die Attraktion dieser Bildserien zum Spielen kann durchaus der Entwicklung des Holzschnittes förderlich gewesen sein. Auf jeden Fall ist wahrscheinlich, daß die Verbote sich bereits auf Holzschnitt-Karten beziehen. 1377 hielt der Baseler Dominikanermönch Johannes von Rheinfelden das Kartenspiel bei seiner Zuhörerschaft für so bekannt, daß er glaubte, es als einen Gegenstand des Alltäglichen allegorisierend ausdeuten zu können. Johannes kennt ein Spiel, das in der Grundstruktur heutigen gleicht. Es umfaßt 52 Karten, vier Farben, die Zahlenkarten 1 bis 10 sowie König, Ober und Unter. Der Prediger zitiert allerdings darüber hinaus Spiele mit fünf und mit sechs Farben, und – wie die Liechtensteinschen Bögen zeigen – sind einzelne dieser Bildsequenzen belegbar. Wir besitzen wohl nicht die Phantasie, uns die Vielfalt dieser frühen Spiele vorzustellen, sind viel zu leicht geneigt, die Entwicklung der zweiten Hälfte des 15. Jahrhunderts, den Rationalisierungsschub, der auch die Karten bestimmte, in die Anfangszeit zurück zu verlängern. Bis ins 16. Jahrhundert bestanden sehr viele unterschiedliche Kartenspiele nebeneinander. Es wäre ein großer Fehler, das zufällig Erhaltene in eine entwicklungsgeschichtliche Kette einzupassen.

38 Blumen-Unter des Kupferstichspiels vom »Meister der Spielkarten«, um 1440

In diesen experimentierfreudigen Zusammenhang gehören auch die Kupferstiche des »Meisters der Spielkarten« (Abb. 38 und 39). Seine Karten, die ersten Kupferstiche überhaupt, zeigen keine Spuren des Anfangs. Versiert überträgt er seine von den Niederländern beeinflußte Zeichentechnik auf die Kupferplatte. Für die Versuche scheinen ihm Spielkarten gerade gut genug. Es geht ihm nicht nur um die Verfielfältigung von Zeichnungen, genauso wichtig nimmt er die Kombination unterschiedlicher zeichnerischer Elemente. Die Farbzeichen Wildmenschen, Raubtiere, Vögel, Hirsche und Blumen kombiniert er mit Königen, Damen und Buben. Kombinieren ist hier durchaus mechanisch zu verstehen: Die einzelnen Farbzeichen sticht er in freistehende Kupferplättchen, die er mit den großen Platten der Könige und Damen auf einen Holzkern montiert.

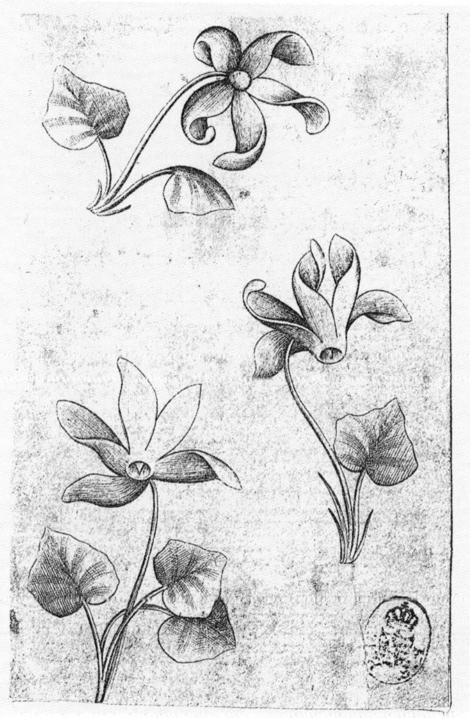

39 Blumen-Drei des Kupferstichspiels vom »Meister der Spielkarten«, um 1440

Insgesamt haben sich etwa 70 Blätter des ersten Kupferstichspiels erhalten. Die strukturelle und stilistische Nähe zu den Karten von Schloß Ambras (Abb. 29) und des Stuttgarter Spiels (Abb. 28) ist unmittelbar evident. Die Technik der Kombination von kleinen und großen Kupferplatten muß in dem Zusammenhang mit dem großen Modernisierungsschub gesehen werden, der die zweite Hälfte des 15. Jahrhunderts erfaßte. Ob der Spielkartenmeister der Gutenbergschen Druckerei zugearbeitet hat, ist höchst fraglich. Daß aber das Suchen nach technischen Innovationen auch den Spielkartenmeister erfaßt hatte, liegt vor Augen.

Die Modernisierung und Rationalisierung der Spielkartenproduktion erfolgte weder am Ober- und Mittelrhein, noch in Oberitalien, sie hat sich mit dem Namen Frankreichs verbunden. Französische Farbzeichen haben sich durchgesetzt, die deutschen und italienisch-spanischen bleiben dagegen marginal.

Den vier Farben Kreuz oder Treff, (franz. Trèfle), Pik oder Schippen (franz. Pique), Herz (franz. Cœur), Karo oder Eckstein (franz. Carreau) entsprechen König, Dame und Bube (vgl. Abb. 100). Die drei Bildkarten sind mit Namen ausgestattet, einem Brauch, dem auch noch das heutige in Frankreich gespielte Kartenblatt – das in der Restaurationszeit entworfen wurde – folgt. Die Könige heißen Charlemagne, Caesar, Alexander und David, die Damen Judith, Rachel, Argine und Pallas und die Buben La Hire, Hector, Lancelot und Hogier. Eine schlüssige Begründung, wie es zu dieser im 18. Jahrhundert kanonischen Zusammenstellung von Namen gekommen ist, konnte bis heute nicht gegeben werden, aber richtig ist es auf jeden Fall, einen Zusammenhang mit den Neun Helden, den Neuf Preux, und den neun Heldinnen, den Neuf Preuses, zu sehen. In dieser Heldenreihe wurden vorbildliche Herrscher der Antike zusammengestellt und abgebildet. Doch ist allein dieses Bezugsfeld zu klein, sonderlich, da einige Spielkartendamen unter den neuen Heldinnen nicht vorkommen. Deswegen können über die Neun Helden hinaus die Ritterromane eine Rolle gespielt haben, denn die Entstehungszeit jener Karten, das frühe 15. Jahrhundert, ist im höfischen Milieu gekennzeichnet durch einen spielerischen Umgang mit der antiken Literatur, Festen, die ein Rittertum feierte, das schon von der gesellschaftlichen Entwicklung überholt war.[66]

Im 18. Jahrhundert, als die entstehenden Nationalstaaten sich zu definieren versuchten, schreiben die einzelnen Autoren ihren Staaten immer neue Erfindungen zu. So vertritt der französische Autor Abbé Menestier[67] die Meinung, das Kartenspiel sei in Frankreich zum ersten Mal gespielt worden. Die ehrwürdige Legende zur Bestätigung dieser Vermutung besagt, daß die bunten Karten den verdüsterten Geist Charles' VI. erheitern sollten. 1704 veröffentlichte der gelehrte Abbé ein Dokument, aus dem hervorgeht, daß 1392 einem Maler Jacquemin Gringonneur (Abb. 40) für drei Kartenspiele, versehen mit Goldrand und vielen Farben, 56 sol parisis bezahlt worden seien. Die Spielkarten waren für Charles VI. bestimmt. Was für Karten dies waren, wissen wir nicht.[68] 1393 kannte man das Kartenspiel in bürgerlichen Kreisen; schließlich soll auch das Spielverbot des Bischofs von Langres aus dem Jahre 1404 erwähnt werden.[69] Schon diese Zahlen machen deutlich, daß Spielkarten in Frankreich später als in Italien und Deutschland belegt sind.

40 Der Treff-Bube aus dem Spiel Louis Atthalins zeigt den Kartenmaler Jacquemin Gringonneur, um 1835

41 Karten des François Clerc, Ende 15. Jahrhundert

Die ältesten erhaltenen Karten stammen weitgehend aus Lyon, einer Stadt, in der das Kartenmacherhandwerk blühte.[70] Die Provinzen, die Italien und Deutschland benachbart sind, haben zuerst Spielkarten produziert. Die Bibliothèque Nationale in Paris bewahrt ein Spiel, das neben den bekannten Farben Herz, Pik und Treff mit einem roten Halbmond (Abb. 41) versehen ist. Der Bube der Halbmondfarbe trägt auf einem Spruchband den Namen des Kartenmachers »f. clerc«. Ein François Clerc ist von 1485 bis 1496 in Lyon urkundlich belegt. Wenn wir neben diese Blätter die Arbeiten der deutschen Kartenmacher stellen, so fällt die größere Anmut und Beweglichkeit der Könige, Damen und Buben auf. Es paßt zu den freundlichen, lächelnden Gestalten, daß die Karten ein schlankes Hochformat aufweisen, während man diesseits des Rheins meist ein breiteres bevorzugte. Herz-König und Herz-Dame sind verkleidet. Sie tragen das Kostüm der wilden Menschen; so ist das Szepter des Königs eine grobe Keule, das der Dame ein vergleichsweise vornehmer Stock. Sie wirken überhaupt wie Personen auf einem Maskenfest, die Damen mit ihren gespreizten Bewegungen, der Pik-König, der einen Pfeil in der Hand hält, oder der Treff-König mit seiner Lanze.

Ähnlich liebenswürdige, ein wenig tändelnde Gestalten treffen wir auf Karten des Jean de Dale, einem Kartenmacher aus Lyon, den wir zwischen 1485 und 1515 nachweisen können (Abb. 42). Aus den acht Bogen, die die Bibliothèque Nationale besitzt, ist der mit den berittenen Damen und Königen abgebildet. Könige und Damen zu Pferd, das hatten wir schon am Oberrhein kennengelernt, vor allem in den beiden handgemalten Spielen, die von einer fürstlichen Jagd berichten. So eine Unternehmung vermutet man auch hier, nicht nur, weil die Dame unten rechts einen Falken auf ihrer Hand trägt, sondern auch, weil die Könige wie im Gespräch die Hand erheben und die Damen aufmerksam zuhören.

Da die französischen Zeichen anders als die deutschen, schweizerischen, italienischen oder spanischen über keine Binnenzeichnung verfügen, lediglich rote oder schwarze Flächen sind,

42 Karten des Jean de Dale, Anfang 16. Jahrhundert

deren Aussehen allein durch den Umriß bestimmt wird, konnten sie mit der Schablone aufgetragen, brauchten also nicht gedruckt zu werden. Das Holzmodel war nur für die Figurenkarten zu schneiden – Arbeitskraft des Holzschneiders und des Druckers konnte man einsparen. Die rationelle Fertigungsweise setzte sich durch. Für den Sammler mögen solche Karten höchst langweilig sein, der Spieler hingegen benutzt die funktionalen Blätter mit Vorliebe.

Die Herausbildung regionaler Bilder

Wie wir gesehen haben, sind die Spielkarten Teil jenes großen Modernisierungsschubes, der in Europa im 14. Jahrhundert beginnt und der sich im 17. Jahrhundert stabilisiert hatte. Daß die Spielkarten schon in ihrem Namen das neue Material »Papier« signalisieren, wurde genauso angedeutet, wie die Verbindung zwischen dem Holzschnitt und der Karte. Wir können annehmen, daß neben den Heiligenbildchen (vgl. Abb. 37) vor allem Spielkarten von Holzschneidern abgesetzt wurden. Sie verhalfen der Idee des – übertreibend formuliert – grafischen Zyklus zur Bedeutsamkeit. So verwundert es auch nicht, daß der erste Kupferstichzyklus ein Kartenspiel ist (Abb. 38 und 39). Nach der Reform der grafischen Künste durch Albrecht Dürer wählten seine Mitarbeiter und Nachfolger immer wieder die Spielkarte als Grundlage für genauso assoziative wie zeitbezogene Bildserien.[71] In unserem Zusammenhang sei auf das Spiel Peter Flötners verwiesen (Abb. 43). Daß diese kleinen grafischen Zyklen nicht ohne Bedeutung für die alltäglich verwandten Karten blieben (vgl. Abb. 44), veranschaulicht ein Miniaturkartenspiel, das Anregungen von Leonard Schäufelein und Eberhard Schön aufnimmt (Abb. 119). Auf der einen Seite sind die Miniaturkarten grobe Holzschnitte, andererseits kann man sich Blätter von 4 x 2,7 cm kaum als Volksspielkarten vorstellen. Vielleicht sind diese Karten auch für einen Kunstschrank oder Vexierbücher hergestellt worden. Noch die »Charta Lusoria« des Jost Amman von 1588 (Abb. 118) steht in der Tradition dieses Innovationsschubes. Buchillustration und Spielkarte sind hier sehr eng miteinander verknüpft. Bei den Lehrkarten werden wir sehen, daß Buchausgabe und Spielausgabe nebeneinander publiziert werden (vgl. Abb. 183 und 185).

43 Peter Flötner: Eichel-Zehn, um 1540

Es ist schwer vorstellbar, wie die regionalen Bilder entstehen, also jene Kartenbilder, die sich nicht durch die Farbzeichen unterscheiden, vielmehr durch Haltung und Aussehen der Figuren. Da gibt es thronende oder berittene Könige, fechtende oder musizierende Ober- und Untermänner, Damen im Profil oder en face. Bei den Reitern können sich die Pferde unterscheiden, die Buben sind hier anders gekleidet als dort. Manchmal sind die Unterschiede von Region zu Region sehr gering und es braucht ein gutes Auge, um die Differenzen zu bemerken, etwa bei den japanischen Hana Fuda (Abb. 56). Die Karten der deutschen Landschaften differieren deutlich voneinander (vgl. Abb. 83-85), die der französischen weniger (vgl. Abb. 100 und 101). In England und den USA sind regionale Varianten gering, oft unterscheiden sich die Produkte einzelner Firmen.

Wenn auch viele Kartenbilder des 16. Jahrhunderts ausgestorben sind, so ist es doch erstaunlich, daß andere Bilder, die auf jeden Fall das 19.

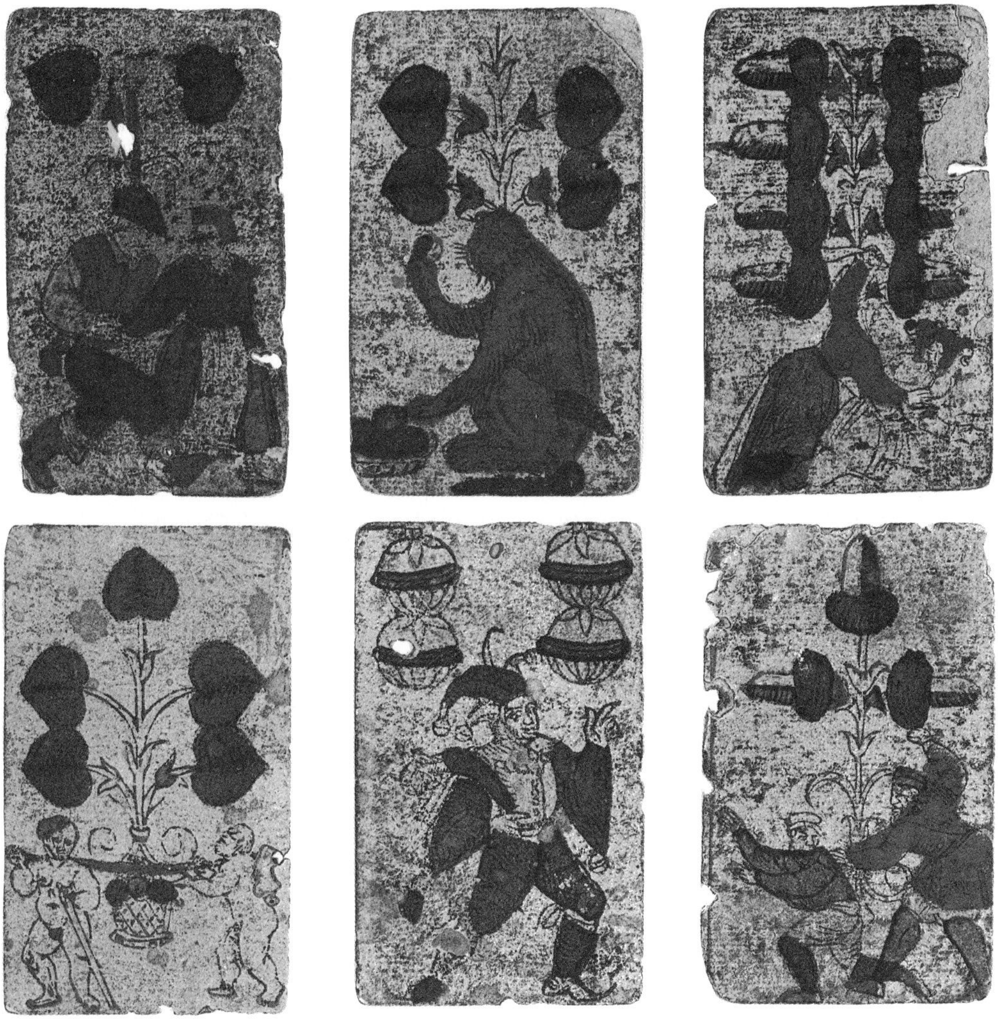

44 Augsburger Zahlenkarten, 2. Hälfte 16. Jahrhundert

(wenn wohl auch nicht das 20.) Jahrhundert überlebten, aus der Anfangszeit der europäischen Spielkarten stammen. Auf den Zusammenhang zwischen dem Schwäbischen Bild des frühen 16. Jahrhunderts (Abb. 113) und der Beschreibung des Johannes von Rheinfelden von 1377 wurde bereits verwiesen.

Das Ansbacher Bild (Abb. 125) stellte im 16. Jahrhundert ein Nürnberger Kartenmacher namens Bernhard Mertele her. Die Kleidung seiner Figuren war jedoch schon um 1400 modern. Für die Fechter des Bayrischen Bildes kennen wir einen Vorläufer von 1595[72] (Abb. 45), das älteste Beispiel des Sächsischen Bildes kann um 1725 (Abb. 46) datiert werden. Auch das heutige Kartenbild der Schweiz (Abb. 11) ist in nuce im 16. Jahrhundert nachweisbar. Das sogenannte Preußische Bild (Abb. 129 und 130) scheint ein Kind des 18. Jahrhunderts zu sein.

Die Wurzeln der meisten italienischen Bilder reichen bis ins 15., auf jeden Fall bis ins 16. Jahrhundert zurück (vgl. Abb. 96). Das gleiche gilt für die Karten der iberischen Halbinsel. Anders als in Deutschland und Italien nahm sich in Frankreich die zentrale Steuerbehörde der Spielkarten an. Schon 1613 verordnet Ludwig XIII., daß die Kartenmacher ihren Namen auf den Treff-Buben, unabhängig vom Format der Karte,

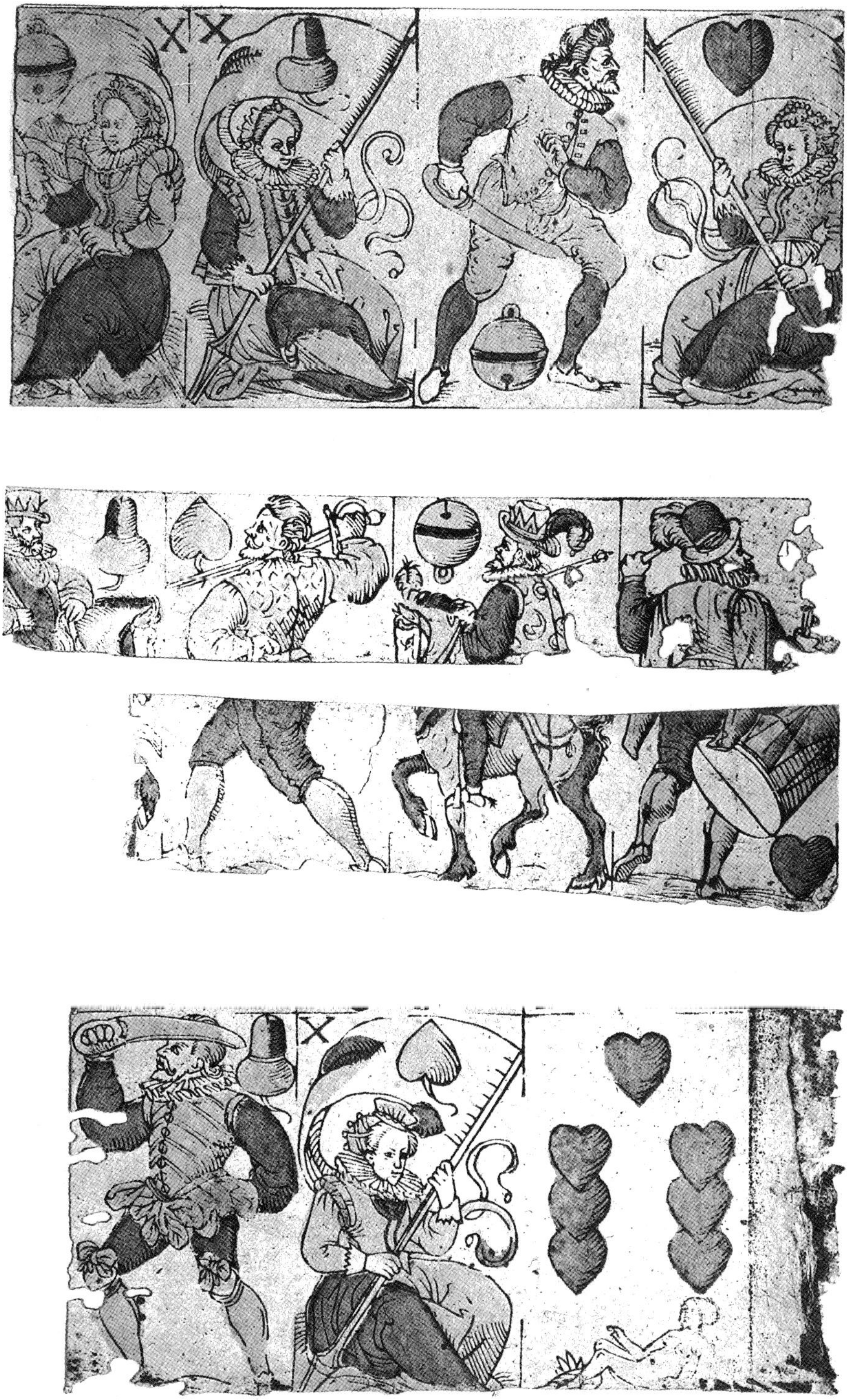

45 Fragmente eines Bogens aus der Werkstatt des Heinrich Hauk, 1595

46 Fragmente eines sächsischen Bildes, um 1725

zu setzen hätten. Konnten die Kartenmacher auch nach dieser Verordnung noch herstellen, was immer sie wollten, so verloren sie diese Freiheit 1701. Ein Gesetz regelte nun, welche Kartenbilder in den neun Regionen herzustellen seien.[73] Wir bilden das Portrait de Languedoc (Abb. 101) und das Portrait de Paris (Abb. 100) ab. Diese Bilder durften die Kartenmacher nicht verändern. Der Steuereinnehmer überwachte die Einhaltung des Gesetzes. Erst die Französische Revolution befreite auch den Kartenstaat aus der Erstarrung, das dann entwickelte »Portrait officiel« blieb bis heute unverändert (vgl. Abb. 47).[74]

Bereits im 15. Jahrhundert wanderten die französischen Farben nach England, jedoch gibt es nur wenig Nachweise. Da es aus dem Jahre 1463 ein Importverbot für Spielkarten gibt, ist es wahrscheinlich, daß Karten im Lande hergestellt wurden.[75] Frühe englische Spielkarten unterscheiden sich kaum von französischen. Wenn auch schon im 17. Jahrhundert die Spielkarten in England besteuert wurden, so legt erst ein Gesetz von 1710 die genauen Umstände fest. Ausschließlich auf dem Pik-As wird nun die Errichtung der Steuer markiert – noch heute zeigt es Spuren des fiskalischen Zugriffes. Mit den englischen Kolonisten erreichten die Spielkarten Nordamerika, mit den spanischen und portugiesischen Mittel- und Südamerika. Die portugiesischen Karten fanden in Asien viele Nachahmer (vgl. Abb. 73-79), die allerdings die europäischen Vorbilder in ihre eigene Bildwelt überführten.

Faßt man all dies zusammen, so scheinen sich die regionalen Bilder im 16. Jahrhundert zu stabilisieren, im 17. zu fixieren. Nur wenige Bilder wurden im 19. Jahrhundert neu entwickelt. Die Industrialisierung und vor allem die Internationalisierung bringt die regionalen Bilder unter starken Druck, im zweifelsfall greift eine Skatrunde auch auf Pokerblätter zurück. Ist eine gewisse Auflagenhöhe nicht mehr gesichert, wird die Produktion eingestellt – warum sollte es den Spielkarten anders ergehen als den regionalen Bieren oder Käsesorten. Der Trend, das in der freiwilligen oder unfreiwilligen Freizeitgesellschaft immer neue Spiele auf den Markt kommen, nutzt den Spielkarten wenig: An neuen Regeln verdient kein Spieleerfinder, neue Karten bleiben marginal. In vielen Spielkartensammlungen finden sich Spiele, die als Patent angemeldet und ge-

47 Bogen des Lyoner Bildes, hergestellt in Rom, Anfang 17. Jahrhundert

setzlich geschützt wurden, die sich aber nicht durchsetzten, obwohl die Gebrauchsanweisung anderes verheißt. Die Vielfalt der regionalen Bilder geht verloren, die Vielfalt der Werbekarten und Quartette nimmt allerdings zu, Künstlerkarten (Abb. 164-172) werden mehr denn je angeboten. Zum Lamentieren haben Spielkartenfreunde keinen Grund.

Revolutionen und Reformen

Wie keine Revolution zuvor versuchte die von 1789 das gesamte Leben der Menschen zu verändern: Mode und Maße, Gesetze und Währung, Zeitrechnung und Verwaltung (vgl. Abb. 196). Das revolutionäre Frankreich verlangte von seinen Bürgern ein radikales Umdenken in kürzester Zeit. So blieben auch die Karten nicht verschont, zumal sie mit König, Dame und Bube den gesamten Hofstaat abbildeten.[76] Anfangs mußten aus den traditionellen Kartenbildern nur die feudalen Zeichen beseitigt werden. Der Kartenmacher schnitt Krone und Szepter aus dem Holzstock, die Kartenfiguren erschienen nun gerupft, dafür aber als gleiche (Abb. 106). Doch eine kulturell einmalige Anstrengung wie die Französische Revolution wäre nicht das, was sie war, würde sie sich auf ausschließlich negative, destruktive Maßnahmen beschränken. Und so erfand man neue Figuren.[77] Ein Spiel von Gayant aus dem Jahre II ersetzt die Könige durch die Philosophen Voltaire, La Fontaine, Molière, Rousseau und folgt damit der Genieverehrung des 18. Jahrhunderts.[78] Die Damen werden zu den Tugenden Mäßigkeit, Klugheit und Kraft. Frauen erhalten keinen historischen, sondern einen allegorischen Körper, die Buben hingegen stehen voll in der Geschichte, sie sind zu Soldaten der Republik geworden. Andere Spiele versuchen sich in Vierreihen[79], die dem Feudalismus fern sind. Statt der Könige werden die vier Elemente, statt der Damen die vier Jahreszeiten abgebildet. Anstelle der Buben treten vier »Cultivateurs«, Tätigkeiten der Bauern auf – Kornernte mit der Devise »Für alle«, Weinernte, Waldwirtschaft und Garten.

Der Stil, der Geschmack, in dem die Figuren gezeichnet sind, lehnt sich an die Antike an, an die römische Republik. So sind die vier Elemente und die vier Jahreszeiten als Götter Roms gegeben. Diese künstlerische Auffassung wählt auch ein Spiel, das mit dem Namen Saint-Simon verbunden wurde und das weit über Frankreichs Grenzen Beachtung fand (Abb. 107).[80]

Die Könige wurden durch Genien ersetzt, die Damen durch Freiheiten und die Buben durch Gleichheiten; über diesen dreien steht nur das Gesetz, das ehemalige As, und so ist das Farbzeichen auf diesen Karten von vier Liktorenbündeln eingerahmt, dem römischen Zeichen der Gerechtigkeit. Entsprechend den Farben sind die Figuren unterschieden: Genius des Krieges, Genius des Friedens, Genius der Künste und Genius des Handels finden wir, wo ehemals Herz-, Treff-, Pik- und Karo-König waren. Die Reihenfolge ist so durch die begleitende Schrift der Verleger Jaume und Dugourc festgesetzt. Die Freiheit der Religion, der Heirat, der Presse und der Berufswahl werden auf diesen Karten als Errungenschaften gefeiert. Hohe Forderungen an die Menschheit schließen sich mit der Gleichheit der Pflichten, der Rechte, der Rangordnung und der Rassen an. In einem Prospekt, in dem die Hersteller Jaume et Dugourc die neuen Spielkarten bekanntmachen, heißt es unter anderem: »Wenn die wahren Freunde der Philosophie und der Menschheit unter den Bildern der Gleichheit mit Vergnügen den Sansculotte und den Neger erblickt haben; wird es ihnen gewiß noch mehr Vergnügen machen, zu sehen, wie das Gesetz, die einzige Beherrscherin eines freyen Volks, das As mit seiner höchsten Gewalt umgibt, welche durch die Faces bildlich vorgestellt wird und davon seinen Namen erhält.« Von allen Reformvorschlägen, die das Kartenspiel erfahren hat, ist dieser besonders bemerkenswert. Er geht davon aus, daß das Kartenspiel davon lebt, daß es Karten mit höherem und Karten mit niederem Wert gibt. Statt der Klassen, die bisher die Abfolge dieser Hierarchie bestimmten, setzt Jean Démosthème Dugourc nun revolutionäre Tugenden. Trümpfe sind nicht mehr König oder Königin, sondern Gesetz, Freiheit oder Gleichheit. So werden im Spiel revolutionäre Tugenden eingeübt und keine Identifizierungen mit feudalen Hierarchien vorgenommen.

Nun ist die politische Deutung und Veränderung des Kartenbildes nicht neu. Schon der Prediger Geiler von Keisersberg hatte sich darüber aufgeregt, daß im Karnöffelspiel die Welt nicht mehr in Ordnung sei, daß vielmehr hier das Untere das Obere überwinde. Das Skatspiel[81], das gleichzeitig mit der Französischen Revolution entsteht, kennt unendlich starke Buben, die Könige haben im Spiel lediglich eine marginale Rolle. Die Figuren des Kartenspiels sind immer wieder mit lebenden, historischen oder legendären Namen in Verbindung gebracht worden, verehrend oder polemisch, in einem affirmativen oder einem karrikierenden Stil. So erscheint die zur römischen Kirche konvertierte Christina von Schweden als nacktes Schandweib (Abb. 153). Englische Spiele sind zu Bildsequenzen geworden, die die papistischen Umtriebe berichten (Abb. 154). Auf Lehrspielen erscheinen berühmte Könige und Königinnen (Abb. 182) sowie »Fürtreffliche Männer« (Abb. 184), auch der royalistische rol back hat seine Kartenspiele (Abb. 108). Das 19. Jahrhundert weist für jedes größere Ereignis Karten auf, ob Krimkrieg oder Revolution von 1848, ob Befreiungskriege (Abb. 156 und 157) oder Einigung Italiens (Abb. 160).

Doch nicht nur über die Motive, über das Thema greifen Kartenspiele in die Auseinandersetzung zur Deutung von Vergangenheit und Gegenwart ein, auch durch Stil und Bildwelt soll verändernd auf die Sitten eingewirkt werden. Geschmacksreform als politische Reform: So nimmt der deutsche Klassizismus und die deutsche Romantik den Impuls der Französischen Revolution auf – das Empirespiel der Firma Brossain (Abb. 190) ist eines der alltäglichen Beispiele für diese Entwicklung, die Karten Philipp Otto Runges (Abb. 110) ein herausragendes Exempel. Der Kartenstaat erhält hier nicht nur mit den Königen sein vergangenes Gesicht, mit Damen und Buben ist auch auf Gegenwärtigkeit gezielt. Runge modernisiert aber ebenfalls das grafische Gebilde Spielkarte, denn er ist der erste, der die Doppelfigurigkeit künstlerisch durchdenkt. Im 18. Jahrhundert hatte man die Karten für das Spiel funktionalisiert, indem die Figur halbiert und gespiegelt wurde. Wie auch immer man eine solche Karte in den Fächer steckte, es war richtig. Doch einfaches Halbieren und Spiegeln erzeugt Monster. Runge hat der Spiegelung eine Eleganz verliehen, die bisher nicht gesehen wurde, er macht die gespiegelte Figur zu einer ganzen und nicht zu zwei addierten halben. An dieser Leistung sind die späteren zu messen. Leonor Fini etwa versteht es, den Rungeschen Weg auf ihre Weise weiter zu gehen (Abb. 150), desgleichen auf der Basis ihrer Farbtheorie Sonja Delaunay (Abb. 165). Funktional denkt schon der Entwerfer von Rowleys Cards (Abb. 163). Er ordnet der Spielfarbe (engl. suit) eine Buntfarbe (engl. colour) zu, aus schwarz und rot macht er grün und schwarz, gelb und rot. Ebenso sollen die ursprünglichen – wie damals vermutet – Farbzeichen zu ihrem Recht kommen: Die Pik-Zeichen werden zu Lanzenspitzen, die Karos, im englischen »Diamond«, zu Diamanten, die Treff-Zeichen zu dreiblättrigen Kleeblättern und die Herzen zu Pokalen. Dargestellt sind Vertreter der um 1770 regierenden Herrscherhäuser.

Als Antipode zu diesem Rationalismus sei abschließend ein Spiel angeführt, das die Surrealisten gemacht haben, das Jeu de Marseille (Abb. 151). Es entstand 1941 in Marseille. Im Café »Le Brûleur de Loup« kamen Fréderic Delanglade, Wilfredo Lam, Oscar Dominquez, Max Ernst, André Masson, Jacques Hérold, Victor Brauner, Jacqueline und André Breton zusammen. Gemeinsam arbeiteten sie an einem Spiel Karten, von Polizeiuntersuchungen, wie sie in Vichy-Frankreich üblich waren, unterbrochen. Stahly berichtet, daß diese Arbeit notwendig geworden sei, da in dem Café keine Spielkarten waren; eine kokette Legende, die immerhin diese Karten denen von Kriegsgefangenen gleichstellt, die nur deswegen selber Karten zeichneten, weil keine gedruckten vorhanden waren. André Breton, der es doch wissen müßte, berichtet den Vorgang anders: Er erwähnt das Café überhaupt nicht. Vielmehr hätten sich die Künstler in dem Schloß »Air-Bel« getroffen. Gastgeber war Varian Fry, der Vorsitzende des amerikanischen Hilfskomitees für Intellektuelle. Als sich der Mann, den Breton den »l'innomable maréchal« nennt, den Marschall, dessen Namen er – somit auch ich – nicht aussprechen will, Marseille näherte, begannen überall Hausdurchsuchungen. Die Schloßbewohner wurden mit anderen Verdächtigen an Bord des Schiffes »Sinaia« gebracht, bis der unaussprechliche Marschall Marseille wieder verlassen hatte.

Wie auch immer: Es sind alte Bekannte, die der Krieg im Süden Frankreichs zusammengeführt hat, sie waren dazu verurteilt, die Zeit miteinander zu verbringen und nutzten diese Gelegenheit, ein Kartenspiel herzustellen. André Breton betont in einer Erläuterung der Arbeit, daß die alten Kartenzeichen nicht mehr verständlich seien. Er geht davon aus, daß sie die vier Stände symbolisieren. Die Grundstruktur des Spiels hätte die Gruppe nicht zerstören wollen; weder die Anzahl der Karten wurde verändert, noch die Unterteilung in je zwei rote und schwarze Zeichen. Schließlich behielten sie auch die soziale Hierarchie bei, die Figurenkarten König, Dame und Bube. Mit dem Spiel, das die Gruppe gemalt hatte, sollte man die alten Regeln spielen können, zu neuen sollte es anregen. Vier geistige Bereiche werden durch vier Symbole dargestellt: Liebe, Traum, Revolution und Erkenntnis entsprechend die Flamme, der schwarze Stern, das Rad (gleichzeitig das Blut) und das Schlüsselloch. Aus dem König wird (wie schon in den Karten Jean Démosthème Dugourc) ein Genius, aus den Damen Sirenen, aus den Buben Magier. Zur Ehre der Spielkarten werden – nach gemeinsamer Abstimmung – folgende historische Personen erhoben:

Liebe (Flamme): Baudelaire, die portugiesische Nonne, Novalis;
Traum (Stern): Lautrémont, Alice, Freud;
Revolution (Rad): Sade, Lamiel, Pancho Villa;
Erkenntnis (Schlüsselloch): Hegel, Hélène Smith, Paracelsus.

Das Spiel sollte ausschließlich die Arbeit einer Gruppe, eines Kollektivs sein. Alle Spuren individueller Überlegung, individuellen Stils wurden vermieden und getilgt. Immer zwei Künstler zeichneten eine Karte, sämtliche Entwürfe wurden von Robert Delanglade ins Reine gezeichnet, um jede individuelle Linienführung zu beseitigen. Die Karten sind damals natürlich nicht gedruckt worden, erst 1983 erschien eine Faksimileausgabe.

Vom Trionfo zum Tarot

Seit dem 18. Jahrhundert ist ein Spiel vom Geheimnis umwittert, das bis dahin nur ein Kartenspiel unter anderen war: das Tarock. 78 Karten sind für dieses Spiel notwendig, sehr viel mehr als der normale Kartenspieler kennt. Wir haben gesehen, daß das Kartenspiel sehr viel komplexer als das Würfelspiel ist. Auf der anderen Seite ist es sehr viel stärker vom Zufall bestimmt als das Schach. Jede Partie hat einen anderen Ausgangspunkt, eine Einübung in neuzeitlicher Kontingenzbewältigung. Beim Schach oder auch bei einem Würfelspiel wie Puff oder Trictrac ist der Spielstand allen Beteiligten zu jeder Zeit offensichtlich, alle sind gleichermaßen über ihre Chancen informiert. Nicht so die Kartenspieler: Einige Karten sind den jeweiligen Spielern immer verdeckt, ein besonderes Faszinosum.

Den Wert der Karten bezeichnen numerische und soziale Hierarchien, es gibt starke und schwache Karten, potentielle Sieger und potentielle Besiegte. Wir haben es schon erwähnt, daß der numerischen Hierarchie die gesellschaftliche übergeordnet ist.

Zwei Charakteristika der beiden älteren Spiele sind hierin aufgehoben: Im Würfelspiel gibt es nur numerische Hierarchien, im Schachspiel nur gesellschaftliche. Schach und Würfelspiele haben jedoch völlig verschiedene Regeln. Gesellschaftliche und numerische Hierarchie werden im Kartenspiel dem gleichen Gesetz – der Spielregel – untergeordnet, ein durchaus neuzeitliches Konzept.

Im Tarockspiel tritt zu den vier Farben eine eigene Trumpfreihe, eine Reihe also, die innerhalb des Spieles stärker ist als die vier Farben. Auch diese Reihe ist in sich hierarchisch gegliedert. Die ältesten Reihen – etwa die der Visconti-Sforza-Tarocke (Abb. 32) – zeigen keine Zahlen. Nur durch Texte und durch spätere Kartenserien, die mit Zahlen versehen sind, können wir die frühesten Karten in die richtige Reihenfolge bringen. Hier liegt das Geheimnis, von dem eingangs gesprochen wurde: Die 22 trionfi folgen einer gedanklich-bildlichen Logik, deren Gesetz wir nicht (mehr) kennen – und Wissenslücken können leicht von geheimnisvollen Fabeln und Mythen überwuchert werden.

Die Kartenreihe beginnend mit dem Taschenspieler über Papst und Päpstin bis hin zum jüngsten Gericht habe ich schon vorgestellt. Sie konnte in der Lombardei und in Südfrankreich (Abb. 141) anders aussehen als in Bologna (Abb. 98), in Rouen (Abb. 89) oder in Sizilien (Abb. 142). Die 22 Trümpfe, die zu Beginn des 15. Jahrhunderts erfunden wurden, sind ein Kind der Neuzeit. Wie alle Kinder ist auch das Tarock seinen Eltern ähnlich, die Bildreihe erweist sich als mittelalterlich. Alle 22 Bilder gehören in die westliche Ikonografie, manche wie der Tod als Gerippe oder der Teufel als Faun sind erst wenige hundert Jahre alt, andere – wie das Fortunarad oder die Tugenden – kennen wir schon aus der Spätantike. Neu – und bis heute noch immer nicht schlüssig erklärt – ist die Zusammenstellung gerade dieser Bilder und gerade in dieser Reihenfolge. Auch hier ist im 15. Jahrhundert noch manches im Fluß, bis sich dann spätestens um 1500 drei unterschiedliche Sequenzen durchgesetzt haben. Die Idee, ein tiefsinniges Bildprogramm von trionfi zu entwickeln, starken Karten, die sich untereinander überwinden, aber alle über die vier Farben triumphieren, stammt aus dem höfischen Milieu, in Mailand oder Ferrara mögen die Erfinder sitzen – wenn es überhaupt sinnvoll ist, hier etwas zu lokalisieren. Für die – wenn ich das so übertreibend formulieren darf – Kartenspieler war der Trumpf die Jahrhunderterfindung, das Spiel wurde aufregender, abwechslungsreicher, vielfältiger. Für die Freunde tiefsinniger Bildsequenzen war eine Abfolge entstanden, deren Logik wohl bald verlorenging. Schon im letzten Viertel des Jahrhunderts weist ein Prediger seine grenzenlose Ahnungslosigkeit nach, ein Stecher in Ferrara versucht Ordnung und Logik in die Bildreihe zu bringen, sein Produkt hat in der Kunstgeschichte den Namen Mantegna-Tarocchi erhalten (Abb. 86). Die 50 Blätter haben in Europa großes Aufsehen erregt. Sie gehören nicht nur zu den frühen italienischen Kupferstichen, sie wurden noch hundert Jahre später in Deutschland kopiert, was ihre Beliebtheit beweist.[82] Das Eigenwillige dieser Geschichte ist, daß sich die Bildreihe der 22 trionfi von dem Prinzip des Trumpfes im Kartenspiel gelöst hat. Die Bildreihe findet – frei vom, ja gegen das Kartenspiel – Nachfolger; die Idee des Trumpfes wird – unabhängig von der Sequenz der 22 – auf das Vierfarbspiel übertragen. (»Aus dem Keller klingt es dumpf: Pik ist Trumpf!«). Statt einer erhielt die neuzeitliche Gesellschaft zwei Erfindungen: Das Kartenspiel, bereichert um den Trumpf, sowie eine geheimnisvolle Bildreihe, die im Kartenspiel sehr schnell nicht mehr verstanden wurde und ihr Eigenleben begann; wohl schon am Anfang war die Sequenz ein Bilderrätsel, ein Puzzle. Der Klugheit, dem Tiefsinn der Erfinder hatte eine gleiche Fähigkeit der Benutzer zu entsprechen. Dieses Programm war also nicht – wie noch mittelalterliche Bildzyklen – wenigstens auf einer bestimmten Ebene allgemeingültig. Höfische Bildfolgen sind oft bewußt für die Allgemeinheit unverständlich; nur ein bestimmter Kreis, der manche Wege des Umgangs mit den Bildern kennt, kann die Logik der Reihe begreifen. Dabei ist es durchaus möglich, daß die gesamte Abfolge nicht mit einem verbindlichen Programm erfunden wurde, daß vielmehr das die Folge immer neu deutende Gespräch, der Reihe selber Sinn gab. Zu ungewöhnlich sind – auch für die damalige Zeit – Bilder wie die Päpstin oder der Turm. Die Gelehrsamkeit vieler Forscherinnen und Forscher hat zwar Deutungsmöglichkeiten gefunden, aber der Beweis, daß diese entlegen sind, wurde damit auch geführt.

Die 22 trionfi werden vor allem in der Kunst

48 Jupiter und Juno aus einem Bogen des Tarot des Besançon, Ende 18. Jahrhundert

selbst variiert, durchgearbeitet: Die Mantegna-Tarocchi sind das schönste, wenn bei weitem nicht das einzige Beispiel (Abb. 86). Immer – etwa wenn sich Giuseppe Maria Mitelli der Reihe annimmt (Abb. 87) – wird sie verändert. Damit ist belegt, daß die überlieferte Sequenz auf Unverständnis stieß. Doch auch neue Kartenspiele – durch die ›Tarocchi‹ angeregt, erfindet nicht nur Giuseppe Maria Mitelli. Gemeinsam ist all diesen Blattfolgen ihre Aufladung mit Sinn, der aber nur dem Gelehrten verständlich ist. Allegorien, nicht immer die üblichste Auffassung, aber auch Emblemata bieten tiefsinnige Rätsel, Anlaß zu geistvollen, aufbauenden Gesprächen. Die Sentimental Conversation Cards (Abb. 203) von 1775 sind ein letztes Beispiel solcher Kartenreihen. Vor allem sollen sie eine Hilfe sein, das Gesprächsniveau festlicher Gesellschaften anzuheben, dessen Banalität das beiliegende Textheft beklagt. Doch als ob der Autor sich selbst Lügen strafen wollte, teilt er noch eine Methode mit, wie das Kartenspiel zum Wahrsagen zu verwenden sei. Die Geschichte des okkultistischen Tarot lehrt uns, wie eng das Gespräch über die Gesetze des Kosmos und die Auskunft, ob jemand jemandes Liebe Wert sei, beieinander liegen.

Wenn wir davon ausgehen, daß die Tarock-Reihe um 1430 am Hof von Mailand oder Ferrara erfunden wurde, so kann mit Sicherheit gesagt werden, daß sie schon zwanzig bis dreißig Jahre später völlig unverständlich war. Die Kartenspieler benutzten kurze Bezeichnungen, beispielsweise »torre« oder »mondo«. Das aufgeklärte 18. Jahrhundert wollte das Unverstandene nicht auf sich beruhen lassen. Es gab verschiedene Korrekturmaßnahmen, so wurden im Tarot de Besançon (Abb. 48 und 90) Papst und Päpstin durch Jupiter und Juno ersetzt. Die Französische Revolution taufte den Eremiten in »Le Grandpère« um. Alles Belege dafür, daß der Sinnzusammenhang der gesamten Reihe nicht mehr gegenwärtig war. Das führt nun in der zweiten Hälfte des 18. Jahrhunderts zu zwei Veränderungen der Kartenbilder, die beide einen neuen Sinn ergeben sollten. Am Ende der einen steht das okkultistische Tarot. Der französische Gelehrte Court de Gebelin vertrat in dem Band seines Werkes »Le Monde primitif« die Auffassung, es handle sich um Bilder aus dem alten Ägypten, natürlich durch die Zeit entstellt. Die 22 Karten seien so etwas wie ein Hieroglyphenalphabet (vgl. Abb. 206); spätestens die dechiffrierende Arbeit, die Champollion am Stein von Rosette durchgeführt hat, der Beginn der wissenschaftlichen Ägyptologie, hätte beweisen können, daß die These Court de Gebelins falsch ist. Aber zu diesem Zeitpunkt war die Geschichte des okkultischen Tarot schon bald ein halbes Jahrhundert alt, dem rationalen Diskurs nicht mehr zugänglich. Diesem Irrtum verdanken wir eine nicht enden wollende Produktion von immer geheimnisvolleren und tiefsinnigeren Tarotkarten, die zu allem, nur nicht zum Spielen verwendet wurden. Wir werden darauf zurück kommen.

Ganz anders ist die zweite Veränderung der alten Tarocchi, sie führte zu Kartenspielen, die völlig anders aussehen. In einem Spielregelbuch von 1756 heißt es, daß kürzlich ein neues Tarockspiel eingeführt wurde.[83] Statt der alten, nördlich der Alpen wenig bekannten, italienischen Farben haben wir nun französische. Sie waren nicht nur preiswerter zu produzieren, französisch war auch die große Mode, der Hof des Sonnenkönigs von Versailles überstrahlte ganz Europa; jeder Fürst des »Heiligen Römischen Reiches Deutscher Nation« wollte es Ludwig XIV. gleichtun. Die geheimnisvolle Bildfolge der Renaissance, die trionfi, ersetzte man durch neue, nicht mehr festgelegte Bildreihen. Nur manchmal ahnt man noch etwas von den alten Allegorien, etwa wenn die XXI. Karte »der Mond« genannt wird. Gelegentlich ist auf dieser Karte tatsächlich ein Mond zu sehen, doch das ist nicht der Grund: »il mondo« oder »le monde«, die »Frau Welt« ist hier nicht mehr abgebildet, der Name der Karte hat sich jedoch in verballhornter Form erhalten.

Im Gegensatz zu anderen Spielinstrumenten – etwa dem Würfel – ist die Geschichte der Spielkarten immer auch eine Entwicklung von Bildfolgen, die teilweise mit dem direkten Spielzweck nichts zu tun haben. Weniger die Kartenmacher, die – den Zunftordnungen verpflichtet – vom Holzstock jene Karten druckten, mit denen jedermann spielte, als vielmehr die Stichverleger, die jene Karten verkauften, die von der Metallplatte – meist der Kupferplatte – gedruckt waren, machten aus einem Pack Karten gern ein illustriertes Buch. Neben burlesken oder fabelhaften Szenen, neben der »Verkehrten Welt« (Abb. 161) und moralisierenden Bildern findet auch das alltägliche Treiben der Menschen seine Abbildung auf den Kartenblättern. So ist es nicht verwunderlich, daß die altehrwürdige Trumpfreihe der Tarocchi durch Bildserien mit Tieren oder Soldaten, mit Veduten (Abb. 147) oder literarischen Szenen (Abb. 146) ersetzt wird.

Im Deutschen Spielkarten-Museum befindet sich ein Tiertarock, das aus der Sammlung Kohlmann in Naumburg kommt.[84] Es ist durch den Steuerstempel auf das Jahr 1754 zu datieren (Abb. 49). Im ersten Viertel des 19. Jahrhunderts ist dieser Typus im heutigen Belgien und in Dänemark zu belegen[85], er gehört zur Produktion des Münchener Kartenmachers A. B. Göbl (vgl. Abb. 90 und 143). Das Tiertarock von 1754 ist ein durchaus alltägliches Spiel und wäre da nicht der Steuerstempel, es könnte leicht ein halbes Jahrhundert später datiert werden. Der Hinweis von 1756, daß das Tarockspiel erst kürzlich eingeführt worden sei, ist nicht auf die Goldwaage zu legen, es kann – wie auch die Forschungen Sigmar Radaus zeigen, durchaus viel älter sein.

Ein weiteres Spiel aus der Sammlung Kohlmann korrigiert unsere Vorstellung von den frühen Tiertarocken: das von Erwin Kohlmann so getaufte Sachsentarock (Abb. 91). Hersteller ist wahrscheinlich die Leipziger Kartenfabrik des Johannes Gottlieb Breitkopf, den wir auch als Autor einer Geschichte der Spielkarte kennengelernt haben. Tierbilder – wie der Vogel auf Tarock IV – sind hier mit Schäferszenen in der Art des berühmten Hochzeitstarock[86] verbunden.

Obwohl immer wieder unbekannte Spiele auftauchen – etwa die Kartensammlung des Technischen Museums Wien – bleiben die Tiertarocke mit dem Namen der Kartenfabrikanten Andreas Benedict Göbl und Josef Fetscher (vgl. Abb. 92) engstens verbunden. Ihr Verdienst ist nicht nur die Verfeinerung der Ausführung, sie sind auch die ersten, die das Spiel zu immer neuen motivischen Innovationen benutzen. Während sich bisher die Standardkarten, also jene Holzschnittblätter aus der Werkstatt des Kartenmachers, nur langsam veränderten, werden die Tarockspiele in immer neuen Varianten auf den Markt gebracht, eine Arbeitsweise, die wir bisher nur vom Stichverleger kannten. So ist es konsequent, daß eines der prototypischen Tiertarocke aus der Göblschen Werkstatt Tierbilder (vgl. Abb. 144) eines Kartenspiels mit deutschen Farben aus der Werkstatt des Conrad Stappf in Augsburg übernimmt (Abb. 192). Hier hatte von 1642 bis 1706 ein Stichverleger und Kunsthändler Johann Ulrich Stap(p)f gelebt. Sein gleichnamiger Sohn (1668 bis 1724) führte das Geschäft fort. Aus diesem Verlag stammt ein Festungsbauspiel. Möglicherweise gehört auch Conrad Stappf zu dieser Familie.

In dem Göblschen Tiertarock und seinen Nachfolgern fließen also die Tradition des Kartenmachers und die des modernen Stichverlegers zusammen. Göbl übernimmt lediglich die Bilder von dem älteren Spiel, das noch mit Überschrift und Sinnspruch deutlich der Emblematik zugehört. Viele der Tierbilder Stappfs sind in Roemer Visschers »Sinnepoppen« nachweisbar, einige sogar identisch mit dem Augsburger Spiel.[88]

Während die Tarocke mit französischen Farben im 20. Jahrhundert eher ein Schattendasein

49 Karten eines Tiertarocks von A. B. Göbl, Steuerstempel von 1754

als Cego oder in Wien als Kaffeehaus-Tarock führen, boomt das Geschäft mit dem okkultistischen Tarot (vgl. Abb. 169-172). Sie schießen wie Pilze nach einem feuchten Sommer aus dem Boden. Viele Buchverlage runden ihr Programm durch einige Tarot-Sets ab, andere, die sich auf Esoterik spezialisiert haben, kommen mit der Nachfrage nicht mehr nach. Was vor zwanzig Jahren wenige skurrile Experten kannten, wurde inzwischen zum Volkssport: Meditation kurz nach Sonnenaufgang, am besten »auf nüchternen Magen«.[89]

Bei einem solchen warmen Regen können in unserem Rahmen nur wenige Beispiele die Breite des Angebots markieren. Wie Comic-Hefte und Fantasy-Filme, wie Computer-Spiele und Themen-Parks gehört auch das Tarot zum weit gefächerten Medienangebot der westlichen Welt. In einer Gesellschaft, die größten Wert darauf legt, daß alles verfügbar sei, bereiten die vielen Tarot-Sets die Mythen und Religionen, die Weisheits- und Geheimlehren griffig auf. Wer bewußt im Neuen Zeitalter lebt, kennt auch das Tarot. In einem »New-Age-Wörterbuch« finden wir (nach T'ai Chi, Tantra, Tao und Tao-te-Ching) auch das Wort »Tarot«.[90]

Wie auch immer man im Einzelnen diese Bewegung bewertet und interpretiert, wo auch immer Vertreterinnen und Vertreter ihren Schwerpunkt setzen würden, so kann doch zusammenfassend festgestellt werden: Spätestens seit zwanzig Jahren, für viele schon erheblich länger, wird deutlich, daß der Weg, den die technisch-instrumentelle Vernunft genommen hat, in der Zerstörung unseres Lebens endet. Die Nüchternheit, die den Aufklärer auszeichnet, sein kühler Kopf und seine unerbittliche Logik, mit der er die Überlegungen immer wieder auf den dem Sichtbaren zugewandten, überprüfbaren Sachverhalt brachte, hatte die Entwicklung von mehr als einem Jahrhundert bestimmt. Doch während sie in der Aufklärung selbst nur eine Seite darstellt (die Gegenseite ist irrational-mystizistisch), verabsolutierte sie sich im Laufe des 19. Jahrhunderts, nicht ohne ihre eigenen materialistischen Mythen hervorzubringen, wie etwa den Rassismus, der gegen Ende des Jahrhunderts Nacktkultur und Wagnerianer, überseeische Politik und Heimatschutzbewegung bestimmen konnte. Zu den Urahnen des Tarock gehören die Templer, oder wenigstens das, was man über die Templer dachte. Hinzu treten die Rosenkreuzer, die darzustellen zu weit führen würde.

Direkt auf rosenkreuzerische Einflüsse gehen die Freimaurer zurück, die man als säkularen, also nichtkirchlichen humanitären Männerbund beschreiben kann. Englische Rosenkreuzer kamen in der Zunft der Steinmetze in London unter, sie hielten ihre Versammlungen unter dem Zeichen der Maurer ab, im Saale der Zunft. Nun baute man keine Dome und Schlösser mehr, man baute am geistigen ›Tempel der Humanität‹. 1717 am St. Johannis-Tag schlossen sich in London vier Logen zusammen, 1723 formulierte der Prediger James Anderson die »Alten Pflichten« (the Old Charges). Die Brüder lernen eine bestimmte Symbolik kennen, die für das gesamte Leben bedeutungsvoll sein soll, mit einem ausführlichen Ritual erleben sie ihre eigene Einweihung wie dann auch die Einweihung folgender Brüder. Diese Symbole – etwa der unbehauene Stein, ein Rohstoff, der das zu bearbeitende Ich des Maurers meint – sind den Tugendallegorien der Renaissance vergleichbar. Das gesamte Ritual der Einweihung speist sich aus den gleichen Quellen westlicher auf den Bereich des Geistigen konzentrierter Zeichen, wie die Trumpfreihe des Tarock-Spiels. Von Jahrhundert zu Jahrhundert erhalten die Geheimlehren mehr Stoff, sie werden im Rationalismus und vor allem in der Aufklärung durchsystematisiert. In die Symbole kann immer mehr hineingepackt werden, das Feld der Assoziationen wird größer und größer. Während Griechenland und das geheimnisvolle Ägypten schon die Renaissance bestimmen, kommt Ende des 19. Jahrhunderts – vor allem mit der Theosophie – Indien hinzu, ein wenig die Verwirrungen der Kolonialherren kompensierend, der ferne Osten wird erst in unserem Jahrhundert einflußreich.

Während also Technik und Medizin, Juristerei und Theologie, Ökonomie und Ingenieurwissenschaften immer größeres Spezialwissen für den Fortschritt der Menschheit produzieren, gibt es kleinere Gruppen, bis weit ins 19. Jahrhundert hinein, Bruderschaften, die versuchen, diesen materiellen Weg nicht mitzugehen, Fortschritt kann für sie nur noch eine geistige Kategorie sein. Diese Gruppen, die gegen den Strom schwimmen, statten sich mit einer spezifischen Symbolik aus, geben ihrer Bruderschaft ein Ritual, symbolische Handlungen. Doch auch diese Zeichenwelt, diese Bilder für geistige Erkenntnis, können sich dem Sog der Systematisierung nicht entziehen. Auch das Wissen um die geistigen Dinge wird in Kompendien gesammelt. Am Anfang stehen Werke wie die von Vincenzo Cartari[91] oder Caesare Ripa[92], dann – kurz vor der Französischen Revolution – Gravelot und Cochin.[93] Auch Court de Gebelin, der eigentliche Erfinder des okkultistischen Tarot, publizierte seine Erkenntnisse zum Kartenspiel in einem großen enzyklopädischen Werk, das nicht mehr von Anfang bis Ende gelesen werden muß, das vielmehr lexikalisch aufgebaut ist. In unserer Gegenwart seien noch immer sprachliche – und eben auch bildliche – Symbole vorhanden, in denen sich die ursprüngliche Welt spiegle. Das 19. Jahrhundert systematisiert dann nicht nur das Verkehrswesen, es systematisiert auch den Okkultismus. Das Tarot mit seinen 22 Trümpfen ist dafür ideal. Nicht nur die Kabbala – oder was man Mitte des 19. Jahrhunderts damit meinte – auch die Astrologie, die Temperamentenlehre, die Alchemie schließlich – über die Theosophie – auch indische Weisheitslehren wurden miteinander kompatibel gemacht. Dabei scheint anders als ein Buch das Spiel Karten, die 22 oder gar 78 selbständigen Blätter, die Beliebigkeit noch zu erhöhen. Ein Buch diktiert in gewisser Weise die Abfolge der Themen, die Kartenbilder können immer neue Reihenfolgen annehmen und so anregend sein, wie jene Gedichte der Poesie pure, bei denen man nach Belieben die Zeilen kombinieren kann.

Die Systematisierung und damit die Kompatibilität esoterischer Lehren hat schließlich neben Aufklärung und industrieller Revolution eine weitere Ursache: Die westliche Welt hat mit einer nie gekannten Flut an neuem Material zu kämpfen. Die erfolgreiche Rebellion der amerikanischen Kolonien gegen die englische Krone hatte eine weltpolitische Neuorientierung der europäischen Großmacht zur Folge: Kolonien in Afrika (im Wettstreit vor allem mit Frankreich) und

Asien, hier vor allem der indische Subkontinent und Fernost konfrontierten Europa auf sehr viel breiterer Basis mit alten Kulturen als bisher. Im Laufe des 19. Jahrhunderts wuchsen die USA zur zweiten englischsprachigen Großmacht heran, die intensive Interessen im pazifischen Raum hatte. Phantasie und Wirklichkeit über das geheimnisvolle China und Japan führten zu Textproduktionen über die Kulturen, liebevolle Forschung und lieblose Verfügung über das Fremde gab es nebeneinander. Foto und Film (Dr. Fu Manchu) folgten. Die gemeinsame englische Sprache ermöglichte eine Addition der Erfahrungen weit über den wissenschaftlichen Rahmen hinaus. Im 20. Jahrhundert, vor allem nach dem Zweiten Weltkrieg, beschleunigte sich die Entwicklung; zudem führte schon in der Zwischenkriegszeit intensives Interesse zu einer Popularisierung des Wissens. Das oben zitierte New-Age-Wörterbuch ist hierfür nur ein Beispiel. So schreibt Manly P. Hall 1968 im Vorwort zur 13. Auflage seiner Enzyklopädie: »When I published this book in 1928, it appealed to a comparatively limited group of students who were sufficiently grounded in the philosophical disciplines of Western esoteric tradition. With the increasing pressures of the present decade, the number of seriously minded persons has vastly enlarged.«[94] Die Dekade, auf die Manly P. Hall zielt, ist das 6. Jahrzehnt unseres Jahrhunderts, geprägt in den USA durch Rebellion der studentischen Jugend, aber auch der schwarzen und – soweit sie überlebt hatten – der indianischen Bevölkerung. Was sich politisch – vor allem in Europa – als Marxismus darstellte, verbarg in sich ein tiefes Mißtrauen der westlichen Gesellschaft gegenüber, die auf Konsum und Verwertung ausgerichtet ist. Unter der Fahne des historischen Materialismus wurde viel Idealismus gesammelt, mit dem für ein anspruchsloseres Leben argumentiert wurde. Nicht zuletzt hier liegt eine Ursache für die Resistenz der Studentenbewegung gegen den kleinbürgerlichen Kommunismus Osteuropas. Der Weg führt mit den Hippies in das New Age. Während die Blumenkinder allerdings noch außerhalb der Gesellschaft lebten, als Outsider angefeindet wurden, sind die kritischen Gedanken – nun mit dem Markenzeichen »New Age« versehen – in den Vorstandsetagen der großen Unternehmen genauso zu finden wie bei der studentischen Jugend und den Aussteigern. Auf der einen Seite hat sich der Markt der neuen Impulse anverwandelt (unsere Tarot-Schwemme ist ein Beleg dafür), auf der anderen Seite ist der Problemdruck größer, sind die Menschen nachdenklicher geworden.

Daß auch das esoterische Material für das Tarot griffiger wurde, ist nicht zuletzt auf den Psychologen Carl Gustav Jung zurückzuführen. Damit meine ich weniger seine Methodik der Therapie als vielmehr die Anwendung seiner Überlegungen auf die überlieferten Bildwelten der Weltkulturen. Ein Buch wie »Der Mensch und seine Symbole«[95] sortiert einen Bildvorrat aus fast allen Erdteilen nach Jung'schen Mustern. Er hat dies selber so formuliert: »Durch die Erforschung der Produkte des Unbewußten ergeben sich überdies erkennbare Andeutungen archetypischer Strukturen, die mit den mythischen Motiven in eins fallen, und darunter gewisse Typen, die den Namen Dominanten verdienen: Es handelt sich um Archetypen wie Anima, Animus, alter Mann, Hexe, Schatten, Erdmutter etc. und die Ordnungsdominanten des Selbst, des Kreises, der Quaternität, resp. der vier ›Funktionen‹ oder der Aspekte des Selbst oder des Bewußtseins.«[96] Archetypus wurde zu einem festen Bestandteil des Redens über das Tarot, wobei die Gefahr besteht, daß die Bilder des Spiels lediglich mit Jungs Archetypen zur Deckung gebracht werden, wie dies schon hundert Jahre zuvor mit der Kabbala gemacht wurde. Das schon zitierte New-Age-Wörterbuch beschreibt das Spiel ausschließlich auf der Basis von Jungs Psychologie: »Die Großen Arkana stellen eine Folge von archetypischen Bildern dar, die das Unbewußte direkt ansprechen. Sie enthalten in der Bildsprache der Karten das Wissen um das Wesen der Welt und stellen die esoterische Information bereit, seinen eigenen Weg in der allgemeinen, esoterischen Form ›des Weges‹ widergespiegelt zu finden.«[97] Ein Zitat wie dieses ist symptomatisch, weil es beliebig ist. In jeder Ratgeber-Reihe unserer Taschenbuchverlage findet sich neben Büchern über Kochkunst, Haus und Garten sowie Körperpflege und Tips für Lohnsteuerpflichtige auch eines über Tarot. So beginnt das Heyne-Taschenbuch zu unseren Themen ebenfalls mit der Berufung auf die Archetypen, was auch immer Leser und Leserinnen darunter verstehen mögen: »Das Wahrsagen ist eine Sprache. Wie auch immer ihr besonderer Dialekt ist ... diese Sprache der Archetypen und Symbole eröffnet eine außergewöhnliche kreative Form der Kommunikation, wenn man offen bleibt, d.h. immer aufgeschlossen ist für das Unbekannte, das Unvorhergesehene, das Staunen.«[98] Es sei damit genug. Alle Bücher, alle Spielanleitungen plädieren für Offenheit, Aufgeschlossenheit, nur um dann doch die Benutzer und Benutzerinnen der Karten auf ein System festzulegen. Zudem: außer dem alten Tarot de Marseille sind auch die ältesten, aus dem 15. Jahrhundert stammenden, Tarocchi im Faksimile erschienen, für jedermann und jede Frau käuflich zu erwerben. Warum genügen für meditative Übungen die alten Bilder nicht? Warum ist das Alte und Fremde so schwer erträglich, warum gelten viele modisch aufpolierte Karten als gehaltvoller? Warum lernen wir nicht von Künstlern und der Souveränität, mit der sie sich dem alten Material nähern?

Italo Calvinos Erzählung »Das Schloß, darin sich Schicksale kreuzen«, 1973 auf italienisch, 1978 zum ersten Mal in deutscher Sprache erschienen, könnte hier beispielhaft wirken. Ein Spiel – das alte Spiel, das Bonifacio Bembo zugeschrieben wird – breiten die Erzähler nach einem festgelegten, recht ausgeklügelten System auf dem Tisch aus; den Karten entlang entstehen die Geschichten, so viele Geschichten bis alle Karten aufgebraucht sind. Schon ausgelegte Karten, deren Linien die späteren Reihen kreuzen, werden in den Gang der Ereignisse einbezogen. So kann der Autor in seinen Nachbemerkungen zur deutschen Ausgabe schreiben: »Dies Buch ist an erster Stelle Figur – die Spielkarten des Tarock – und an zweiter Stelle geschriebenes Wort. Mit der Figurenfolge werden Geschichten erzählt, die das geschriebene Wort zu rekonstruieren und zu deuten versucht.«[99] Italo Calvino verzichtet auf alle Interpretationen, vielmehr »werden die Karten auf die denkbar einfachste und unmittelbarste Art und Weise ›gelesen‹, das heißt durch die Betrachtung dessen, was das Bild darstellt, und die Verleihung einer Bedeutung, die sich mit der jeweiligen Sequenz verändert, zu der die einzelne Karte gehört.«[100]

Vielleicht kennzeichnet die Freiheit, mit der Italo Calvino dem überlieferten Material gegenübertritt, den spezifisch künstlerischen Umgang mit dem Tarock. Hier werden keine Systeme zur Legitimation aufgerufen, hier wird nicht die Archetypenlehre als Autoritätsbeweis ins Feld geführt, hier wird ein altes Thema noch einmal bearbeitet – die alte Geschichte wird neu erfunden, wir erkennen sie noch, aber wir kennen sie (noch) nicht.

Wahrsagekarten

Der Weg vom Tarot zu den Wahrsagekarten ist kurz. Schon aus den achtziger Jahren des 15. Jahrhunderts, als die Spielkarten in Europa über ein Jahrhundert alt waren, stammt das erste Zeugnis dafür, daß man Spielkarten auch zum Wahrsagen verwendet hat. »Eyn loszbuch ausz der Karten«[101] diente dazu, Licht in die Zukunft zu bringen. Man mischte die Karten, zog aus dem Stapel eine heraus und schlug dann in dem Losbuch nach, was etwa Herz-Vier oder Laub-König für die Zukunft bereithielten.

Ein anderes Losbuch, das des Francesco Marcolino (Abb. 200 und 201), wurde 1540 gedruckt. Es ist sehr viel komplizierter zu benutzen, und man muß schon – nach einer genauen Anweisung – nach rückwärts und vorwärts blättern, sich Zahlen merken, um dann den das Schicksal verkündenden Spruch zu finden. Dieses komplizierte System wird auch in dem ersten Wahrsagespiel, das wir kennen, angewandt: Lenthall's Fortune Telling Game (Abb. 202).

Spärlich bleiben unsere Informationen aus dem 18. Jahrhundert, auch wenn Casanova sich schon sehr über eine Geliebte in Rußland ärgerte, die sich dauernd die Karten legte. Sonst zog es dieser Abenteurer jedoch vor, mit geheimnisvollen Zahlenpyramiden Zukünftiges zu prophezeien, allerdings nicht ohne zu versichern, daß er selber an diesen Unsinn nicht glaube. Man war in dem späten 18. Jahrhundert eben doch sehr anfällig für das Geheimnisvolle, die dunkle Nacht wurde dem klaren Tage vorgezogen. Es ist das Ambiente unserer Tarotkarten.

Während so die gebildeten Bürger an den Tarockkarten herumtüftelten, wollte der Mann aus dem Volke ebenfalls erfahren, wie es um seine Zukunft aussah. Oft war er Realist genug, um zu wissen, daß nicht die Karten, sondern die politische Auseinandersetzung die Verhältnisse ändern, und so mancher Spott, den die Wahrsagekarten über sich ergehen lassen mußten, kommt aus dieser Quelle.[102]

Aber die vielen tausend und abertausend Spiele, die sich in den Sammlungen erhalten haben, künden mit ihren Benutzerspuren doch von großer Ratlosigkeit. Vor allem sind hier die Bilderkarten zu nennen, auf die auch der Analphabet zurückgreifen konnte, weil er darauf den Dieb, den Tod oder das Glück, den Betrug oder die Heirat abgebildet sah. Auch Wahrsagekarten mit französischen und deutschen Farbzeichen ken-

50 *Titelblatt des Kartenlosbuches von Marcolino da Forlì, 1540*

nen wir seit dem Ende des 18. Jahrhunderts. Berühmt wurde Mlle Lenormand, die sogar Napoleon geweissagt haben will. Nach ihr benannte man ein System, wie man überhaupt die Neigung hat, Wahrsagekarten mit den Namen berühmter »Seher« auszustatten. Ob diese Personen je etwas mit Spielkarten zu tun gehabt haben, ist dabei vollkommen gleichgültig.

Aus Spielkarten zu weissagen, ist leicht erlernbar. Die Prinzipien, von denen es Ausnahmen gibt, sind denkbar einfach: schwarze Farben bedeuten Schlechtes, rote Gutes. Daß die Herz-Zehn Liebesglück verheißt, scheint selbstverständlich. Diesen Karten sehen wir natürlich nicht an, ob sie zum Wahrsagen verwandt wurden, nur manchmal, wenn etwa die Sittenpolizei ein Spiel konfisziert hat, dann erfahren wir umständlich aus den Akten, daß da gewahrsagt wurde.[103]

Lehrkarten

Schon die Tarocchi des 15. Jahrhunderts hatten belehrende Absichten; sicher trifft das für die Mantegna-Tarocchi zu (Abb. 86). Lehrkarten im eigentlichen Sinne erfand der Franziskanermönch Thomas Murner. 1502 schrieb er an den Prediger Geiler von Keiserberg, daß außer ihm niemand die Einübung der Institutionen Justinians so bequem gemacht habe (vgl. Abb. 180). In einem anderen Brief an den Straßburger Juristen Thomas Wolff sagt Murner: »Ich gestehe offen, daß ich zu den kaiserlichen Constitutionen, soweit meine schwachen Kräfte mich befähigten, als Commentar ein Kartenspiel der Institutionen herausgegeben und das Auswendiglernen des Justianischen Textes durch bildliche Darstellung leicht gemacht habe... In der Absicht, die Leselust zu erhöhen, habe ich durch dieses höchst gesunde Spiel der kaiserlichen Institutionen schlechte Spiele zu beseitigen getrachtet, und ich würde mich glücklich schätzen, wenn es mir gelungen sein sollte, das Schlechte durch Gutes einzuschränken.« Mit dieser Absicht rechtfertigen sich sehr viele Herausgeber von Lehrkarten. Es sei doch nichts Anstößiges, wenn man beim Spielen lerne, und so würden die ach so schädlichen Spielkarten einem guten Zweck dienstbar gemacht.

Murners »Chartiludium Institute summarie« erschien erst 1518 als Buch. Das Spiel, von dem in der zitierten Briefstelle die Rede ist, hat sich in zwei Exemplaren erhalten, eines im Kunsthistorischen Museum, Wien, ein anderes in Basel. Machen wir uns die Arbeitsweise dieser Lehrkarten an Murners zweitem Spiel, dem Chartiludium logicae (Abb. 180), das 1507 als Buch erschien, klar. Murner hat auch damit Erfolg gehabt, soviel, daß man ihn der Hexerei verdächtigte – für einen Didaktiker ein gutes Zeugnis. Der 1507 verstorbene Johannes von Glogau hat jedoch der Universität von Krakau eine Bescheinigung vorgelegt, daß die didaktischen Methoden des Franziskaners unbedenklich seien. Murner knüpfte an die Tradition der mnemonischen Bilder an, eine spätmittelalterliche Methode, durch besondere Bilder das Gedächtnis zu schulen. Derartige Bilder befanden sich auch in der »Margarita philosphica« des Freiburgers Georg Reisch, einem Werk, in dem ebenfalls die Logik gelehrt wird. Dieses Buch arbeitete Murner nun – nach dem Erfolg mit den Institutionen – in ein aus Karten bestehendes Spiel um. Nach dem Titelblatt folgen Zeichnungen von sechzehn Gegenständen, »welche für alles folgende als mnemonische Symbole logischer Begriffe oder Lehren der Logik in die graphische Darstellung der Embleme von 51 Spielkarten gebracht, deren jede dem Umkreise einer bestimmten logischen Regel gewidmet ist, so daß nach Murners Absicht jedenfalls durch irgendeine Beschäftigung und Manipulation mit diesen Karten die Logik dem Gedächtnisse eingeprägt werden soll.« Wie wir es schon für Kartenspiele des Oberrheins feststellten, haben auch Murners Karten 16 Farben.

1629 erschien – nach einer langen Pause – die letzte Auflage dieses Spiels in Paris, und ein Minoritenpater, Guichet mit Namen, ahmte den Ordensbruder aus dem frühen 16. Jahrhundert mit einem ähnlichen Buch nach: »Ars Rationandi Lepida«. Noch einen zweiten, sehr viel berühmteren Nachfolger hat Thomas Murner gehabt: Monsieur Desmarets. Dieser entwickelte vier Kartenspiele, die dem Erzbischof von Paris, Hardouin de Perefix, bei der Unterweisung des Dauphins behilflich sein sollten. Die Radierungen fertigte Stefano della Bella. Als Ludwig XIV. sechs Jahre alt war – 1644 – erhielt er die vier Spiele Les Roys de France, Les Reines renommées (Abb. 182), La Géographie und Les Metamorphoses, das auch unter dem Namen Les Fables bekannt ist. Die Karten wurden als Einzelspiele hergestellt und von Henry le Gras verkauft. Später – 1698 – erschienen die Karten auch in einem Ganzlederband. Della Bellas Karten wurden nun immer wieder nachgeahmt – allein alle Zustände und Veränderungen, die dieses Spiel erfahren hat, zusammenzustellen, wäre ein Buch für sich. Berühmteste nichtfranzösische Verleger waren J. Covens & C. Mortier in Amsterdam. Deutschsprachige Spiele erschienen ebenfalls, einmal nur mit deutschem Text, dann auch mit deutschen Farbzeichen.

Eine Flut von Lehrspielen folgte. Die Fülle kann nur an einigen markanten Beispielen demonstriert werden. Beginnen wir mit der Heraldik, der Wappenkunde. Unter dem Namen Monsieur de Brianville veröffentlichte Claude Oronce Finé 1660[104] in Lyon ein Jeu de Blason (Abb. 181). Menestrier, der einige Jahre später ebenfalls ein Wappenspiel herausgab, berichtet ausführlich über die anfänglichen Leiden und den durchschlagenden Erfolg Brianvilles. Einige Prinzen waren nämlich recht ungehalten, sich als Buben oder als As zu finden, wo sie doch königliches Geblüt nachweisen konnten. Deswegen wurden die Karten vom Magistrat eingezogen, und Brianville mußte die Buben und Asse in »Princes« und »Chevaliers« umtaufen. Veränderungen der Wappen machen es möglich, die einzelnen Auflagen zu unterscheiden, und Sylvia Mann[105] hat fünfzehn verschiedene Ausgaben feststellen können.

In den wissensdurstigen Jahrhunderten wird jedes Thema auch auf Kartenspielen behandelt. Lateinische Grammatik oder Arithmetik, Geografie (Abb. 183, 194, 197) oder »Fürtreffliche Männer« (Abb. 184). Kurz vor der Revolution bildet ein Kartenspiel noch einmal die Französischen Könige ab (Abb. 195).

Natürlich kann man auch die biblische Geschichte mit Spielkarten erlernen, und da die Kirche zum Kartenspiel kein erfreuliches Verhältnis entwickeln konnte, versuchte sie wenigstens, sich die Spielkarten anzuverwandeln. Ein Geistlich-Teutsches Kartenspiel (Abb. 187 und 188), zum ersten Mal 1603 erschienen, beweist uns denn auch, daß jede Spielkarte Anlaß zu einem frommen Gedanken gibt, etwa der Eichel-König: »Das ist: Abimelech / des Gedeons Sohn / unter einem Aich-Baum zum König gekrönt«, oder Blatt-Unter, den man auch Grün-Unter nennt: »Das ist: Der Prophet Jonas unter dem gruenen Kürbes-Baum«; oder ein drittes Spiel: »Die Aichl-Sau. Das ist: Der verlorne Sohn. So / wegen daß er sich von seinem Vatter abgesondert / in die äusseriste Armuth gerathen; also daß er mit den Schweinen aus dem Sautrog die Trebern zu essen verlangte. Allen bösen Kindern zur Warnung / daß sie sich gegen ihren Eltern gebührend verhalten sollen.« So feinsinnig sind die Bilder nicht immer, und dieses Predigtbuch hat auch den üblichen christlichen Antijudaismus zu bieten. Das Daus, auf allen Karten mit einer Sau versehen, gibt Anlaß zum Vergleich mit dem »Jüdschen Volck im Neuen Testament«. Auf Schellen-Daus wird eine Sau, die Juden-Sau, geschlachtet. Dazu das geistliche Kartenspiel: »Hat nichts anderes verdient.« So ein geistliches Kartenspiel will nicht nur Wissen vermitteln, es will verändern auf die Sitten wirken, die Christen zur Besinnung auf ihre Werte bringen – es will Moral lehren.

Heute sind die Lehrkarten in den Quartetten aufgegangen, die wir seit dem 19. Jahrhundert kennen. Neben Dichtern, berühmten historischen Gestalten, Mythologie (Abb. 198) und bekannten Bauten, Ländern und Städten, treten Rennwagen, Filmstars, Comicfiguren, Personen- und Lastkraftwagen sowie Oldtimer. Jedes Museum entwickelt sein Quartett, wenn es nicht auf die Form des Souvenirspiels zurückgreift (Abb. 179), das auf 52 Karten 52 Objekte zeigt. Mit solchen Souvenirspielen wäre eine lückenlose Enzyklopädie der touristischen Attraktionen des 19. und 20. Jahrhunderts zu erstellen. Lehre und Propaganda können leicht ineinander übergehen, denn zweckfreies Lehren gibt es so wenig wie objektive Politik. Da sind die Wahrsagekarten von wünschenswerter Eindeutigkeit: Es geht ihnen ausschließlich um die Zukunft.

Mag hier noch der Übergang je nach Weltanschauung unterschiedlich gesehen werden, so ist er zwischen Lehrkarten und Gesellschaftsspielen denkbar fließend. Als Gesellschaftsspiele bezeichnet der Kartensammler erst einmal alles, was keine Farbzeichen aufweist, also durchaus auch Quartette, Schwarzer Peter allemal. Die Rebuskarten (Abb. 214 und 215) sind zwar keine Quartette, sie gibt es aber auch als Tarocke, sie unterscheiden sich in vielem nicht von den Conversation Cards (Abb. 203). Die Lotteriekarten gehören einerseits zu den Glücksspielen wie das unter Älteren so beliebte Bingo, andererseits ist die Bilderwelt dieser Karten den Emblemen nahe. In unserem Buch sind alle diese Abbildungen lediglich ein Hinweis auf die Endlosigkeit des Themas. Wenn eine Autorin im vorigen Jahrhundert die Cottaschen Spielkartenalmanache (vgl. Abb. 178) als »tragbare Galerie« bezeichnet hat, so verdienten die Spielkarten als Ganzes den Titel einer Welt im Kleinen, die glücklicherweise, da sie nur im Abbild besteht, handhabbar ist.

Anmerkungen

1 Vgl. hierzu Detlef Hoffmann: Spiel als Spiegel. Eine kulturgeschichtliche Betrachtung, in: Unternehmen Glück, hrg. vom Nordwestlotto in Nordrhein-Westfalen, o.O. 1980, S. 11-36. Die gleichen Überlegungen verkürzt in meinem Vorwort zu Sven Pieper und Bärbel Schmidt: Kartenspiele. Stuttgart 1994, S. 7-19.

2 Johan Huizinga: Homo Ludens. Vom Ursprung der Kultur im Spiel. Reinbek bei Hamburg 1956, besonders das Kapitel »Formale Kennzeichen des Spiels«, S. 14-18.

3 Karl Marx: Ökonomisch-philosophische Schriften, in: Marx-Engels-Werke, Ergänzungsband, Berlin 1969.

4 Herbert Marcuse: Triebstruktur und Gesellschaft: Ein philosophischer Beitrag zu Sigmund Freud. Frankfurt am Main 1968, S. 183.

5 Heide Sbrzesny: Die Spiele der !ko-Buschleute unter besonderer Berücksichtigung ihrer sozialisierenden und gruppenbindenden Funktionen. München und Zürich 1976.

6 Jean Paul: Jean Paul Friedr. Richter's Levana: nebst pädagogischen Stücken aus seinen übrigen Werken und dem Leben des vergnügten Schulmeisterleins Maria Wuz in Auenthal. Langensalza 1910, S. 79.

7 Walter Benjamin: Über Kinder, Jugend und Erziehung. Frankfurt am Main 1969, S. 67.

8 Ebenda, S. 70f.

9 Vgl. dazu ausführlich: Heinz Herbart Mann: Missio Sortis. Das Losen der Spieler unter dem Kreuz, in: Zangs/Holländer 1994, S. 51-69.

10 Vgl. Wykes 1964, S. 39.

11 Vgl. Rosenthal 1975, S. 32; zu Losspielen mit Stäben, vgl. auch Culin 1896, der in diesem Buch im wesentlichen Steinspiele katalogisiert. Allerdings rechnet er Spiele mit Stäben wie auch mit Pfeilen (z.B. S. 882, 921) hinzu. Vgl. zudem Culin 1907.

12 Vgl. hierzu ausführlich: Culin 1896, S. 820-835; Wykes 1964, S. 39, S. 128-134; Gizycki/Gorny 1970, S. 63-111.

13 Gerhard Rohlfs: Antikes Knöchelspiel im einstigen Großgriechenland, Tübingen 1963.

14 Bell 1979 unterscheidet zwischen 1. Cross und Circle Race Games, 2. Spiral Race Games, 3. Square Board Race Games, 4. Peg Scoring Boards und 5. The Backgommon Group.

15 Tacitus: Germania, hrg. von Josef Lindauer, Hamburg 1967, Kap. 24 (= S. 32/33).

16 Besonders durch Semrau 1910; neuerdings Walter Tauber: Das Würfelspiel im Mittelalter und in der frühen Neuzeit. Eine kultur- und sprachgeschichtliche Darstellung. Frankfurt/M., Bern, New York 1987. Vgl. auch Detlef Hoffmann, Das Hofämterspiel und seine Stellung in der historischen Entwicklung der Spiele, in: Hofämterspiel, Wien 1976, S. 45-54, aus dem Passagen in diesen Text eingingen.

17 Semrau 1910, S. 6.

18 Ebenda, S. 9.

19 Alwin Schultz: Deutsches Leben im 14. und 15. Jahrhundert, Prag, Wien, Leipzig 1892, S. 411.

20 Sebastian Brant: Das Narrenschiff, hrg. von Claus Träger, Leipzig 1958, S. 159.

21 Der Autor Bāna nennt in seinem Werk »Harshacharita« aus der Zeit 590 bis 610 das »chaturanga«. Das »Viergliedrige« beziehen die Verfechter der Priorität des vierhändigen Schach auf vier Parteien, vier Spieler. Die Verfechter der Priorität des Zweierschach beziehen »Viergliedrig« auf die vier Waffengattungen des indischen Heeres. Sicher ist, daß das Schach von Indien nach Persien und von hier zu den Arabern kam. Um 1000 ist es in Europa nachzuweisen, zuerst in Spanien, dann in Italien. Der Nestor der deutschen Schachforschung ist Antonius van der Linde: Quellenstudien zur Geschichte des Schachspiels, Berlin 1881, Reprint Osnabrück 1968. Den abbildenden Charakter des Schachspiels stellen in den Vordergrund: Hans und Siegfried Wichmann: Schach, Ursprung und Wandel der Spielfigur in zwölf Jahrhunderten, München 1960. Die Kulturgeschichte des Spiels steht im Vordergrund bei Jerzy Gizycki: Schach zu allen Zeiten, Zürich 1967. Vgl. auch Harry Golombek: Chess, a History, New York 1976, der auf der Arbeit des Nestor der englischen Schachforschung aufbaut, H. J. R. Murray: A History of Chess, Oxford 1913.

22 Zu den Steinspielen in China kurz und präzise Gernot Prunner in: Franke, Wolfgang/Staiger, Brunhild (Hrg.): China Handbuch, Düsseldorf 1974, Sp. 1265-1268 s. v. Spiele. Siehe auch Gernot Prunner in: Hook, Brian (Hrg.): The Cambridge Encyclopedia of China, Cambridge etc. 1982, s. v. Traditional games and sports, S. 151-153.

23 Das hat Michael Dummett in seinem Buch: The Game of Tarot, London 1980 in dem Kapitel 7 »The Game of Tarot« (S. 164-191) dargelegt. In der überarbeiteten italienischen Fassung des Buches »Il Mondo e l'Angelo, I Tarocchi e la Sua Storia«, Neapel 1993 konnte das 6. Kapitel »I Tarocchi nel Gioco« (S. 143-216) unverändert bleiben. Dummetts These ist zu Recht inzwischen allgemein akzeptiert.

24 Hierzu grundlegend: Rudolf von Leyden: Karnöffel. Das Kartenspiel der Landsknechte, eine Geschichte vom 15. Jahrhundert bis zur Gegenwart, München und Wien 1978.

25 Detlef Hoffmann/Margot Dietrich: Das Skatspiel. Geschichte – Bilder – Regeln. München und Luzern 1982, besonders S. 19.

26 Sven Pieper/Bärbel Schmidt: Kartenspiele, Stuttgart 1994, S. 25.

27 Erotische Spielkarten sind zusammengestellt in

Margot Dietrich/Detlef Hoffmann: Pikante Blätter, Dortmund 1982.

28 Zu Spielkartenrückseiten vgl. Otto Reisig: Die Kartenrückseiten in ihrer Bedeutung für die zeitliche Festlegung der Spielkarten, in: Thüringische Studien, Altenburg 1936, S. 122-133, Abb. 1-29, Neudruck in: Die Spielkarte, 1, 1966. Vgl. auch Hoffmann, Frankfurt 1972, S. 259-265 mit weiterer Literatur.

29 Vgl. Albert Haemmerle: Buntpapier. Herkommen, Geschichte, Technik, Beziehung zur Kunst, München 1961, bes. S. 66f.

30 C. Russel Crosby (Hrg.): Die Flötnerschen Spielkarten und andere Curiosa der Musiküberlieferung des 16. Jahrhunderts aus Franken, Wiesbaden 1967

31 Vgl. die Zusammenstellung Eberhard Pinder: Charta Lusoria. Spielkarten aus aller Welt und sechs Jahrhunderten, Biberach an der Riss 1961, S. 10/11 und Hoffmann 1972, S. 10 sowie Anmerkung 5 mit weiterem Material.

32 Zum Format vgl. ebenda, bei Hoffmann 1972, S. 10, Anmerkung 6 wird Pinder referiert. Nach Hoffmann 1993 kann eine zeitliche Reihenfolge und eine Entwicklung in der Größe, die Helmut Rosenfeld: Das Mainzer Kartenlosbuch von 1510 und die Spielkartentradition, in: Gutenberg-Jahrbuch 1962, S. 212-218 beschreibt, nicht aufrecht erhalten werden. Es gibt von Anfang an viele Größen und viele unterschiedliche Kartenbilder gleichzeitig.

33 Zur Herstellung vgl. Hoffmann 1972, S. 10, Anmerkung 7; zu den Holzschnittkarten ausführlicher Hoffmann 1993, bes. S. 11-44; zu den modernen Techniken insbesondere der Lithografie und der Chromlithografie vgl. Hoffmann/Dietrich 1981, bes. S. 10-49. Zu den modernen Drucktechniken (19. und 20. Jahrhundert) bereitet Klaus Reisinger, Wien, eine größere Arbeit vor.

34 Vgl. ausführlich Hoffmann 1972, S. 10; indische Verpackungen bei Leyden 1977, S. 28f.

35 Vgl. dazu Detlef Hoffmann: Spielkarten als künstlerische Arbeit, in: International Playing Card Society & Asescoin, Conferencias Vitoria-Gasteiz September 1994, S. 5ff.

36 Ausführlich dazu Sylvia Mann/Virginia Wayland: The Dragons of Portugal, Farnham 1973.

37 Prunner 1969, S. 4. Der gesamte Abschnitt über ostasiatische Spielkarten folgt den Forschungen Gernot Prunners. Sein Kommentar zur »Turfan-Karte« ist von tiefer Skepsis erfüllt, die im Gespräch durchaus größer ist als in der Niederschrift.

38 Ebenda, S. 5; ebenso das folgende.

39 Breitkopf 1784, Tafel 6, rechts (zu S. 41).

40 Prunner 1969, S. 6.

41 Ebenda, S. 9.

42 Ebenda, S. 11.

43 Ebenda, S. 12f.

44 Vgl. Stewart Culin: Games of the Orient (urspr. Korean Games, Philadelphia 1895), Tokio 1960, S. 128.

45 Prunner 1969, S. 13.

46 Ebenda, S. 14.

47 Ebenda.

48 Ebenda.

49 Grundlegende Arbeiten zu Indischen Spielkarten hat Rudolf von Leyden vorgelegt. Außer seinem Katalog des Bestandes des Deutschen Spielkarten-Museums liegt ein Katalog der Sammlung des Museums für Völkerkunde in Wien (Leyden 1981) sowie ein Katalog der Sammlung des Victoria and Albert Museums in London (Leyden 1982) vor.

50 Vgl. von Leyden 1977, S. 7f.

51 Nach von Leyden 1977, S. 106f.

52 Leyden 1977, S. 110f.

53 Leyden/Duda/Roschanzamir 1981.

54 Ebenda, S. 7.

55 Ebenda, S. 29ff.

56 Mayer, L. A.: Mameluk Playing Cards, hrg. von R. Ettinghausen und O. Kurz, Leiden 1971 (= Reprint des Aufsatzes von 1935, in: Bulletin de l'Institut français d'archeologie orientale, Kairo, XXXVIII, S. 113-118).

57 Ebenda, S. 3.

58 Michael Dummett/Kemal Abu-Deeb: Some remarks on Mamluk playing cards, in: Journal of the Warburg and Courtauld Institutes, Bd. 36, 1973, S. 106-129; Richard Ettinghausen: Further comments of Mamluk Playing Cards, in: Gatherings in Honor of Dorothy E. Miner, Baltimore 1974, S. 51-78. Beide Arbeiten sind unabhängig voneinander entstanden.

59 Vgl. zu Johannes von Rheinfelden: Peter F. Kopp: Die frühesten Spielkarten in der Schweiz, in: Zeitschrift für schweizerische Archäologie und Kunstgeschichte, 30, 1973, S. 130-145, bes. S. 132.

60 Edward Schröter (Hrg.): Das goldene Spiel von Meister Ingold, Straßburg 1882 (= Elsässische Literaturdenkmäler aus dem XIV.-XVII. Jahrhundert, Band III). Ausführlich dazu: Hoffmann 1993, S. 18/19; vgl. auch Barbara Holländer: Spielkarten, in: Zangs/Holländer 1994, S. 31-36.

61 Siehe Leyden 1978, das folgende nach ihm.

62 Pietro Zani: Materiali per servire alla Storia dell' Origine e de' Progressi dell' Incisione in Rome e in Legno, Parma 1802; grundlegend W. L. Schreiber: Die ältesten Spielkarten und die auf das Kartenspiel Bezug habenden Urkunden des 14. und 15. Jahrhunderts, Straßburg 1937, hier bes. S. 73.

63 M. C. Leber: Etudes Historiques sur les Cartes à Jouer principalement sur les Cartes Françaises, Paris 1842.

64 Schreiber 1937, S. 74f.

65 Vgl. dazu Wien 1974, S. 19-21; Depaulis 1984, Kat.-Nrn. 1-3.

66 Vgl. dazu Hans Schroeder: The playing cards of Vi-

tal Berthin, in: The Journal of the Playing Card Society III, Nr. 2 (November 1974), S. 12-18; Hoffmann 1972, S. 31. Neuerdings Depaulis 1995, S. 62.

67 Abbé Claude François Menestrier: Des principes des sciences et des arts disposéz en forme de jeux, in: Bibliothèque curieuse et instructive de divers ouvrages anciens et modernes de litterature et des arts, Bd. II, Trevoux 1704, S. 168-222.

68 Schreiber 1967, S. 68; sehr ausführlich hat darüber der führende französische Spielkartenforscher Thierry Depaulis berichtet: Jacquemin Gringonneur et les cartes à jouer, in: L' As de Treffle, Nr. 54, März 1995, S. 7f.

69 Schreiber 1937, S. 66-71.

70 Vgl. Detlef Hoffmann: Vier Spielkarten aus Lyon und ein spanisches Kabinettschränkchen, in: Alte und moderne Kunst, 1971, S. 18-21.

71 Vgl. Rainer Schoch: Aller Laster Anfang. Zur Ikonographie der Nürnberger Künstlerspielkarten, in: Hoffmann 1993, S. 45-54.

72 Vgl. Hoffmann, Frankfurt 1972, Kat.-Nr. 34.

73 Siehe Depaulis 1990, S. 9-13.

74 Ebenda, S. 45-50.

75 Vgl. ausführlich Madrid 1993, S. 9ff.

76 Grundlegend Depaulis 1990.

77 Ebenda, S. 32-35.

78 Hoffmann 1972, S. 34; Depaulis 1990, S. 32-35.

79 Depaulis 1990, S. 36ff.

80 Depaulis 1990, S. 20f. legt dar, daß Saint-Simon nichts mit dem Spiel zu tun hat. Die entscheidende Quelle ist eine Fälschung. So kann man den Namen des berühmten Philosophen nur als Metapher für die Qualität des Spiels verwenden. Erfinder ist Jean Démosthène Dugourc. Ich bin in meinem Artikel: Bube, Dame, König, As. Spielkarten der Französischen Revolution, in: Hans Joachim Neyer (Hrg.): Vive la Revolution, Berlin 1989, S. 120-127, noch der Fälschung aufgesessen. Die Übersetzung des Prospektes weiter unten nach der Historisch-Politischen Monatschrift zum Behuf der neuesten Zeitgeschichte, 1. Jan. 1794, abgedruckt in Hoffmann/Dietrich 1987, S. 181.

81 Detlef Hoffmann/Margot Dietrich: Das Skatspiel, München/Luzern 1982.

82 Zu all dem sehr ausführlich Hoffmann/Dietrich 1988, Westfehling 1988; vgl. auch Heinz Hens: Tarocchi. Ein Spiel mit Bildern im Italien des 15. Jahrhunderts, in: Zangs/Holländer 1994, S. 37-49.

83 Die Kunst, die Welt erlaubt mitzunehmen in den verschiedenen Arten der Spiele, so in Gesellschaften höheren Standes, besonders in der Kayserlich-Königlichen Residenz-Stadt Wien üblich sind, Wien und Nürnberg 1754, S. 344; faksimiliert in Hoffmann/Krippenstedt 1967, S. 5-10; vgl. zu dem gesamten Thema der Tarocke mit französischen Farben Radau 1989.

84 Vgl. meine Rezension zu: Tarot, jeu et magic à la Bibliothèque Nationale, in: Nouvelles de l'estampe Nr. 79, März 1985, S. 38-41, bes. S. 41.

85 Vgl. Hoffmann/Dietrich 1984, S. 40-43.

86 Ebenda, S. 64f.; Radau/Himmelheber 1991, Kat.-Nr. 142 (= Hochzeitstarock).

87 Deutsches Spielkarten-Museum, Inv.Nr. B 149a.

88 Roemer Visscher: Sinnepoppen, Amsterdam 1614, neu hrg. von L. Brummel, s'Gravenhage 1949.

89 So vorgeschlagen in der Spielanleitung zum Jungianischen Tarot-Set von Robert Wang, 1987 = Hoffmann/Dietrich 1989, S. 51.

90 Elmar Gruber/Susan Fassberg: New-Age-Wörterbuch, Freiburg 1986, S. 137f.

91 Vincenzo Cartari: Imagini delli Dei Antichi, 1647.

92 Caesar Ripa: Iconologia, zuerst 1593; die Ausgabe Rom 1603 liegt in einem Nachdruck Hildesheim 1970 vor.

93 Gravelot/Cochin: Iconologie par Figures ou Traité complet des Allegories, Emblèmes etc., Paris, Bd. I bis IV, 1791ff.

94 Manly P. Hall: An Enzyclopedia Outline of Masonic, Hermetic, Quabbalistic and Rosicrucian Symbolical Philosophy, San Francisco 1928[1], 1968[13].

95 Carl Gustav Jung: Mythendeutung, in: Karl Kerényi (Hrg.): Die Eröffnung des Zugangs zum Mythos, Darmstadt 1967, S. 168/169.

96 Carl Gustav Jung: Der Mensch und seine Symbole, Olten 1968[1], 1980[12].

97 Elmar Gruber/Susan Fassberg: New-Age-Wörterbuch, Freiburg 1986, S. 137.

98 Anton Kielce: Tarot. Geheimnisvolle Kräfte, München 1984, S. 7.

99 Italo Calvino: Das Schloß, darin sich die Schicksale kreuzen, München 1978, S. 133.

100 Ebenda.

101 Eyn Loszbuch ausz der Karten gemacht, Mainz, zwischen 1505 und 1510; vgl. Hoffmann/Kroppenstedt 1972, S. 24f.

102 Susanna Rümpler (d.i. C. Herloßsohn): Vier Farben, das heißt: die deutschen Spielkarten in ihrer symbolischen Bedeutung beschrieben und erklärt, Leipzig 1829; vgl. auch Hoffmann/Kroppenstedt 1972, S. 187.

103 Vgl. Hoffmann, Frankfurt 1972, Kat.-Nr. 65. Die Karten, die dem Historischen Museum Frankfurt am 22. August 1890 vom Stadtarchiv überwiesen wurden, stammen aus den Gerichtsakten. Die Sittenpolizei hatte sie 1773 bei einer Frau Blechschmiedin konfisziert. Diese Frau aus Oberrad hatte sie benutzt, um durch Kartenaufschlagen einen Dieb zu ermitteln.

104 Vgl. Hoffmann 1972, S. 85, Anmerkung 45.

105 Sylvia Mann: Collecting Playing Cards, Worcester und London 1966, S. 122.

Dokumentation

Erläuterungen zu den Abbildungen

Vorbemerkung: Die Erläuterungen sind auf das Notwendigste beschränkt, weiterführende Literatur – die oft eine vorherige gründliche Publikation durch das Deutsche Spielkarten-Museum einschließt – ist angegeben. Nur gelegentlich erfolgen in Ergänzung des einführenden Textes Beschreibungen und Bemerkungen. Wenn nicht anders bemerkt, beziehen sich die Inv.-Nrn. auf das Deutsche Spielkarten-Museum, Leinfelden-Echterdingen.

1 **Monogrammist M. Z.: Der Grosse Ballsaal in der Neuen Veste in München mit dem herzoglichen Paar beim Kartenspiel**
Kupferstich, datiert 1500. Der Herzog Albrecht IV. bedient oder trumpft. Die Dame hat eine Herz-5 ausgespielt, auf die sie fordernd zeigt. Vorne links auf dem Tisch der Talon. Mit kleinen Kreidestückchen haben die beiden Spieler ihre Punkte auf dem Tisch notiert. Die Dame gewinnt. Damals hielt man die Karten hintereinander und nicht im Fächer in der Hand. Die Identifikation der Spieler mit dem herzoglichen Paar ist umstritten.
Inv.-Nr.: B 1121
Vgl. ausführlich Eberhard Pinder: Der grosse Ball in der Neuen Veste München, in: Hellmut Rosenfeld: Münchner Spielkarten um 1500, Bielefeld 1958, Tafel I. Siehe neuerdings Zangs/Holländer 1994, S. 90-92.

2 **Kartenspieler**
Foto-Postkarte, um 1900.
Privatbesitz.

3 **Schachklub**
Reproduziert auf einer Foto-Postkarte. Stockholm, Stadsmuseum, 1912

4 **Spielhaus**
Holzschnitt-Illustration zu dem Kapitel über Spiele bei: Marsilius Ficino: Von dem gesunden und dem langen Leben, Straßburg 1505, gedruckt bei Grüninger.
Inv.-Nr.: 1977-34

5 **Pachis-Spieler auf einer Gulam (= Menschen)-4 aus einem Mogul Ganjifa**
Dekkan, Indien, 19. Jahrhundert
Größe: 2,9 x 2,3 cm
Tempera auf Karton, lackiert
Inv.-Nr.: 1977-110
Leyden 1977, Nr. 34
Das Pachis oder Pachisi kann als Vorläufer des Mensch-ärgere-Dich-nicht angesehen werden. Die Spieler setzen ihre Figuren auf dem kreuzförmigen Spielbrett nach dem Fall des Würfels. Auf unserer Spielkarte tragen sie die Kleidung der Mogulhöfe des Dekkan, einer indischen Landschaft.

6 **Die Folgen des Spiels**
Holzschnitt des Petrarca-Meisters.
Illustration zu: Francesco Petrarca: Von der Artzney bayder Glück, des guten und niderwärtigen, Augsburg 1532. Unsere Abbildung illustriert des 27. Kapitel: »Vom glückseligen Würfelspyl.« Im Text kommentiert die Vernunft die Freude, die nicht nur dem Spiel zuneigt, sondern auch dafür mit Erfahrungen argumentiert, etwa »Glücklich habe ich gespylt«. Darauf die Vernunft: »Gegenwärtige glücksäligkeit ist offt künftiges unglücks anzeygung gewesen...« Der Künstler ist nicht namentlich bekannt, so daß wir bei dem Notnamen Petraca-Meister bleiben.
Inv.-Nr.: B 1312
Vergleiche dazu: Walter Scheidig 1955.

7 **Chinesen beim Schachspiel**
Fotografiert von Ilse Herold, Rosenheim, in Beijing im Juni 1984.

8 **Majong-Spielkarten**
Doppelfigurig
China (oder Europa?), Ende 19. Jahrhundert
Blattzahl: 141 von 153; 8,2 x 2,2 cm; Deckblatt
Werte: Zehntausender-Serie; Bambusabschnitt-Serie; Kreis-Serie und Zusatzkarten
Material: Dünner Karton
Technik: Maschinendruck
Rückseite: Schwarzes Swastikamuster
Inv.-Nr.: B 172
Grunfeld 1976, S. 113; Hoffmann 1972, S. 53, Taf. 87 c; Prunner 1969, Nr. XIX mit älterer Literatur. – Eine Einleitung in das Majong-Spiel gibt Ursula Eschenbach: Mah Jongg. Das chinesische Glücks-, Kombinations- und Gesellschaftsspiel, Niedernhausen/Ts 1982.

9 **Zwei Dashavatara Ganjifa Spieler**
Gemalt auf dem Deckel der Dose für ein Dashavatara Ganjifa.
Orissa, Indien, vor 1950
Die Dose, die 120 Blatt faßt, ist rund (Ø 9,5 cm). Sie wurde aus Papier und gestärktem Gewebe gefertigt und blau gefärbt.
Inv.-Nr.: B 951
Leyden 1977, Kat.-Nr. 85
Die Spieler sitzen auf einer Plattform (Asana) mit nacktem Oberkörper, Turban, Dupatta (Schal), Dhoti (Beinkleid), Halsband und Armband. Das strenge Profil hat eine lange Tradition in der indischen Kunst (sog. west-indischer Stil).

10 **Schematische Darstellung europäischer Farbzeichen**
Entnommen dem kleinen Museumsführer des Deutschen Spielkarten-Museums, Leinfelden-Echterdingen 1983.

11 **Fragmente von Karten aus der Gruppe der Hut- und Federspiele**
Basel, 1. Viertel 16. Jahrhundert
Blattzahl: 11 (13 Fragmente) von 48
Werte: K, O, U, 10 - 2 der Farben Federn, Hüte, Schellen und Schilten
Material: Dünnes Papier
Technik: Holzschnitt, koloriert
Inv.-Nr.: A 173
Hase 1968, Nr. 173; Wien 1974, Nr. 46; Schweizer Spielkarten, Zürich 1978, Kat.-Nr. 18 b.

12 **Farospieler**
Standfoto aus dem Wild-West-Film »The Stranger wore a Gun«, USA 1953. Der deutsche Verleihtitel lautet: »Der schweigsame Fremde«. Der Held, gespielt von Randolph Scott, ist der Bankhalter einer Faropartie. Im 18. Jahrhundert kam das Bankspiel Pharao oder Pharo aus Europa mit den englischen Soldaten nach Nordamerika. Es spielte während des Goldrush und später als Glücksspiel eine wichtige Rolle.
Frankfurt, Deutsches Filmmuseum, Inv.-Nr.: 82:F, 258,1.
Wykes 1964, S. 168-170.

13 **Karnöffel spielende Landsknechte auf dem Auferstehungsbild des Herrenberger Altars von Jörg Rathgeb, 1517-1519 gemalt**
»Rathgeb hat in diesem Bild alle drei Bedeutungen des Wortes Karnöffel vereinigt: 1. Den Karnöffel, einen groben Landsknecht. 2. Das nach ihm benannte Kartenspiel. 3. Das (der) Karnöffel, hernia carnosa, welches deutlich unter der Hose des stehenden Landsknechts auf der linken Bildseite zu erkennen ist.« (Leyden 1978, S. 23, mit weiterer Literatur).
Stuttgart, Staatsgalerie, Inv.-Nr. 1523

14 **Collage mit Rückseiten von Spielkarten**
Den Fond bilden vier Rückseitenbogen mit unterschiedlichen Rautenmustern (Inv.-Nrn. B 1273, B 1070, B 1085, B 9). Die hellen beschrifteten und bezeichneten Rückseiten stammen von dem Spiel Inv.-Nr. B 1106; es sind kleine Kartenentwürfe und Notizen, darunter das Datum 1817. Unten links eine sog. italienische Rückseite mit einem Kaiser, Inv.-Nr. A 149. Eine ähnliche Rückseite haben die Augsburger Zahlenkarten, Abb. 44. Vgl. dazu Hoffmann 1993, Kat.-Nrn. 3 und 163. Ähnliche Rückseiten ebenda Kat.-Nrn. 155-163.

15 **Händler mit Kartenspiel**
Aquarellierte Federzeichnung, Ende 18. Jahrhundert
Die Abbildung zeigt die obere Hälfte der Zeichnung.
Größe: 36,2 x 22,5
Inv.-Nr.: 1985-20

16 **Chinesische Geldspielkarten, dreifarbig**
Doppelfigurig
China, um 1850
Blattzahl: 120; 11,8 x 8,3 cm
Werte: 3 Serien: Zehntausender; Münzschnüre; Münzen mit zusammen 30 verschiedenen Werten. Jeder Wert ist viermal vorhanden.
Material: Dünner Karton aus mehreren Schichten Papier
Technik: Holzschnitt, handkoloriert
Rückseite: Holzschnitt, blaues Swastikamuster
Inv.-Nr.: A 1059 a
Hase 1968, Nr. 4; Pinder 1953, Nr. 10; Prunner 1969, Nr. IX/1-30.

17 **Koreaner beim Kartenspiel**
Die Abbildung zeigt eine aquarellierte Kopie von Werner Jakstein (vgl. dazu Hoffmann 1985, S. 112f.) nach Tafel XXII aus Culin 1896, einer Chromolithografie (gegenüber S. 126)
Inv.-Nr.: B 129

18 **Koreanische Spielkarten. T'-con/htou-tjyen (kor.)**
Einfigurig
Korea, 19. Jahrhundert
Blattzahl: 19; 16,7 x 1,1 cm
Werte: 1 - 9, 3 Generäle
Material: Leder
Technik: Handschrift in Tusche
Rückseite: Federzeichnung
Inv.-Nr.: B 219 (1)
Hoffmann/Dietrich 1985, Nr. 31; Prunner 1969, Nr. XXXVI mit älterer Literatur; Schallaburg 1987, S. 178, Nr. 19.42.

19 **Japanerinnen beim Hundertdichterspiel**
Farbholzschnitt in Vielfarbendruck mit Glimmer
Der Maler, Entwerfer des Holzschnittes, ist Katsukawa Shonshō, der Holzschneider ist Inoue Shinshichi.
Größe: 21,2 x 30 cm.
Das Blatt stammt aus dem Werk »Seirō bijin awase sugata Kagami« (= Spiegel schöner Frauen aus den Grünen Häusern = Bilder von Kurtisanen aus dem Yoshiwara-Viertel). Es ist Blattt 18/19 des II. Bandes und zeigt die Kurtisanen Hananoe, Morokoshi, Wakoku, Kokonoe und Kotoura aus dem Echizenyma (= Name des Teehauses) beim Kartenspiel. Das Werk erschien 1776 unserer Zeitrechnung in Edo (heute Tokio).
»Das Spiel (Hyakunin-isshu karuta) besteht aus 200

Karten. Auf 100 Karten sind Dichter und die erste Hälfte eines Gedichtes abgebildet, auf den anderen 100 Karten die zweite Hälfte des Gedichtes. Die Karten mit der ersten Hälfte werden in zwei Stößen vor einem Spieler hingelegt, der das Amt des Vorlesers übernimmt. Die Karten mit der zweiten Texthälfte werden alle ausgelegt, gleichmäßig verteilt auf der freien Fläche zwischen den Spielern. Wenn der Vorleser die erste Hälfte gelesen hat, müssen die Spieler nach der Karte mit der passenden zweiten Hälfte greifen. Wer zum Schluß die meisten Kartenpaare hat, ist der Gewinner. Die ergatterten Kartenpaare legt man mit dem Rücken nach oben neben sich, wie auch auf dem Holzschnitt zu sehen ist. Vorn links steht neben dem Behälter mit dem Rauchgerät (mit dem Henkel) das Kästchen für das Kartenspiel. Links hinten ein Becken mit Holzkohlenfeuer und zwei Stäbchen, mit denen man die Holzkohlenstücke faßt.«
(Freundl. Mitteilung Dr. S. Schmidt, Berlin, 1961).

20 **Der Kartenmaler Pandurang Krishna in Sawantwadi, Indien, 1940**
Foto von Rudolf von Leyden.

21 **Dashavatara Ganjifa-Spieler in Orissa**
Indien, um 1950
Foto von Rudolf von Leyden.

22 **Farbzeichen des Mogul Ganjifa**
Schema entwickelt und gezeichnet von Rudolf von Leyden.
Vgl. Leyden 1977, S. 17.

23 **Farbzeichen des Dashavatara Ganjifa**
Schema entwickelt und gezeichnet von Rudolf von Leyden.
Vgl. Leyden 1977, S. 20/21.

24 **Menschen-8, Menschen-9, Löwen-10 aus der Serie der persischen Lackmalereien nach Spielkarten**
Tabriz, ca. 1523-1530
Abbildung nach der Faksimileausgabe Leyen/Duda/Roschanzamir 1981.
Die Originale befinden sich im Codex mixtus 313, Wien, Österreichische Nationalbibliothek.
Größen: 8 Menschen bei der Getreideernte 18,5 x 12 cm; 10 Bogenschützen 17,8 x 11,2 cm; 10 Löwen 19,5 x 13 cm.

25 **Polostab-10 (Ausritt zum Polospiel)**
wie 24
Größe: 18 x 11,5 cm
Zum Vergleich Polostab-5 des Mameluckischen Spiels wie 26.

26 **Becher-3, Münzen-König, Schwert-7 des Mameluckischen Kartenspiels nach der Faksimileausgabe von Jan Bauwens: Mulùk Wanuwwàb, Löwen 1971**
Das Original ist in Gouache mit Goldhöhungen auf Papier gemalt. Es befindet sich in Istanbul, Topkapi Saray Museum.
Größe: 25,2 x 9,5 cm
Zur Literatur vgl. Anm. 56, 57.

27 **As-Nas-Karten**
Persien, um 1850
Blattzahl: 33; 6 x 4 cm
Werte: As, Padisha, Bibi, Lakkat, Sarbaz
Material: Papiermaché
Technik: Tempera, lackiert
Rückseite: Schwarz, lackiert
Inv.-Nr.: A 1141
Vgl. Hoffmann 1972, S. 57, Tafel 92.

28 **Karten des Stuttgarter Spiels**
Die Abbildung erfolgt nach der kommentierten Faksimileausgabe von Heribert Meurer: Das Stuttgarter Kartenspiel, München 1979.
Das Original ist mit Deckfarben nach Ritzvorzeichnungen über Goldgrund auf starker Pappe gemalt. Rückseite: Karmesinrot. 49 von 52 Blatt erhalten. Größe: 19 x 12 cm.
Württembergisches Landesmuseum Stuttgart, Inv.-Nr.: KK 15-63.
Hoffmann 1972, S. 24 und Tafel 29 b sowie Wien 1974, Nr. 10, beide mit älterer Literatur; Westfehling 1988, Nr. 1-3; Zangs/Holländer 1994, S. 161, D 1.

29 **Falken-Königin, Reiher-As, Falken-4 und Reiher-Unter des Ambraser Hofjagdspiels**
Die Abbildung erfolgt nach der kommentierten Faksimileausgabe von Herwarth Röttgen: Das Ambraser Hofjagdspiel, Leipzig und München 1969 bzw. 1971.
Das Original ist mit Wasser- und Deckfarben über Tuschfedervorzeichnung gemalt, in Echtgoldbronze gehöht, auf Karton. Die Rückseiten sind, wie in Italien üblich, von rückwärts nach vorne umgeschlagen, »italienische Verarbeitung«. 15,5 x 9,5 cm. 54 von 56 Blatt erhalten. Es fehlen die Falken-8 und die Hunde-2. Wien, Kunsthistorisches Museum, Inv.-Nr. 5018-5071.
Herwarth Röttgen hat das Spiel der Werkstatt des Konrad Witz zugeschrieben und in die Zeit um 1440 datiert. Diese Vorschläge scheinen allgemein akzeptiert (zwischen 1400 und 1410 geboren, zwischen 1444 und 1446 gestorben). Die Arbeit ist unvollendet, an vielen Stellen ist Tuschfedervorzeichnung noch zu sehen, vgl. die grundlegende Untersuchung von Herwarth Röttgen: Das Ambraser Hofjagdspiel, in: Jahrbuch der Kunsthistorischen Sammlungen in Wien 57, 1961. Siehe auch: Wien 1974, S. 39-41 mit weiterer Literatur.

30 **Königin und Kanzler (VIII) der Farbe »Ungarn«, Hofmeisterin (VIII) der Farbe »Frankreich« und Narr (I) der Farbe »Römisches Reich« aus dem Ambraser Hofämterspiel**
Die Abbildung erfolgte nach dem von Ernst Rudolf Ragg herausgegebenen Faksimile: Hofämterspiel, Wien 1976.
Das Original ist in Holzschnitt gedruckt, mit Deck- und Wasserfarben unter Verwendung von Blattgold und Blattsilber koloriert. Die Aufschriften erfolgten in Feder und Tusche. Das Papier ist in mehreren Lagen zu einer Spielkartenpappe verleimt. 14 x 10 cm. Alle 48 Blatt erhalten. Wien, Kunsthistorisches Museum, Inv.-Nr. 5077-5124.
Fritz Koreny begründet die Lokalisierung nach Südwestdeutschland und die Datierung »um 1450« in Wien 1974, S. 54-56 (vgl. auch seinen Beitrag in der o.a. Faksimileausgabe. Hier auch die ältere Literatur). Vgl. auch Hoffmann 1993, S. 18 sowie Zangs/Holländer 1994, S. 140-142.

31 **Der Teufel als Kaufmann bietet Spiele an**
Aus: Johann Geiler von Keisersberg: Die Brösamlin, übersetzt und herausgegeben von Johann Paulin, Straßburg (Grüninger) 1517. Der Originaltitel lautet: Die brösamlin doct. Keiserspergs uffgelesen vom Frater Johann Paulin. Der Holzschnitt zum Wannenkramer ist mit HF monogrammiert und 1516 datiert. Der abgebildete Holzschnitt (10,1 x 14,1 cm), der aus der Broschüre herausgeschnitten wurde, stammt vom gleichen Holzschneider. Er hat den Titel: »Von Kaufmanschatz des spils welche gebrucht mögen/ unnd welche nit gebrucht solten werden.«
Inv.-Nr.: B 1311
Vgl. Hoffmann 1993, S. 30 sowie S. 18 mit weiterführender Literatur.

32 **Stab-6, Schwert-4, Kelch-König und der Mond aus dem Visconti-Sforza-Tarock**
Die Abbildung erfolgte nach der von Stuart R. Kaplan herausgegebenen Faksimileausgabe, New York 1975.
Das Original ist in Deckfarben auf punziertem Gold- und Silbergrund auf Papier gemalt. Das Papier ist zu mehreren Lagen einer Spielkartenpappe verleimt. 17,5 x 8,7 cm; 74 von 78 Blatt erhalten. Die Originale sind auf mehrere Sammlungen verteilt: New York, Pierpont Morgan Library (53 Blatt, hier auch die abgebildeten), Bergamo, Academia Carrara (26) und 13 Blatt im Besitz der Familie Colleoni.
Die Zuschreibung dieser Karten ist kontrovers. Über das hohe künstlerische Niveau besteht immerhin Einigkeit. Die Karten wurden für Francesco Sforza gefertigt, der durch seine Heirat mit Bianca Maria Visconti 1450 Herzog von Mailand geworden war. Danach sind die Karten entstanden. 1929 schrieb Roberto Longhi die Karten Bonifacio Bembo zu, doch leider kennen wir von diesem Künstler viel zu wenig, um einen Vergleich durchführen zu können. Schon Vito Arienti hat in den 60er Jahren im Gespräch die Vermutung geäußert, die Blätter könnten mit Francesco Zavattari in Zusammenhang gebracht werden. Immerhin haben wir von ihm die Kapelle der Theodolinda im Dom zu Monza. Natürlich bringt der Vergleich mit den technisch so unterschiedlichen Fresken nicht die letzte Klarheit, immerhin hat Thierry Depaulis diesem Namen den Vorzug gegeben (in Paris 1984, S. 38). Vgl. dazu u.a. Hoffmann 1972, Tafel 17 b (ich habe damals die Zuschreibung an Bembo übernommen); Zangs/Holländer 1994, S. 251f.
Die Idee des trionfo hat am entschiedensten Gertrude Moakley: The Tarot Cards painted by Bonifacio Bembo, New York 1966 in die Diskussion eingeführt. Ich stimme ihr voll zu. Allerdings können nur die 22 Tarocchi trionfi sein, denn sie triumphieren ja über das Vierfarbspiel. Nur sie sind ein spielerisch allegorisierendes Puzzle.

33 **Schema der Tarockkarten mit italienischen Farben**
Ikonografie und Reihenfolge sind so schon für die Lombardei des 16. Jahrhunderts gesichert. Am bekanntesten ist das Tarot de Marseille, das auch diesem Schema zugrunde liegt (vgl. Abb. 141).

34 **Pfeil-4, Münzen-2 sowie Glaube und Tod des Visconti-di-Modrone-Tarock**
Die Abbildung erfolgt nach der von Stuart R. Kaplan herausgegebenen Faksimileausgabe, New York 1984.
Das Original ist in Deckfarben auf punziertem Gold- und Silbergrund auf Papier gemalt. Das Papier ist zu mehreren Lagen einer Spielkartenpappe verleimt. 18,1 x 9,9 cm. 67 von 89 (?) Blatt erhalten. Da die trionfi um die drei theologischen Tugenden vermehrt sind (Glaube, Hoffnung, Liebe), die sonst nicht in die Sequenz gehören, ist unsicher, von wieviel trionfi wir ausgehen, d.h. wie hoch wir die ursprüngliche Zahl der erhaltenen 11 Tarocchi annehmen müssen: 89 ginge von 64 normalen Karten und 25 Trümpfen aus. Zu bedenken ist, daß auch das Minchiate (Abb. 139) die drei theologischen Tugenden in seiner Sequenz von 41 Trümpfen kennt. Das Original befindet sich in New Haven (Conn.), Yale University Library, Cary Collection, ITA 109.
Dummett 1980, S. 68 (Nr. 1) und 77-79; Keller 1981, ITA 109; Depaulis 1984, S. 37; Depaulis 1980, S. 37 schreibt auch diese Karten Francesco Zavattari zu, andere bevorzugen Bonifacio Bembo. Auf jeden Fall sind sie ins Mailändische zu lokalisieren. Sie wurden für Filippo Maria Visconti, der 1447 starb, gemalt. Da man auf der Trumpfkarte außer »Die Liebenden« auch noch die Wappen von Savoyen erkennen kann, taucht immer wieder die Vermutung auf, das Spiel wäre zur Hochzeit von Filippo Maria mit Marie von Savoyen, 1428, gemalt – stilistisch ein wenig weit von dem Visconti-Sforza-Tarock (Abb. 32) entfernt. – Die drei zusätzlichen Trümpfe, die Pfeile statt der Stäbe, lassen vermuten,

daß dies eine frühe Form des Tarock sei. Depaulis 1980 spricht gar vom »archétype du tarot«. Giuliana Algeri: Gli Zavattari: Una famiglia di pittori e la cultura tardogotica in Lombardia, Rom 1981, S. 59-84 schlägt jedoch ein späteres Datum vor, 1468. Damals heiratete Galeazzo Maria Visconti Bonne von Savoyen.

35 **Bogen mit allen fünf Königen, Schilten-Ober, -Unter und -As des Liechtensteinschen Spiels**

36 **Bogen mit Ober und Unter der Farben Schwert, Stab, Becher und Münzen des Liechtensteinschen Spiels**
Die Abbildungen erfolgen nach den Faksimiles, die kurz nach 1866 für das Buch von R. Merlin: Origine des Cartes à Jouer, Paris 1869 erfolgten. Im Deutschen Spielkarten-Museum befinden sich zwei Exemplare der handlithografierten Reproduktionen als Vorzugsdrukke auf Pergament. Das Original befindet sich in der Collection Rothschild im Louvre, Paris (Inv.-Nr. 3806 und 3807 R). Die Größe jeder Karte ist 10,8 x 7 cm; die Technik des Originals ist Holzschnitt. Auf den zwei Bogen sind 16 Karten erhalten. Da es sich um ein fünffarbiges Spiel (Schwert, Stab, Becher, Münzen, Schilten) mit 3 Figurenkarten und 10 Zahlenkarten (ich halte die Wappenkarte für ein As) handelt, müssen wir von einem gesamten Spiel von 65 Blatt ausgehen.
Hoffmann 1972, S. 22-24 sowie Abb. 24; Wien 1974, S. 49-51; Hoffmann 1993, S. 19-21; Zangs/Holländer 1994, S. 142f.
Die Datierung des Spiels ist umstritten, doch haben die stilistischen Argumente Fritz Korenys am meisten für sich. Deswegen: um 1440-1450.

37 **Anfrage der Stadt Friedberg**
Historisches Museum Frankfurt, Inv.-Nr. C 286 a und C 286 b.
Der Text der Anfrage der Stadt Friedberg an den Rat der Stadt Frankfurt ist ein sozialgeschichtlich bedeutendes Dokument, in dessen Mittelpunkt Spielkarten stehen. 1517 hatte eine Frau aus Friedberg in der Frankfurter Judengasse ein Kartenspiel gekauft, in dem sich das Bild eines Kruzifix befand. Dieses Heiligenbild ist der Anfrage beigefügt. Das Heiligenbild ist 5,6 x 8,3 cm groß, hat also durchaus Abmessungen, die auch Spielkarten haben. Spielkarten wurden von Handwerkern hergestellt, die unter den Namen »Heiligenmaler und Heiligendrucker, Aufdrucker, Kartenmaler, Kartenmacher, Illuministen, Patronisten und Formschneider« (so Adolf Spamer: Das Kleine Andachtsbild vom XIV. bis zum XX. Jahrhundert, München 1930, S. 28) firmierten. Die Hersteller, die ihre Ware auch selbst vertrieben, produzierten Spielkarten, Amulette, Wappen und Andachtsbilder. Auch Juden gingen dem Beruf des Kartenmachers nach (vgl. Hoffmann 1972, Tafel 14 a). Daß das bei einem Juden gekaufte Kartenspiel ein Heiligenbildchen enthielt, kann ein Verpackungsfehler sein. Beim Sammeln der Karten, nachdem der Bogen zerschnitten war, mag ein Heiligenbild dazwischen geraten sein.
Zur Transkription des Textes vgl. Hoffmann Frankfurt 1972, S. 274.

38 **Blumen-Unter des »Meister der Spielkarten« (L.6.)**
Dresden, Staatliche Kunstsammlungen, Kupferstichkabinett (Geisberg 1905, Nr. 41).

39 **Blumen-Drei des »Meister der Spielkarten« (L.4.)**
Dresden, Staatliche Kunstsammlungen, Kupferstichkabinett (Geisberg 1905, Nr. 32).
Technik: Kupferstich; ca. 14,2 x 9,5 cm
Das Kupferstichspiel, von dem ungefähr 70 Blatt erhalten sind, besteht aus fünf Farben: Wildmenschen, Raubtiere, Vögel, Hirsche, Blumen. Die ursprüngliche Blattzahl ist schwer zu erschließen, wahrscheinlich 52 (vgl. die Vergleichstabelle bei Detlef Hoffmann: Das Kartenspiel des Meisters PW, Leipzig und München 1974, S. 30). Die relativ späte Datierung bei Geisberg 1905 »vor 1446« hat Anne van Buren durch eine frühere »zwischen 1435 und 1440« ersetzen können (vgl. Anne van Buren und Sheila Edmunds: Playing Cards and Manuscripts: Some widely Disseminated Fifteenth-Century Model Sheets, in: The Art Bulletin LVI, 1974). Vgl. auch ausführlich Wien 1974, S. 42-45. – Die Idee, daß der Meister der Spielkarten seine Technik schon auf ihre Rationalisierbarkeit durchdachte, findet sich zuerst bei Geisberg 1905. Vgl. auch Hellmut Lehmann-Haupt: Gutenberg and the Master of the Playing Cards, New Haven und London 1966; Zangs/Holländer 1994, S. 164-166.

40 **Jeu d'Atthalin**
Einfigurig, französische Farbzeichen
Hersteller: Louis Atthalin
Paris, Frankreich, nach 1830
Blattzahl: Drei Bogen mit 52 Blatt, je 9,3 x 6,2 cm
Werte: As, K, D, B, 10 - 2
Technik: Kupferstich
Inv.-Nr.: 1989-133
Allemagne 1906, I, S. 268-270, II gegenüber S. 290, 294, 300, 304; Hoffmann 1972, S. 50; Keller 1981, FRA 344.

41 **Karten und Bogenfragment**
Einfigurig, französische Farbzeichen
François Clerc (nachgewiesen 1485-1496)
Lyon, Frankreich, Ende 15. Jahrhundert
Blattzahl: 11 von 52 Blatt; 9,3 x 4,5 cm
Technik: Holzschnitt, schablonenkoloriert
Paris, Bibliothèque Nationale, Kh 30 a res fol. 8
Hoffmann 1972, Tafel 43a; Zangs/Holländer 1994, S. 144.

42 **Teil eines Bogens mit berittenen Damen und Königen**
Einfigurig, französische Farbzeichen
Hersteller: Jean de Dale (nachgewiesen 1485-1515)
Lyon, Frankreich, Anfang 16. Jahrhundert
Größe: 9,3 x 4,5 cm
Technik: Holzschnitt
Paris, Bibliothèque Nationale, Kh 30 res. fol. 8
Hoffmann 1972, Tafel 43 b; Zangs/Holländer 1994, S. 145.
Aus den 8 Fragmenten, die in Paris aufbewahrt werden, können 4 Bogen à 16 Figurenkarten rekonstruiert werden. Da sich alle 64 Figurenkarten voneinander unterscheiden, ist anzunehmen, daß hier Karten für mehrere Spiele gedruckt wurden. Da Schwerter, Szepter und menschenlange Pfeile auffällig häufig vorkommen, ist es wert darüber nachzudenken, ob es sich hier um eine Mischform französischer und italienischer Farbzeichen handelt. Der Pfeil wäre im Zusammenhang mit dem Visconti-di-Modrone-Tarock (Abb. 34) von besonderem Interesse.

43 **Eichel-Zehn**
Einfigurig, deutsche Farbzeichen
Zeichnung: Peter Flötner
Verlag: Franz Christoph Zell
Nürnberg, um 1540
Blattzahl: 1 von 48; 9,6 x 6 cm
Werte: Daus, K, O, U, 10 - 2
Material: Dünnes Papier
Technik: Holzschnitt
Inv.-Nr.: B 1114
Hoffmann 1993, Nr. 57; vgl. auch ebenda Nr. 56, wo das vollständige Spiel (im Besitz des Germanischen Nationalmuseums, Nürnberg) behandelt wird. Zur Ikonografie des Spiels siehe Rainer Schoch: Aller Laster Anfang in: ebenda S. 55-80.

44 **Augsburger Zahlenkarten aus Muri**
Einfigurig, deutsche Farbzeichen
Augsburg, 2. Hälfte 16. Jahrhundert
Blattzahl: 17 + 6 Duplikate: Herz-Daus, -5 + 1 Duplikat, Herz-6, -7; Schelle-3, -4 + 1 Duplikat, Schelle-6; Eichel-Daus, -3 + 1 Duplikat, Eichel-4, -5, -6 + 2 Duplikate, -8 -10 + 1 Duplikat; Blatt-Daus, -4 + 1 Duplikat, -5; 9,4 x 5,8 cm
Werte: Daus, K, O, U, 10 - 2
Material: Dicker Karton aus mehreren Schichten
Technik: Holzschnitt, schablonenkoloriert
Rückseite: Türkenfigur mit Schwert und Schild; formal nach italienischem Muster, jedoch ohne die übergeschlagenen Papierkanten.
Inv.-Nr.: A 170
Dietrich 1992; Hoffmann 1993, Nr. 3 mit älterer Literatur; Westfehling 1988, Nr. 22.

45 **Fragmente eines Spiels mit Landsknechtsdarstellungen**
Einfigurig, deutsche Farbzeichen
Hersteller: Heinrich Hauk, Frankfurt (?)
Frankfurt, 1595
Blattzahl: 12 (rekonstruierbar) von 48; Kartongröße: 9,1 x 5,4 cm
Werte: Daus, K, O, U, 10 - 2
Material: Feste Pappe aus mehreren Schichten Pappe
Technik: Holzschnitt, schablonenkoloriert
Rückseite: Kreuzförmiges Muster in Sechsecken
Historisches Museum Frankfurt, Inv.-Nr. C 19866 a bis d
Hoffmann Frankfurt 1972, Nr. 35; vgl. auch den vollständigeren, viel bekannteren Bogen Nr. 34. Zur Einbettung in das Bayerische Bild vgl. Hausler 1993, S. 9.

46 **Fragmente eines alten sächsischen Bildes**
Einfigurig, deutsche Farbzeichen
Leipzig, um 1725
Blattzahl: 2 Bogenfragmente mit zus. 8 Blattfragmenten. Erkennbar: Schellen-U, -1 Blatt-Fragment, Herz-K, -1 Herz-Fragment, Herz-7, -1 Herz-Fragment, Herz-Daus; Fragment 1: 16 x 6,8 cm;
Fragment 2: 16,5 x 2,6 cm
Werte: Daus, K, O, U, 10 - 2
Material: Pappe aus drei Papierschichten
Technik: Holzschnitt
Rückseite: Beidseitig mit Spielkarten gedruckt, Makulatur.
Beschriftung: Herz-Daus: Leipzig (?); Herz-6: Monogramm, lesbar JM (?)
Inv.-Nr.: 1991-99 a
Hoffmann 1993, Nr. 26.
Diese Fragmente sind die bisher frühesten Hinweise für das sich im 18. Jahrhundert etablierende sächsische Bild.

47 **Lyoner Bild**
Einfigurig, französische Farbzeichen
Hersteller: Rinaldo Scatone
Rom, Anfang 17. Jahrhundert
Signatur: Auf Herz-Bube, nicht lesbar; auf Treff-Bube Signatur »R«, seitenverkehrt
Blattzahl: 8 von 52 auf einem Bogen: Karo-, Herz-, Treff-, Pik-König; Karo-, Herz-, Treff-, Pik-Bube;
Blattgröße: 9,5 x 5,5 cm; Bogengröße: 21 x 28 cm
Werte: K, D, B, 10 - 2
Material: Festes Papier
Technik: Holzschnitt, schablonenkoloriert
Rückseite: Unbedruckt
Beschriftung: Karo-Bube: »RINALDO SCATONE«. Treff-Bube: »IN ROMA«. Pik-Bube: »ALLO SPAGNOLETTO«.
Inv.-Nr.: 1988-189
Allemagne 1906, I, S. 98; Milano 1986; Seguin 1968, S. 71.

51 **Domino-Spielkarten. T'ien chiu p'ai [chin.]**, 1. Hälfte 20. Jahrhundert

52 **Schachspielkarten. Szu sê p'ai/soo sik pai [chin.]**, 1. Hälfte 20. Jahrhundert

53 **Muschelzusammensetzspiel. Kaiawase [japan.]**, 18. Jahrhundert

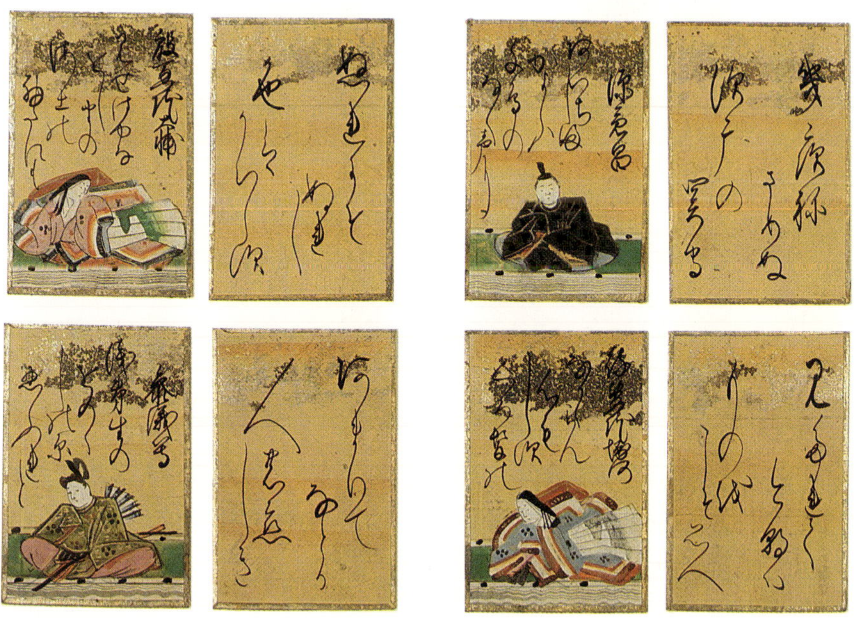

54 **Hundertdichterspiel. Hyakunin isshū uta karuta [japan.]**, 18. Jahrhundert

55 **Hundertdichterspiel. Hyakunin isshū (uta) karuta [japan.]**, zwischen 1853-1857

56 **Blumenkarte. Hana (awase) karuta oder hana fuda [japan.]**, um 1930

57 **Mekuri-Karten**, 1. Hälfte 20. Jahrhundert

58 **Mogul Ganjifa**, um 1800

59 **Mogul Ganjifa**, 17. oder 18. Jahrhundert

60 **Mogul Ganjifa**, 19. Jahrhundert

61 **Mogul Ganjifa**, 19. Jahrhundert

62 **Mogul Ganjifa**, 1. Hälfte 20. Jahrhundert

63 **Mogul Ganjifa**, 19. Jahrhundert

64 **Mogul Ganjifa, Tiervariante**, 19. Jahrhundert

65 **Mogul Ganjifa**, 19. Jahrhundert

66 **Dashavatara Ganjifa**, 1. Hälfte 20. Jahrhundert

67 **Dashavatara Dikpala Ganjifa**, Ende 18./Anfang 19. Jahrhundert

68 **Dashavatara Ganjifa**, 17./18. Jahrhundert

69 **Dashavatara Ganjifa**, 19. Jahrhundert

70 **Arundhatî und die sieben Rsi**, Ende 18. Jahrhundert

71 **Ramayana Ganjappa**, um 1950

72 **Nava-Graha Chada**, 19. Jahrhundert

73 **Indo-portugiesisches Spiel**, 18./19. Jahrhundert

74 **Indo-portugiesisches Spiel**, 18./19. Jahrhundert

75 **Indisches Piquet-Spiel**, 1. Hälfte 19. Jahrhundert

76 **Indo-portugiesisches Spiel**, 16. Jahrhundert

77 **Indianer-Spielkarten**, 2. Hälfte 19. Jahrhundert

78 **Unsun karuta**, 1760-1790

79 **Omi-Karten**, 1. Viertel 20. Jahrhundert

80 **Trappola-Karten**, um 1800

81 **Spiel aus der Provence**, um 1545

82 **Bogen eines Spiels mit der Devise »nit gwis« II**, 1588

83 **Böhmisches oder Prager Bild**, um 1880

84 **Böhmisches oder Prager Bild**, um 1865

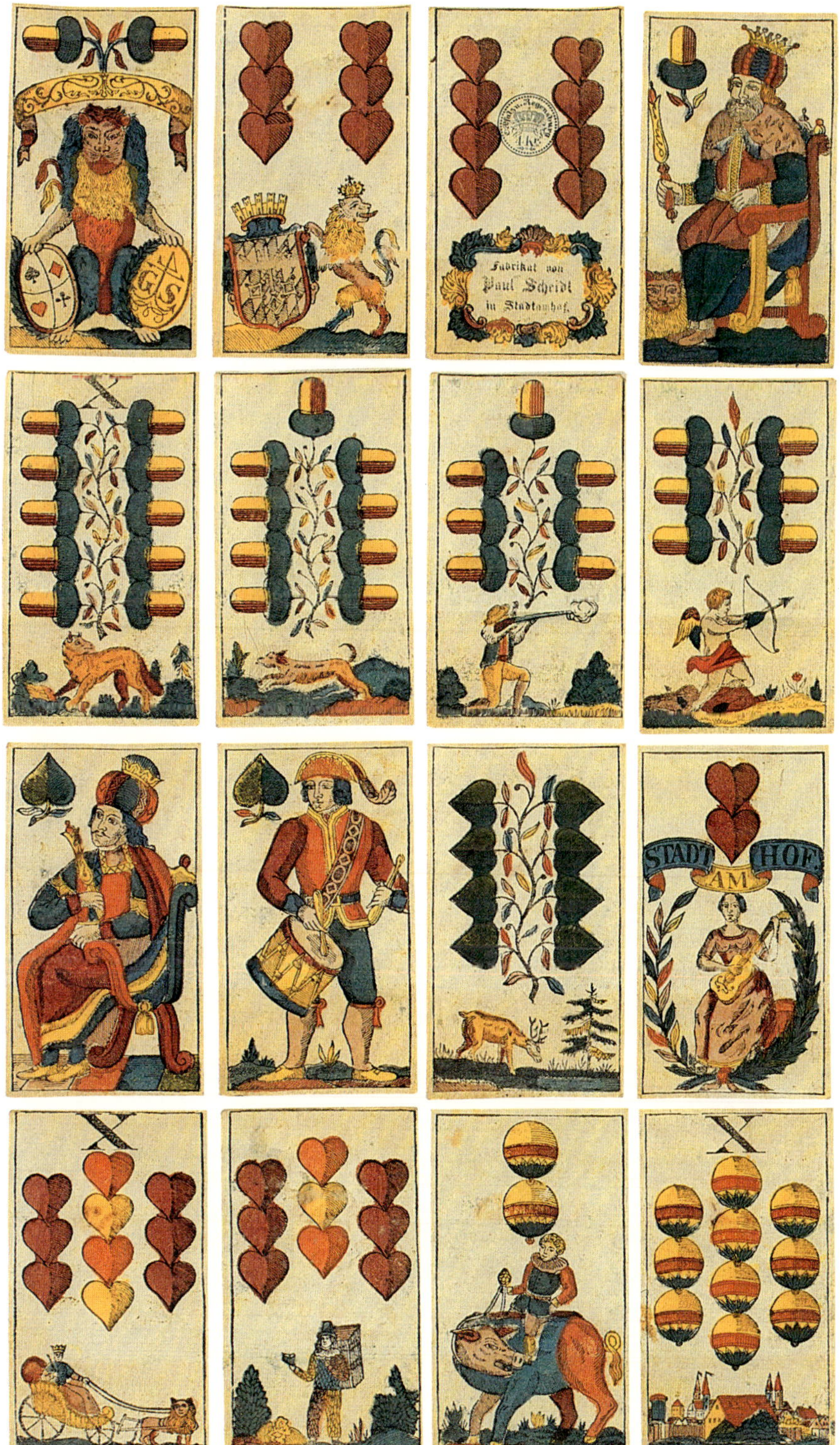

85 **Bayerisches Bild**, um 1840

86 **FAMEIO aus dem sog. »MANTEGNA TAROCK«**, um 1465

87 **Mitellis Bologneser Tarock**, 1664

88 **Bologneser Tarock**, Mitte 19. Jahrhundert

89 **Rouen-Tarock**, 2. Viertel 18. Jahrhundert

90 **Besançon Tarock**, um 1760

91 **Sachsentarock**, um 1778

92 **Tarock der fernen Länder**, um 1810

93 **Tarockspiel mit mythologischen und literarischen Szenen**, um 1825

94 **Venezianisches Bild**, 2. Hälfte 17. Jahrhundert

95 **Trappola-Karten**, Anfang 16. Jahrhundert

96 **Spanisches Nationalbild**, um 1800

97 **Portugiesisches Bild**, 1. Viertel 19. Jahrhundert

98 **Spanisches Nationalbild**, 1782

99 **Kupferstichspiel des Biedermeier**, um 1820

100 **Pariser Bild**, zwischen 1758-1764

101 **Bild des Languedoc**, 3. Viertel 18. Jahrhundert

102 **Englisches Bild**, um 1840

103 **Englisches Bild in U.S.A.**, um 1860

104 **Handgemaltes Spiel mit Tauben auf den Assen**, 19. Jahrhundert

105 **Royalistisches Spiel**, um 1780

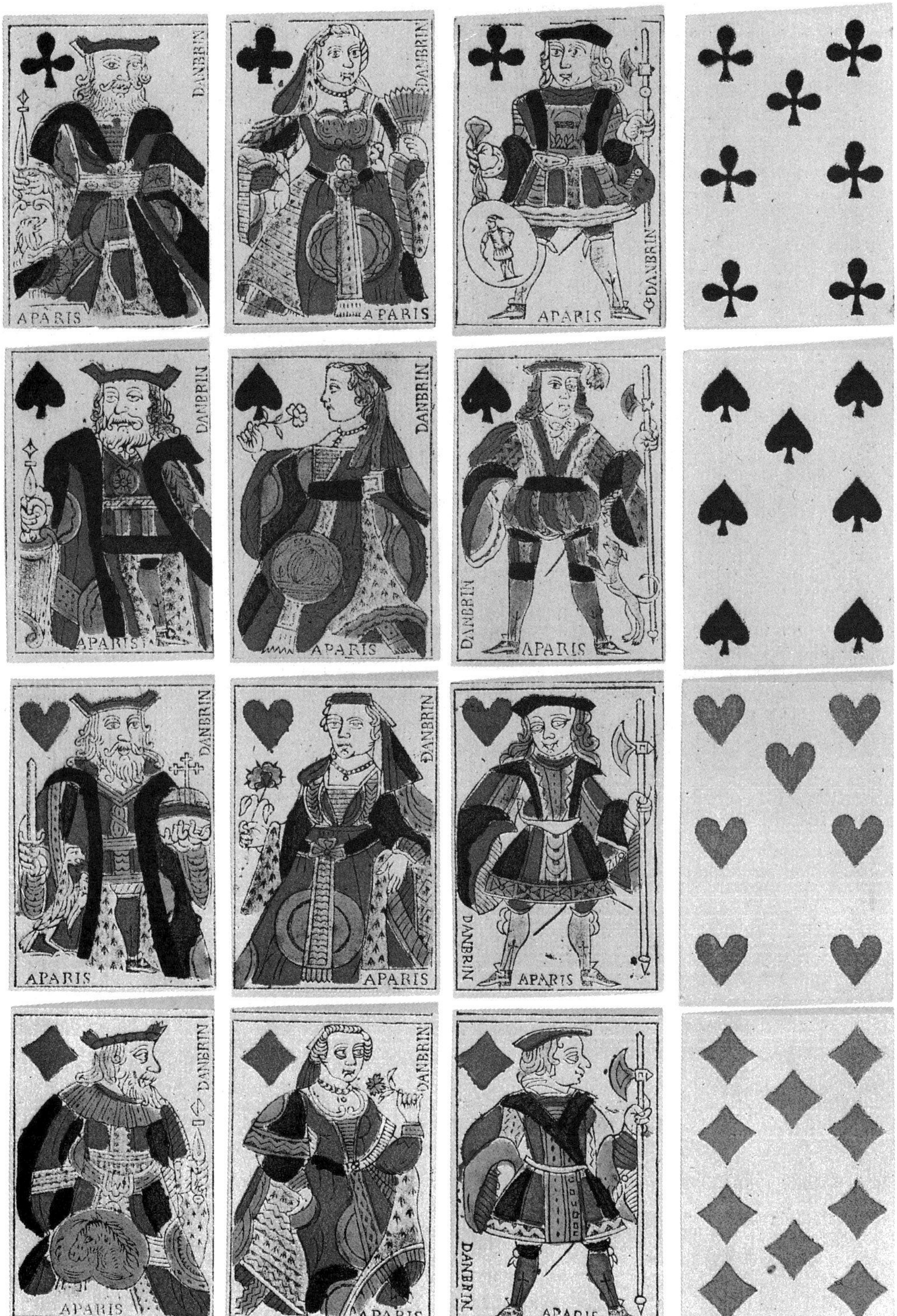

106 **Revolutionäres Pariser Bild**, um 1790

107 **Revolutionsspiel,** 1793

108 **Cartes Historiques oder Cartes Royales**, 1818

109 **Empirespiel**, um 1805

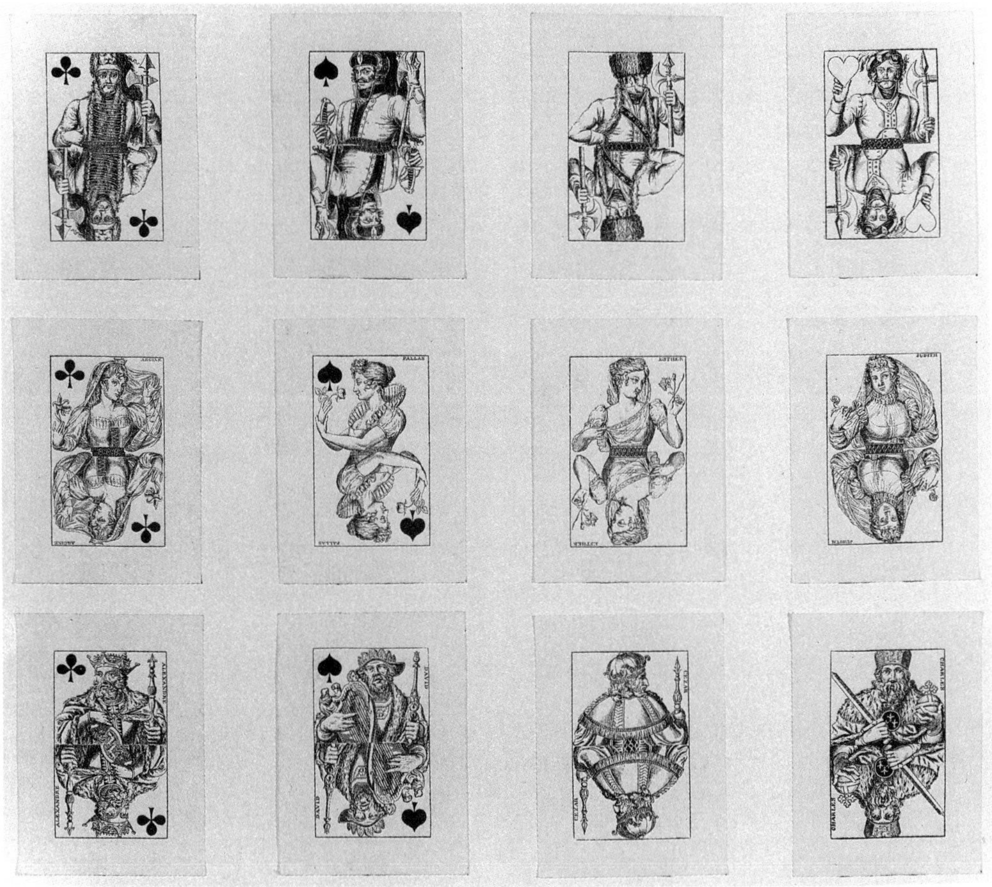

110 **Philipp Otto Runges Spielkarten**, 1810

111 **Spiel mit Fechterfiguren**, 1837

112 **Genfer Ansichten**, um 1850

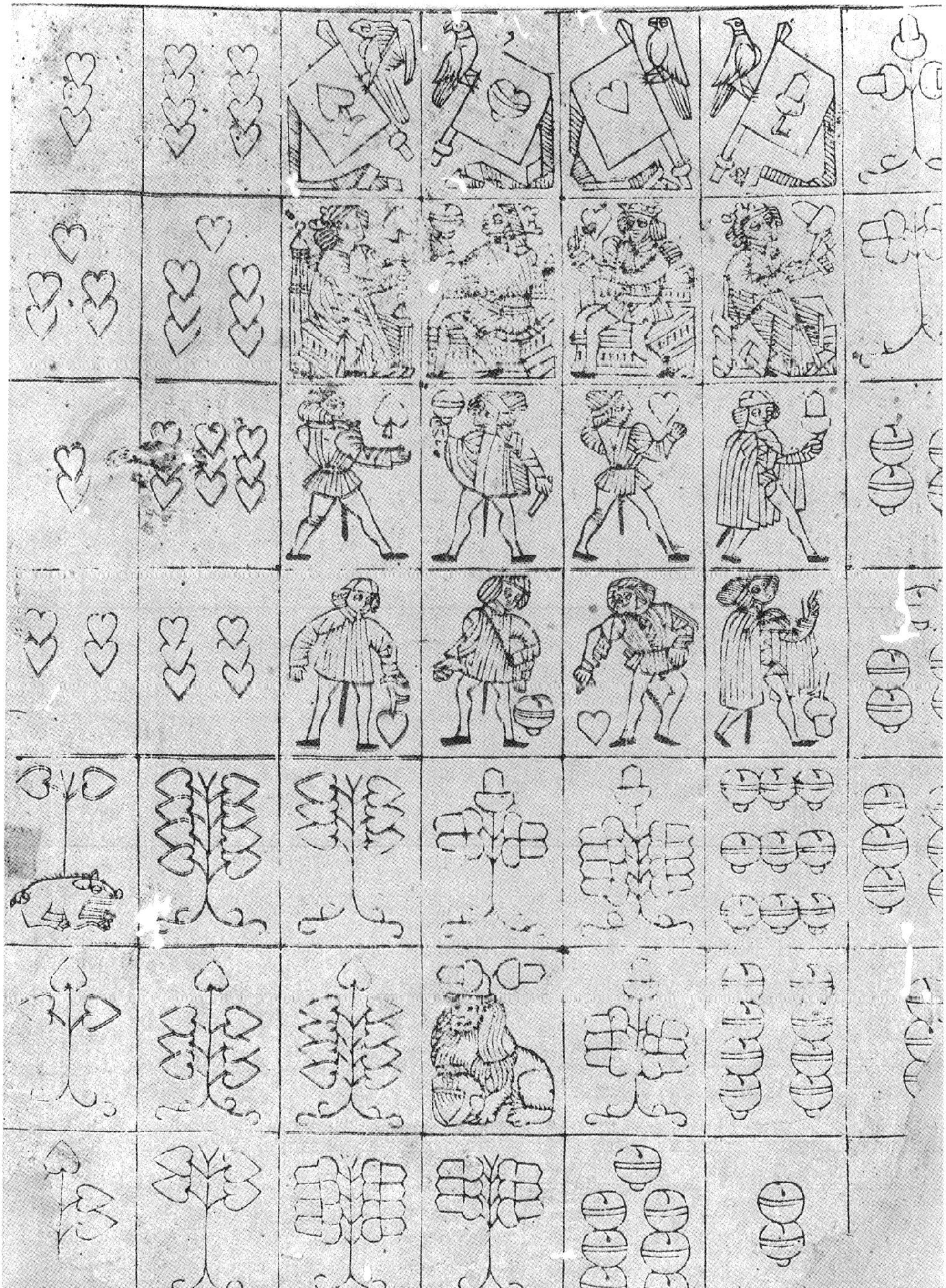

113 **Bogen des Schwäbischen Bildes**, um 1520

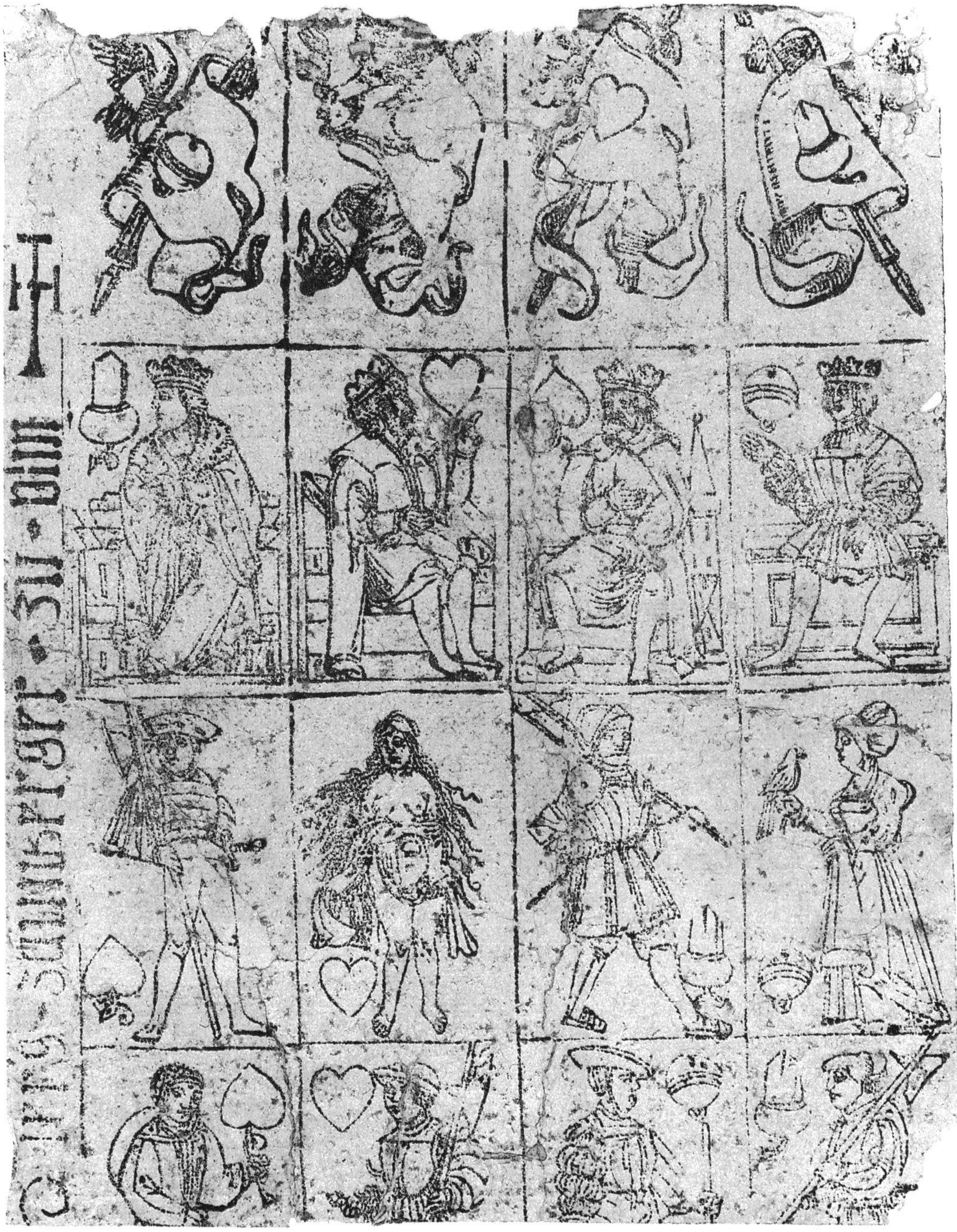

114 **Ulmer Bild von 1550**, um 1560

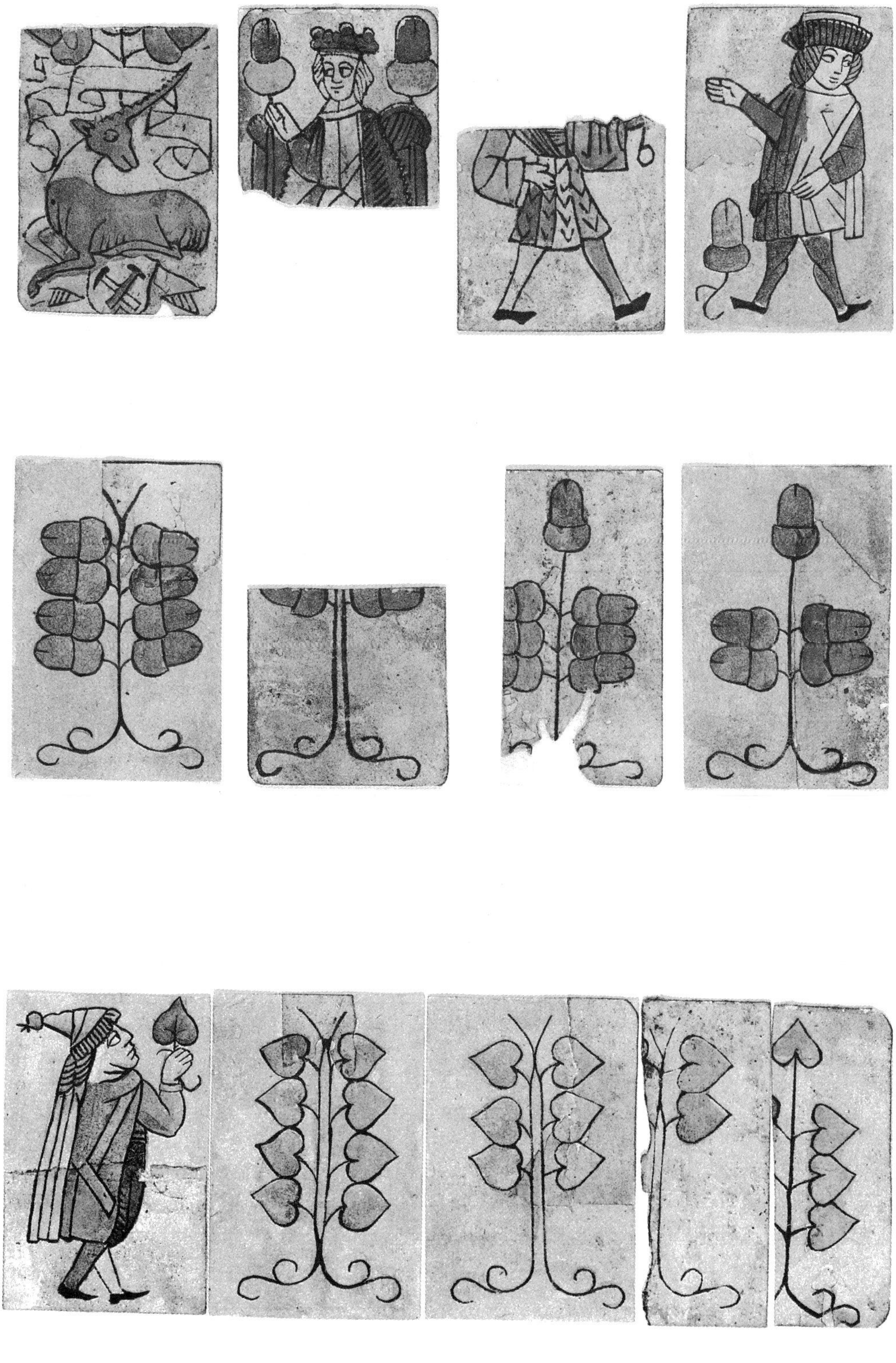

115 **Karten des Stukeley-Typus**, Mitte 16. Jahrhundert

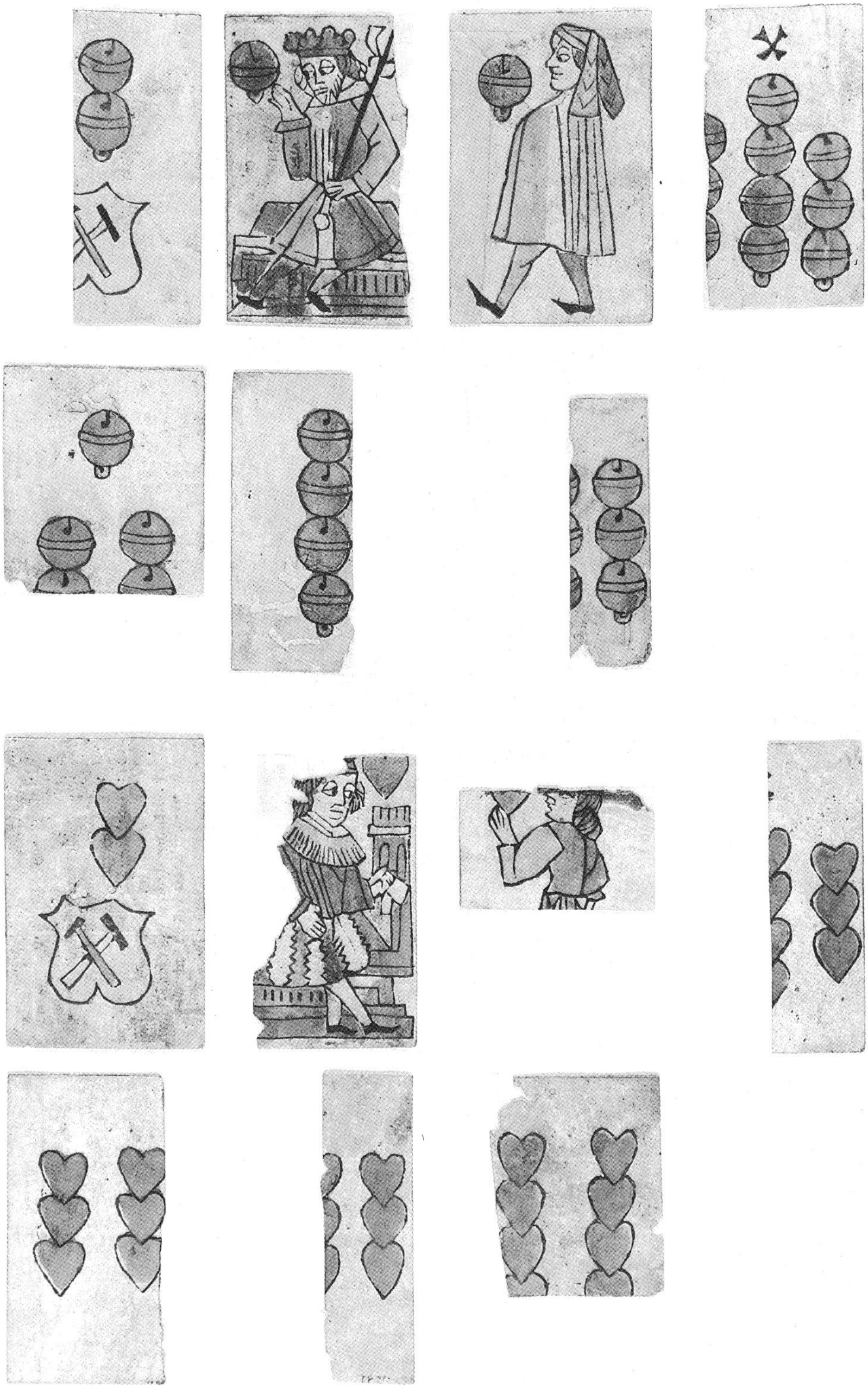

116 **Karten des Stukeley-Typus**, Mitte 16. Jahrhundert

117 **Zwei Halbbögen mit Tierdarstellungen**, um 1580

118 **Charta Lusoria**, 1588

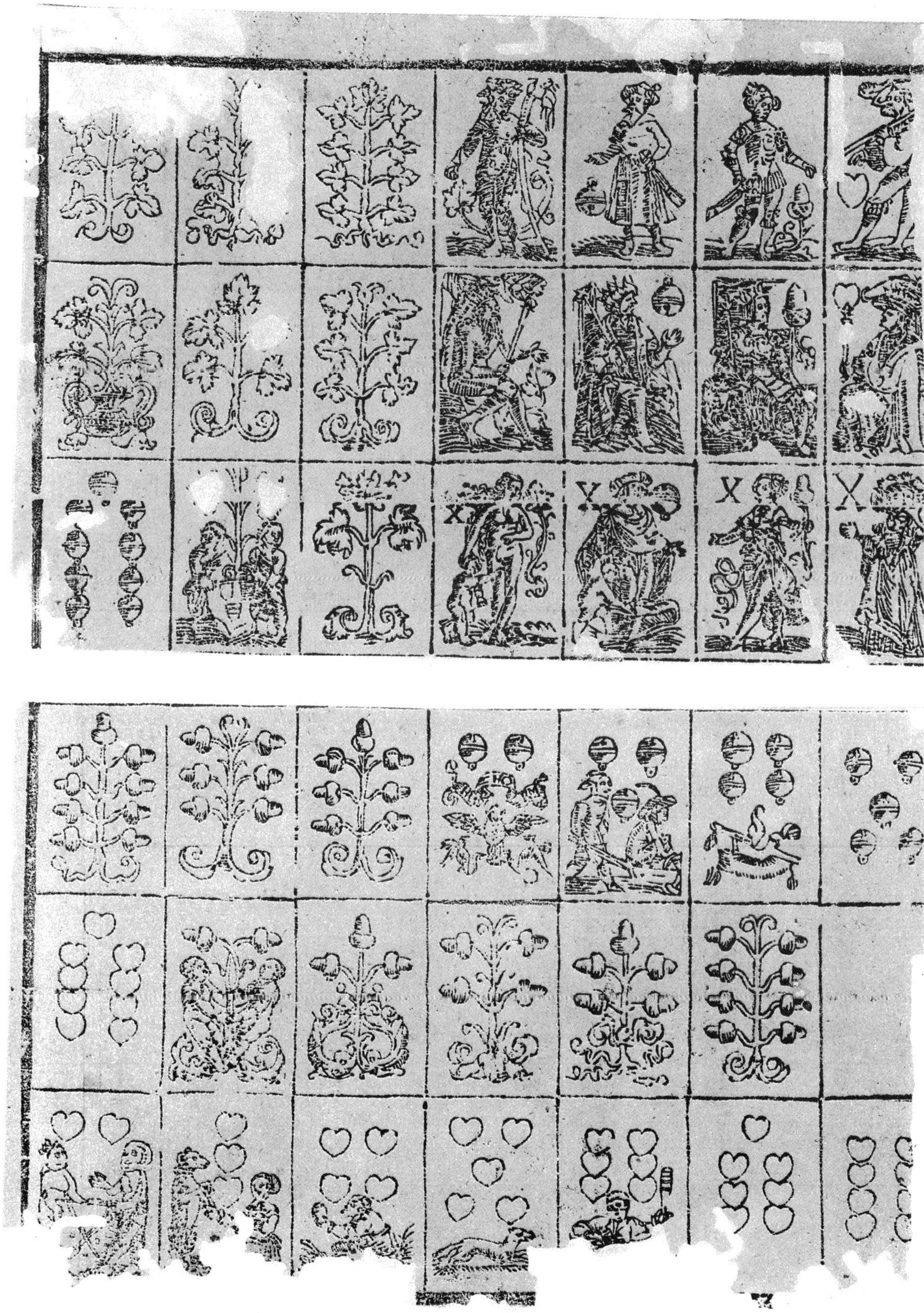

119 **Drei Bogenfragmente eines Miniaturkartenspiels**, Mitte 16. Jahrhundert

120 **Deutsche Klosterkarte**, um 1550

121 **Spiel mit Phantasiefarben**, 1540-1545

122 **Bogen mit Zwergen**, 1770

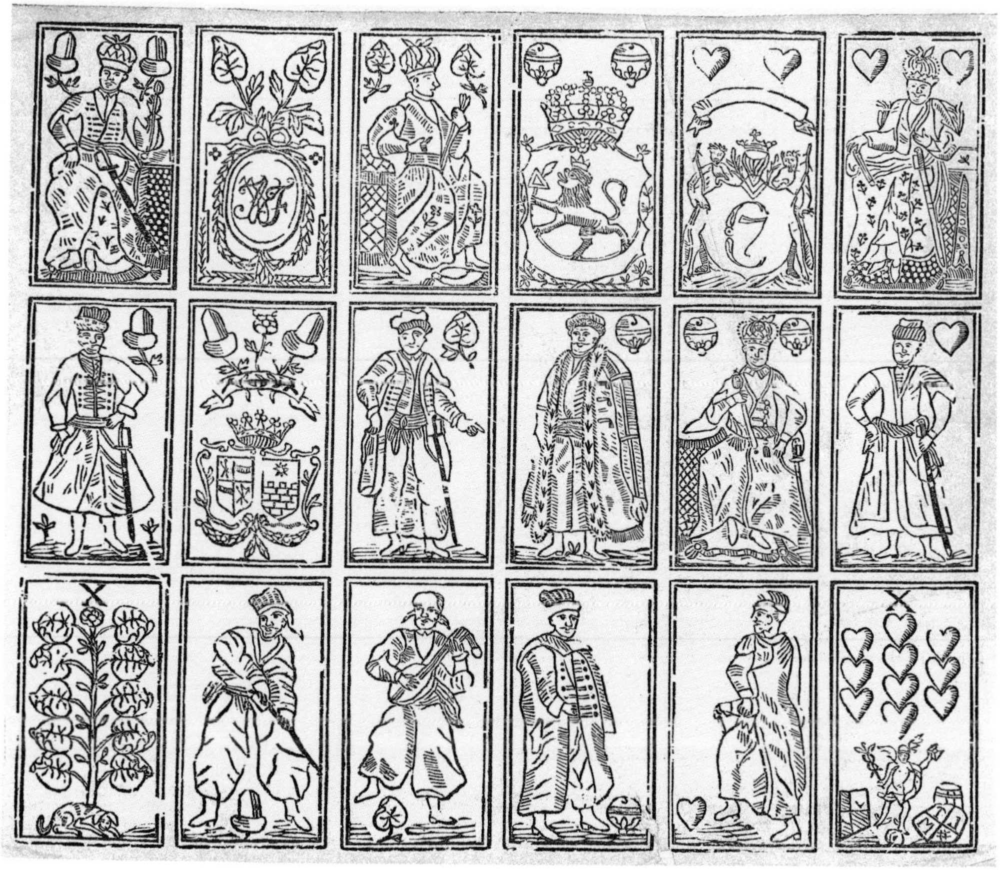

123 **Polnische Trachten**, letztes Viertel 18. Jahrhundert

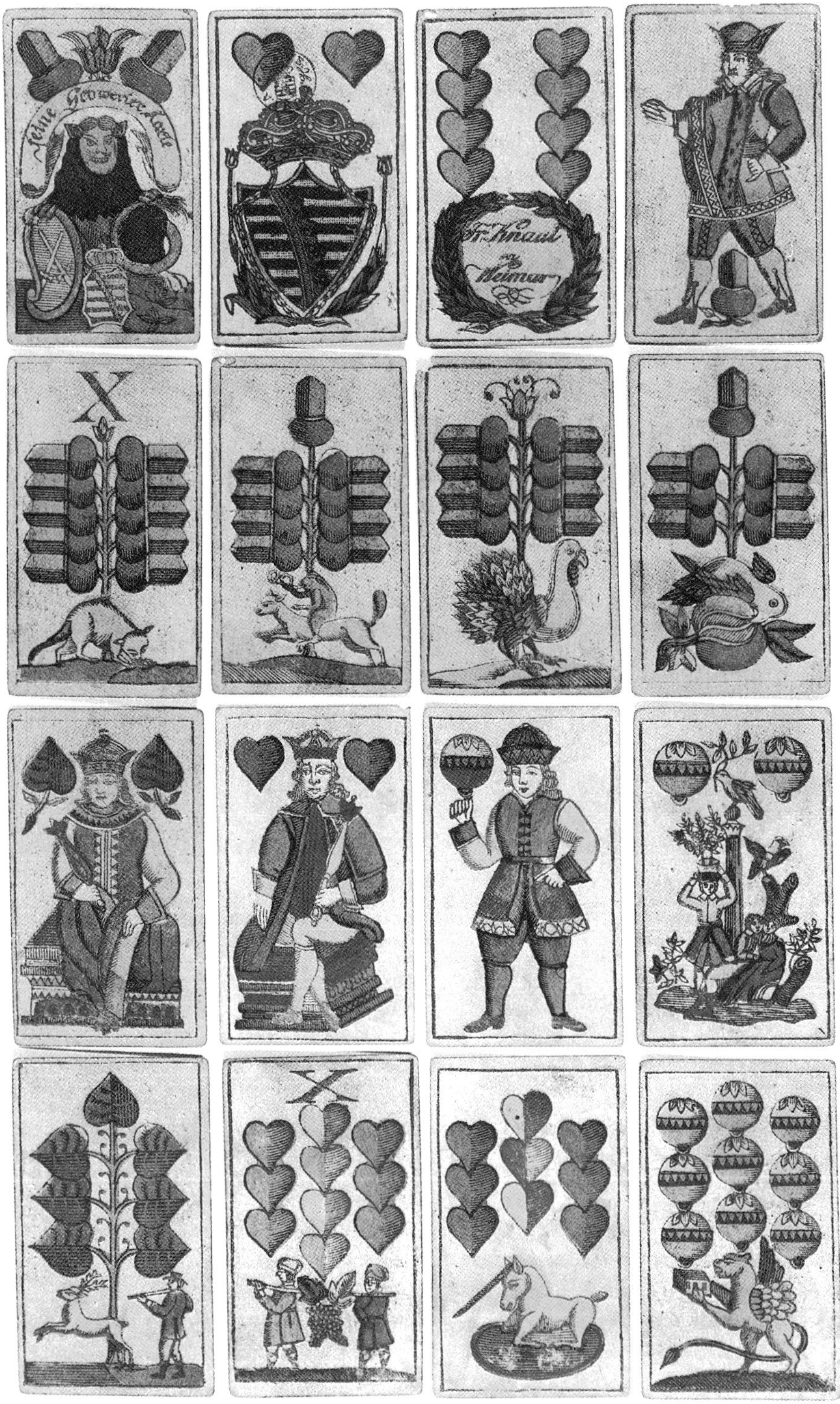

124 **Sächsisches Bild**, um 1830

125 **Späteres Ansbacher oder Nürnberger Bild**, um 1860

126 **Fränkisches Bild**, um 1775

127 **Bayerisches Bild mit Soldaten-Szenen,** 1830

128 **Mohrendeutsche Karten**, um 1800

129 Preußisches Bild, um 1840

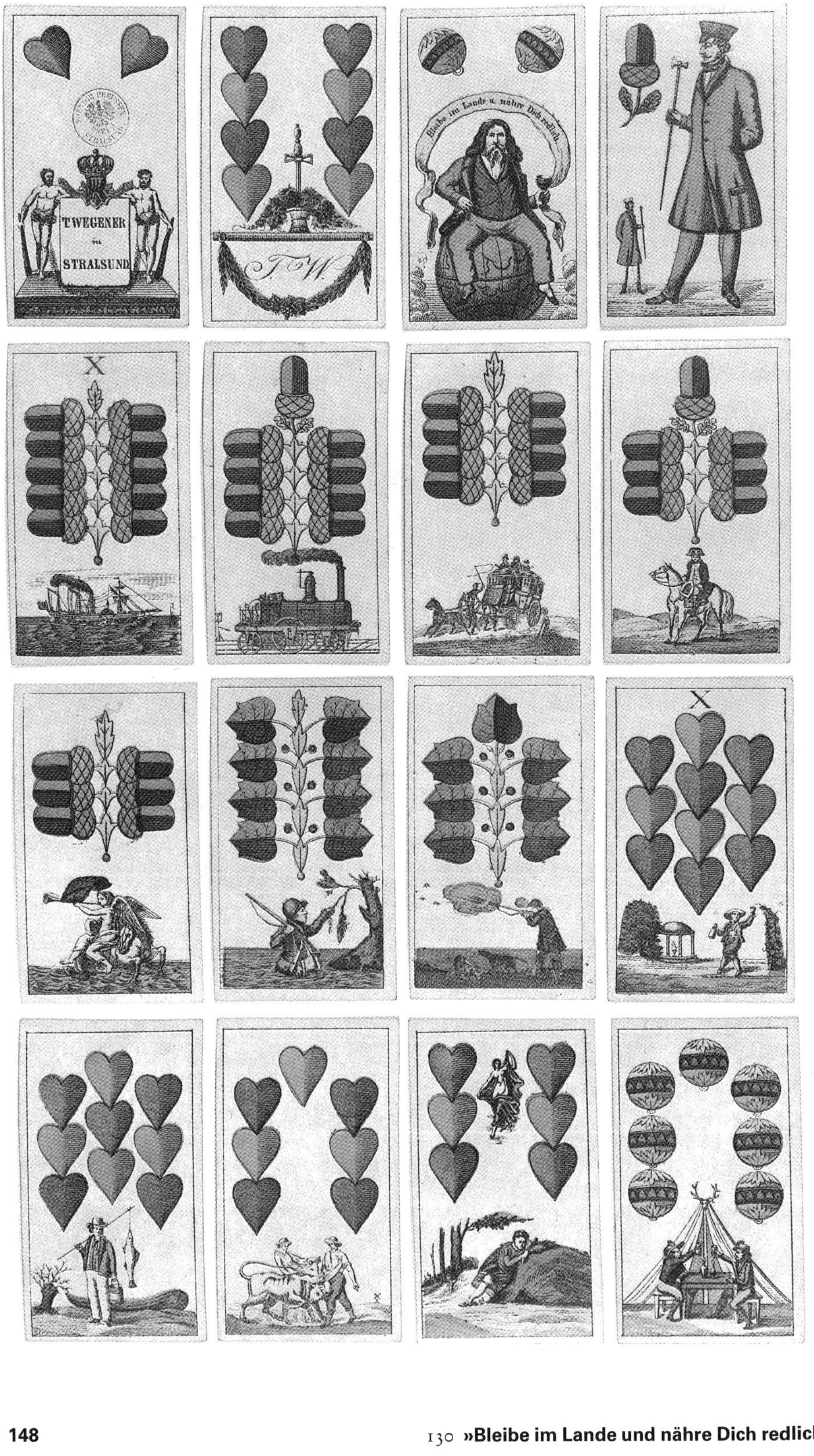

130 **»Bleibe im Lande und nähre Dich redlich«**, um 1860

131 **Deutsche Holzkarte »Guten Morgen«**, um 1845

132 **Preußisches Bild, Burgenkarte**, um 1840

133 **Karte mit Volkstypen**, um 1820

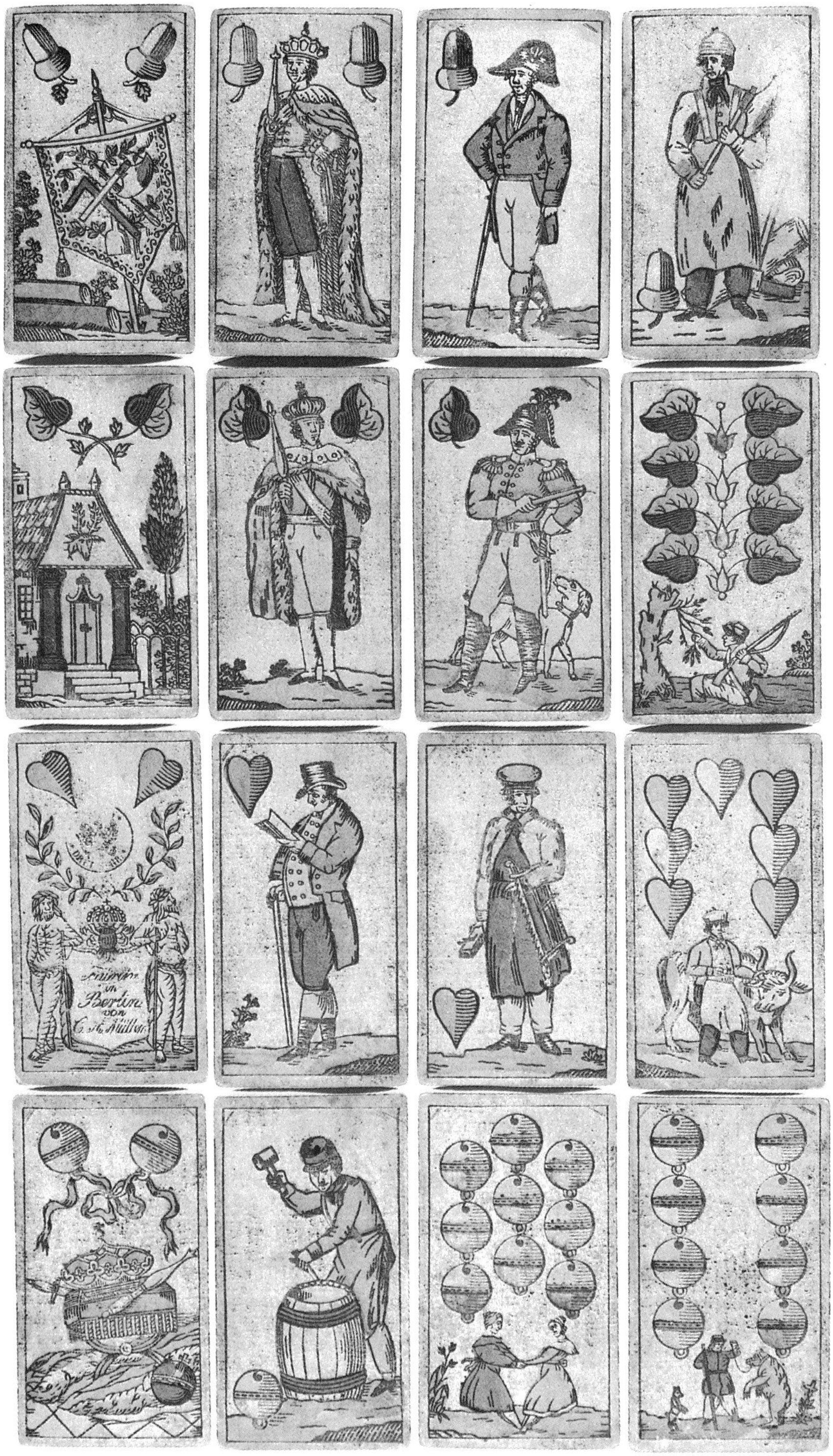

134 **Handwerker-Karte**, um 1845

135 **Goldschmidt-Karten**, Mitte 15. Jahrhundert

136 **Giocco del passa tempo**, 1690

137 **Florentiner Tarock »Orfeo«**, 16. Jahrhundert

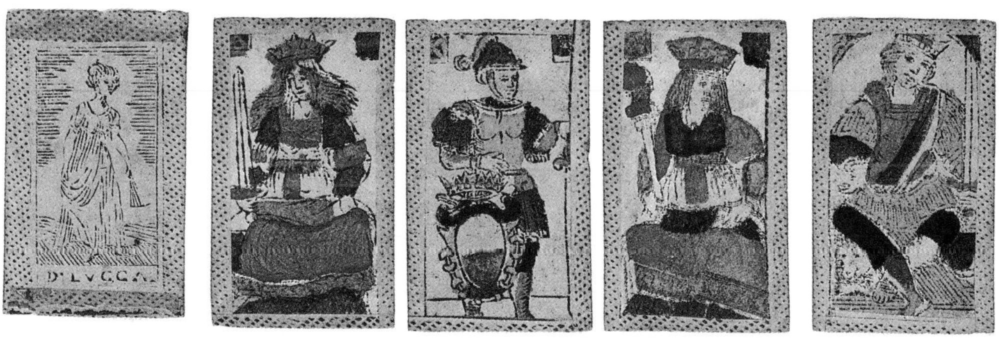

138 **Florentiner Tarock »Di Lucca«**, 17. Jahrhundert

139 **Minchiate**, Ende 18. Jahrhundert

140 **Minchiate »Ganellini«**, um 1825

141 **Marseiller Tarock**, 1713

142 **Sizilianisches Tarock**, um 1820

143 **Tiertarock**, letztes Viertel 18. Jahrhundert

144 **Tiertarock**, 1810

145 **Tarockspiel mit völkerkundlichen Motiven,** 1. Viertel 19. Jahrhundert

146 **Schiller-Tarock**, um 1840

147 **Wanderung durch Thüringen**, nach 1840

148 **Tarock mit bürgerlichen Szenen**, 2. Viertel 19. Jahrhundert

149 **Wiener Vedutentarock**, um 1890

150 **Jeu de Cartes de Leonor Fini**, 1949

151 **Le Jeu de Marseille**, 1941

152 **Le Tarot Bohémians**, 1970

153 **Politisch-satirisches Kartenspiel**, Ende 17. Jahrhundert

154 **The Horrid Popish Plot 1678 oder Titus Oates Plot**, 1679

155 **Befreiungskriegs-Spiel**, 1815

156 **Bayerische Siegkarte**, nach 1813

157 **Cartes à Rire oder Jeu des Journaux**, 1819

158 **Boston del'Univers, ou jeu des quatre parties du monde,** 1828

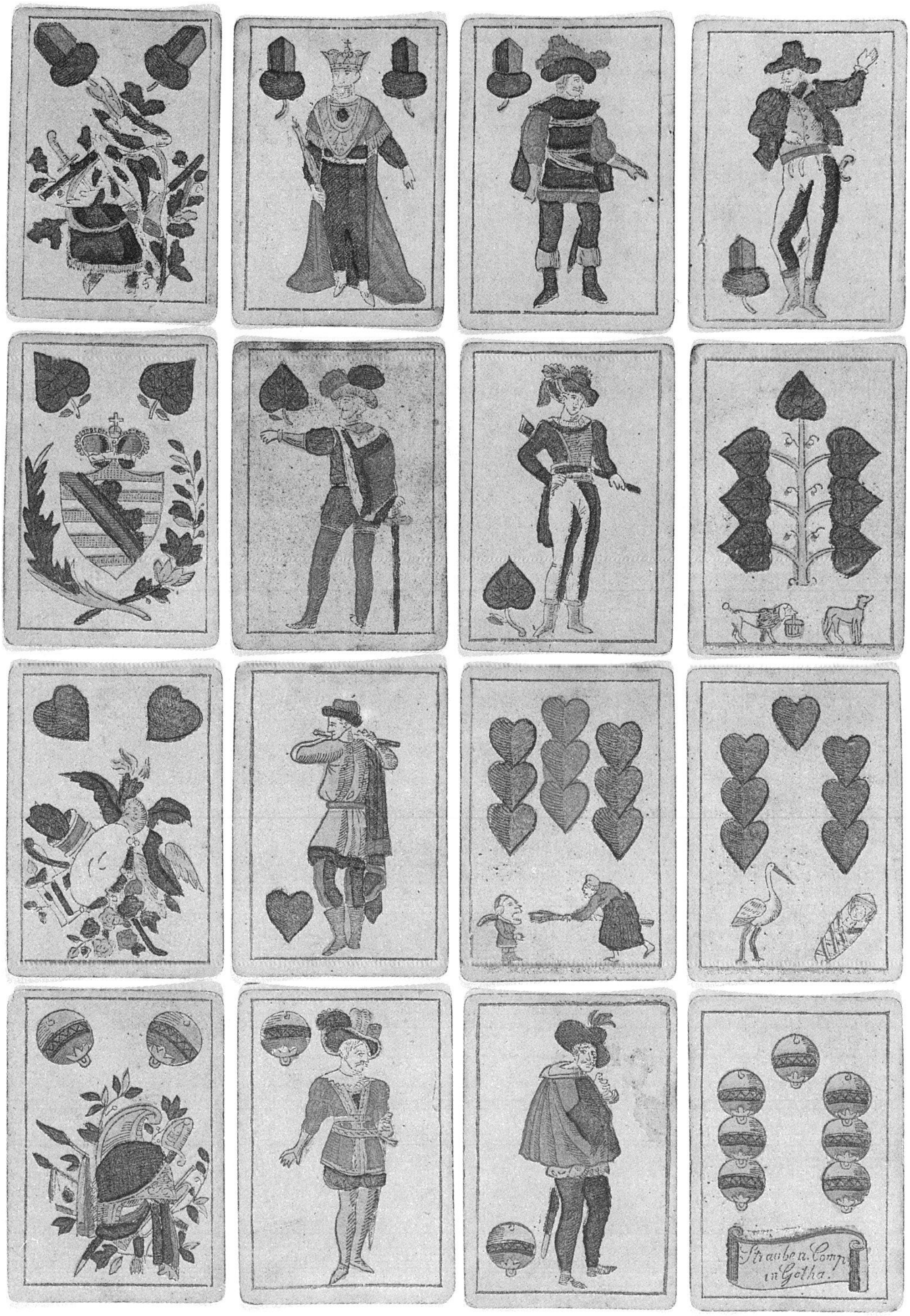

159 **Theaterfiguren**, um 1840

160 **Einigung Italiens**, nach 1861

161 **Tarock der Verkehrten Welt**, um 1810/20

162 **La Fontaine-Tarock**, 1770

163 **Rowley's Cards**, um 1774-1776

164 **Alfred Rethels Spielkarten**, 1852

165 **Entwurf für die Pik-Dame des Simultané-Spiels von Sonja Delauney,** 1958/1959

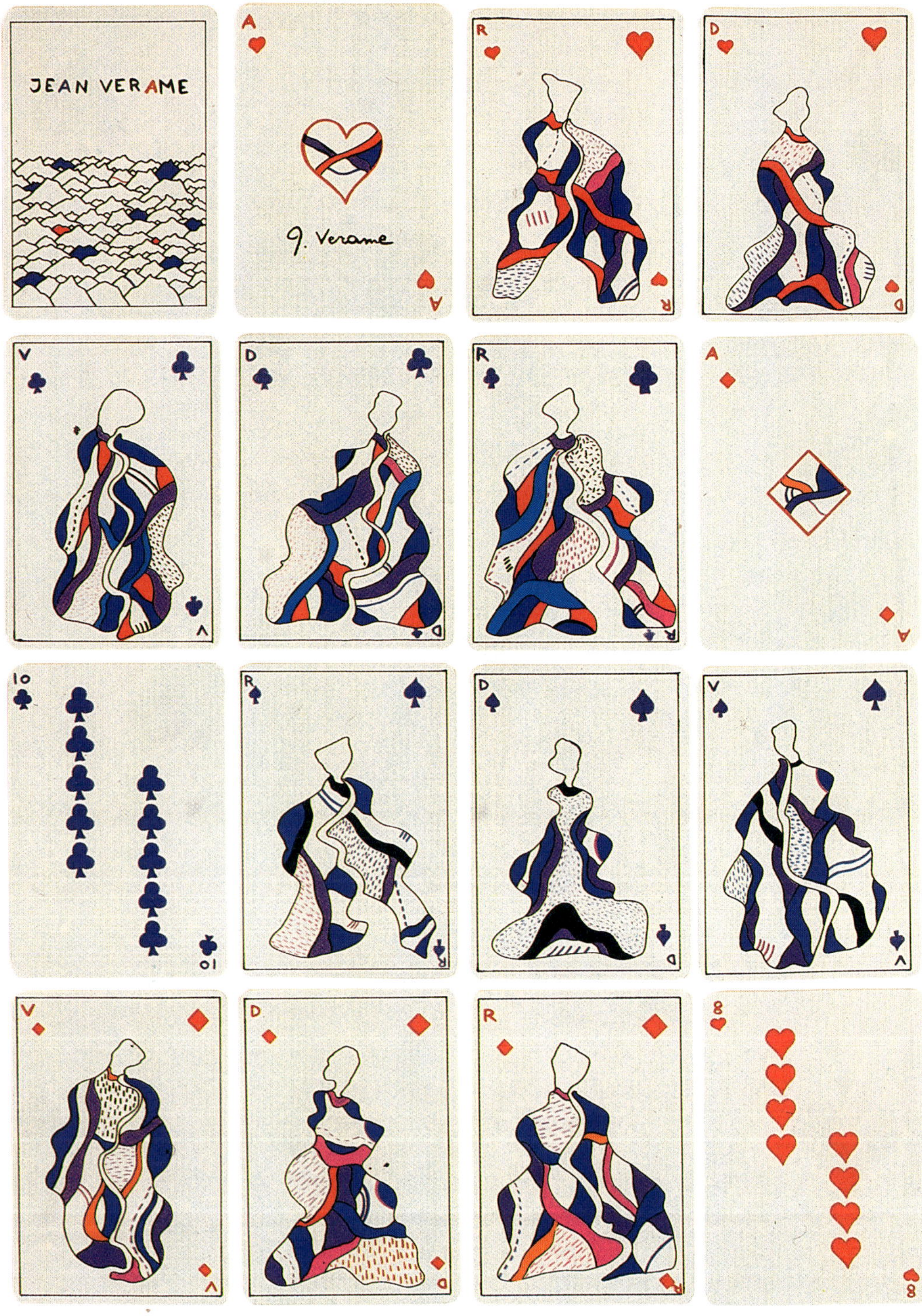

166 **Kartenspiel von Jean Verame**, 1991

167 **Kupferstichkartenspiel von Egbert Moehsnang**, 1978

168 **Karl Korabs Kartenspiel**, 1973

169 **Pop-Tarot Poster**, 1969

170 **Jean Debuffets Algèbre de l'hourloupe,** 1968

171 **I Tarocchi di Renato Guttuso**, 1985

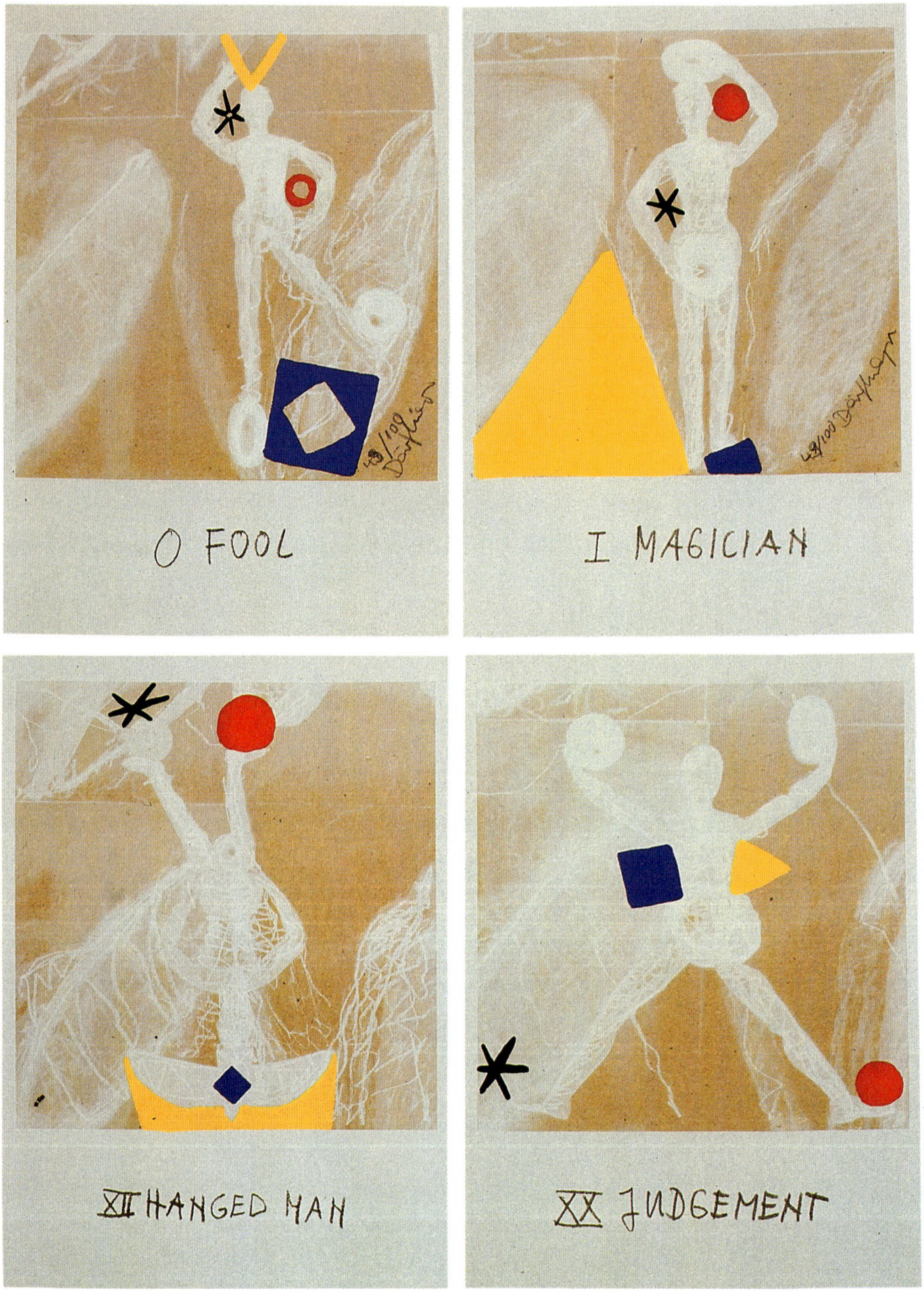

172 **Tarot 88 für Oskar Schlemmer von Johannes Dörflinger** , 1988

Deutscher Offizier
Africanischer Offizier
Türken
Schlesien
Böhmen
Mähren
Brünn
Presburg
Oestreich
Steyermark
Gallizien
Lemberg
Caschau
Dobrezin
Groswardein
Siebenburgen
Pohlen
Kiow
Kaminiek Podolsky
Bukowina
Moldau
Bender
Besarabi
Rusland
Pultawa
Neu Rußland
Bosnien
Adriatisches Meer
Albani
Servien
Sophia
Wallachey
Silistria
Bulgarien
Varna
Schwartze
Romanien
Adrianopel
Nord
Ost.
Meer.
Fabricirt bey Joh: Math: Sedelmair, in Augsburg.
Russischer Soldat

174 **Luxusspiel mit antiken Mythologien**, um 1812

175 **Jeu des Héros des Mémorables Journées de Juillet 1830**, 1831

176 **The New Invented Fortune Telling Cards**, um 1830

177 **Transparentes erotisches Spiel,** 4. Viertel 19. Jahrhundert

178 **Kopie des Cotta Spiels für 1805**, 1806

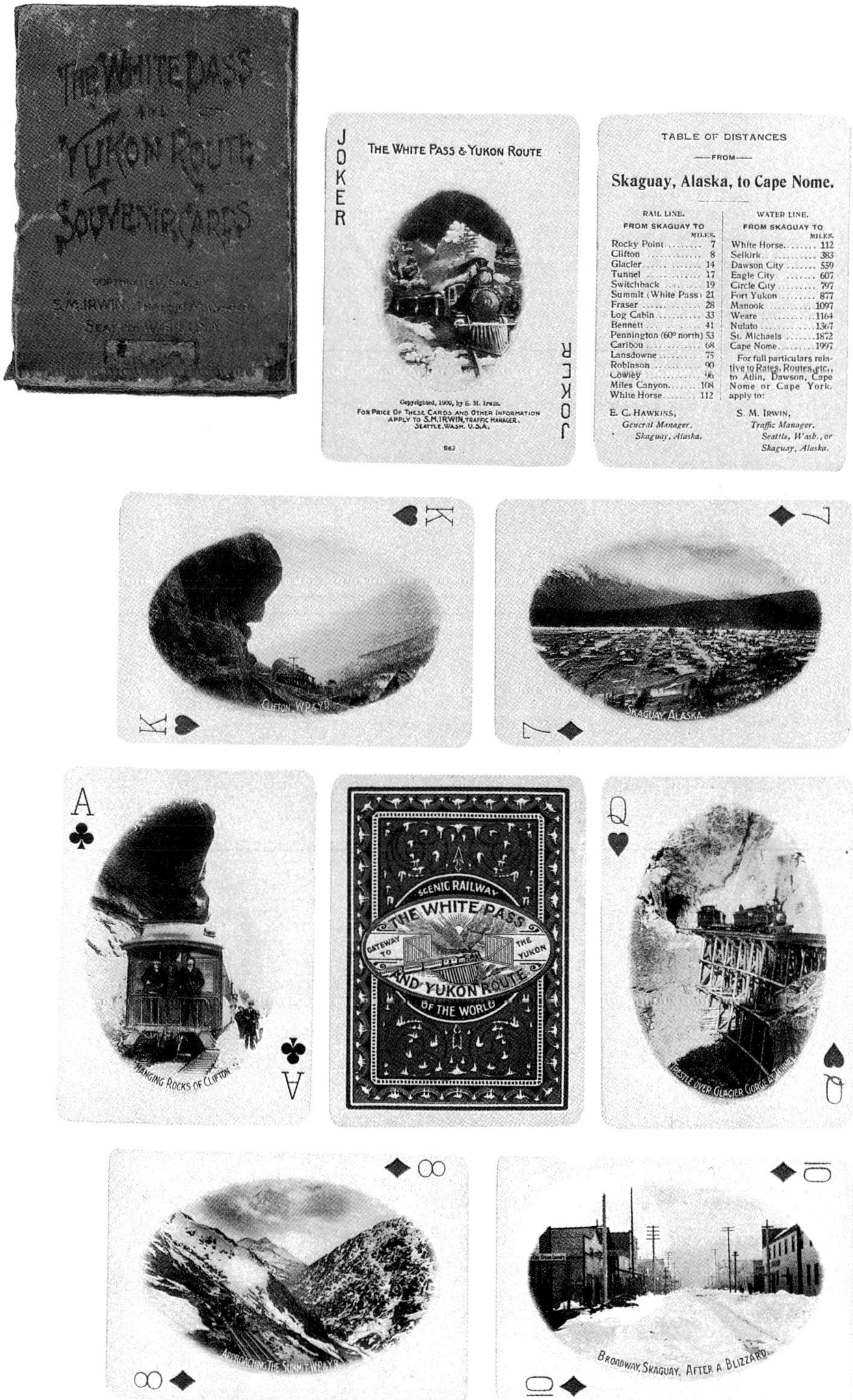

179 **The White Pass & Yukon Route Souvenir Cards**, 1900

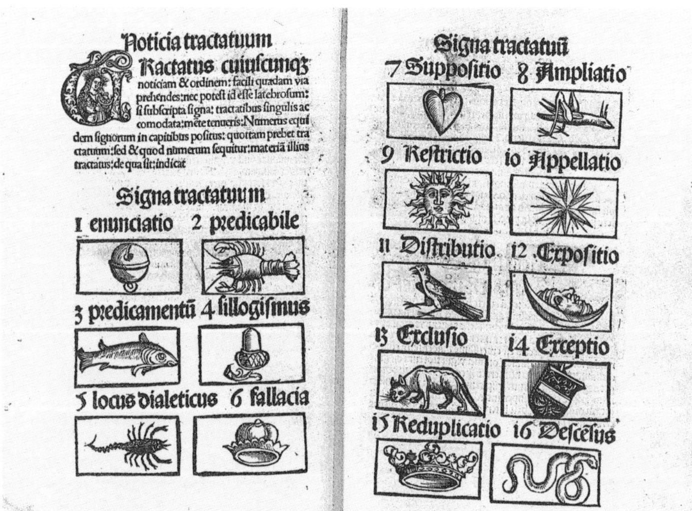

180 **Logica memorativa / Chartiludium logicae**, 1509

181 **Heraldische Lehrkarte**, nach 1659

182 **Jeu des Reines renommées**, um 1700

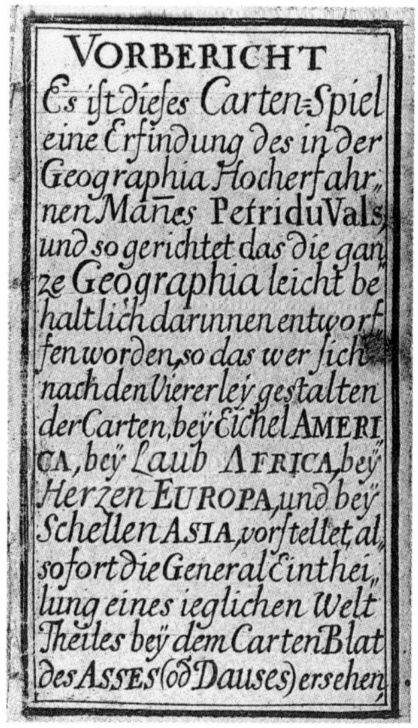

VORBERICHT
Es ist dieses Carten-Spiel
eine Erfindung des in der
Geographia Hocherfahr„
nen Manes Petri du Vals
und so gerichtet das die gan
ze Geographia leicht be„
haltlich darinnen entworf„
fen worden, so das wer sich
nach den Viererley gestalten
der Carten, bey Eichel AMERI
CA, bey Laub AFRICA, bey
Herzen EUROPA, und bey
Schellen ASIA, vorstellet, al„
sofort die General Einthei„
lung eines ieglichen Welt
Theiles bey dem Carten Blat
des ASSES (od Dauses) ersehen

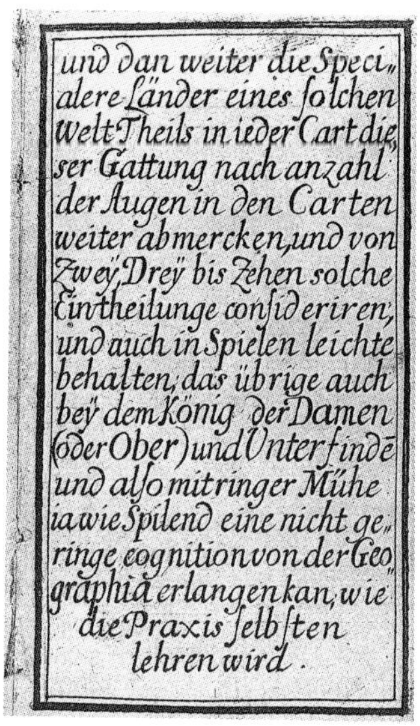

und dan weiter die Speci„
alere Länder eines solchen
Welt Theils in ieder Cart die„
ser Gattung nach anzahl
der Augen in den Carten
weiter abmercken, und von
Zwey, Drey bis Zehen solche
Eintheilunge consideriren;
und auch in Spielen leichte
behalten; das übrige auch
bey dem König der Damen
(oder Ober) und Unter finde
und also mit ringer Mühe
ia wie Spilend eine nicht ge„
ringe cognition von der Geo„
graphia erlangen kan, wie
die Praxis selbsten
lehren wird.

183 **»Die Geographia in Ein Carten-Spiel«**, um 1680

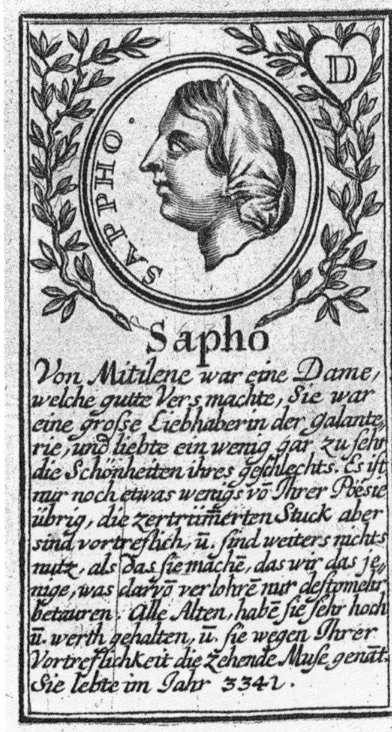

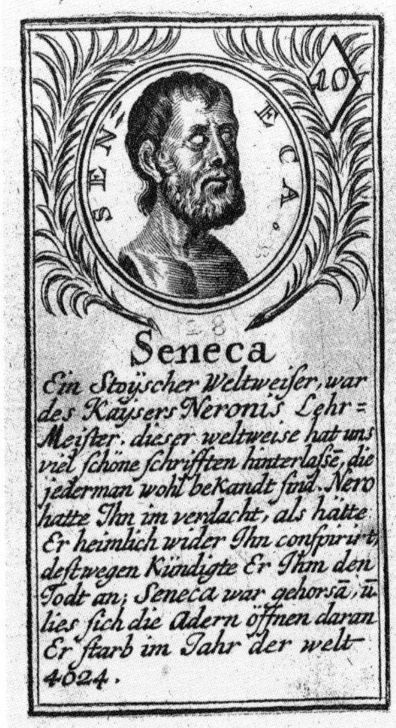

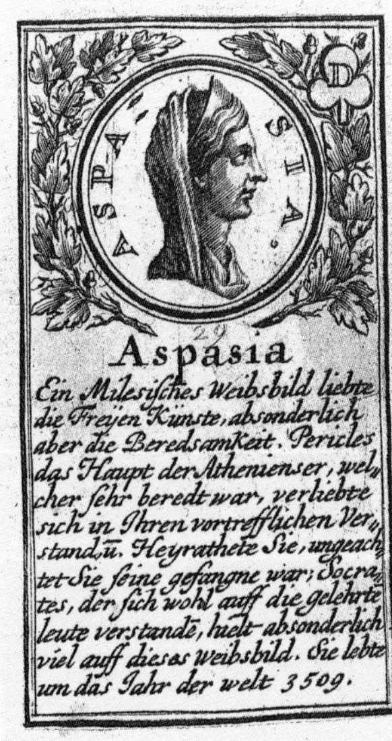

184 **»Vorstellung fürtrefflicher Männer«**, 1685

185 **»Tugend Reitzende Sinn-Bilder zur Gemüths-Ergötzlichkeit vorgestellet«**, um 1690

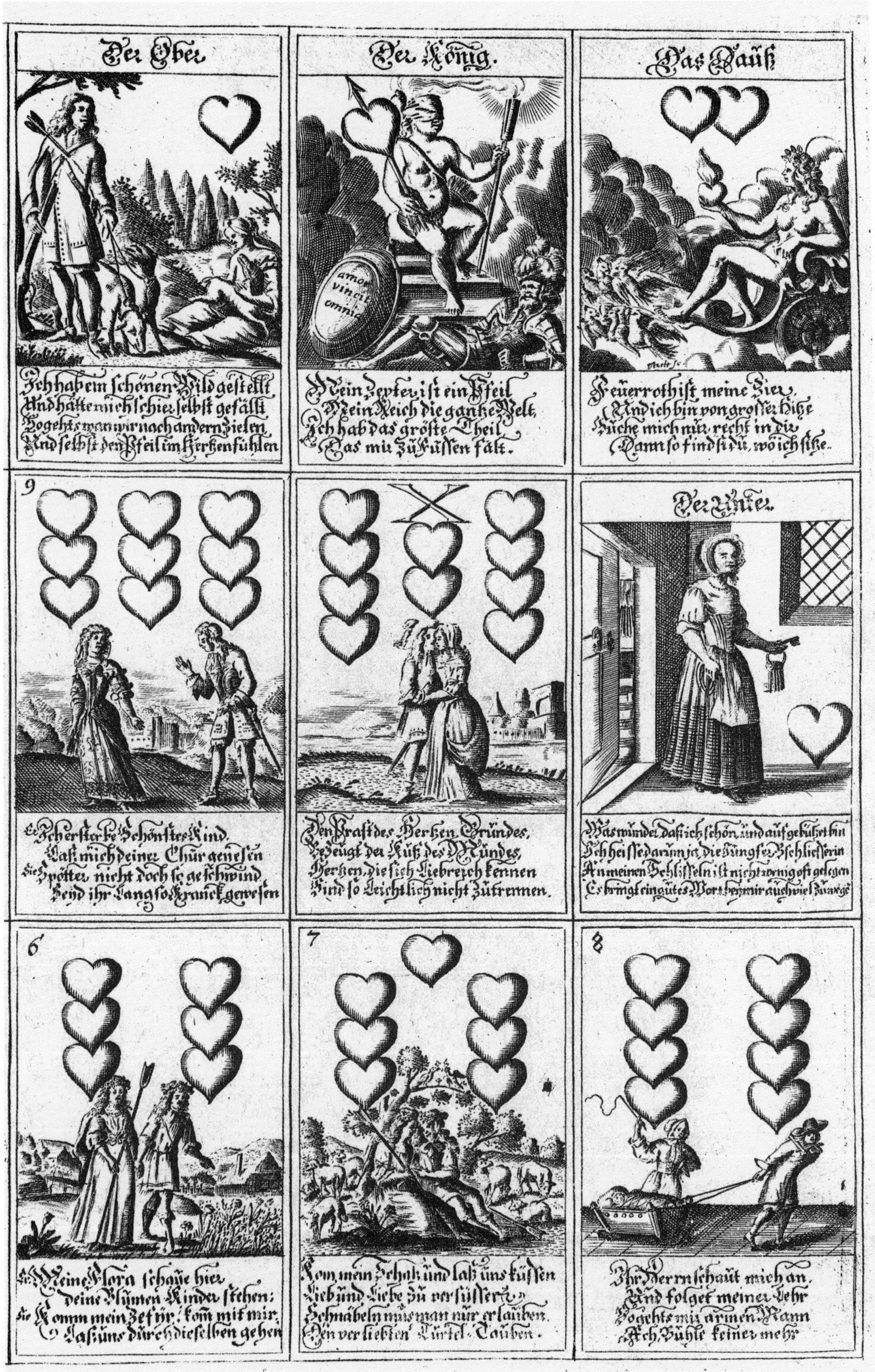

186 **Emblematisches Spiel**, um 1690

Das
Geistliche Teutsche Karten-Spil/
Das ist:
Ausführliche Erzehlung/ was massen das Israelitische Volck im Alten Testament so wunderlich vermischt/ und hin und wieder getrieben worden;
Auch was sich mit Demselben/ und Anderen/ im Alt- und Neuen Testament Merckwürdiges hat zugetragen.
In Vier Thail:
Das ist/ in die
Hertz- Schell- Grün- und Aichel-Farb
abgethailt/ und mit 32. schönen Kupfern gezieret;
Allwo alle Blätter insonderheit ausgelegt/ und mit beygesetzter Moral- oder Sitten-Lehr/ durch Geist- und Weltliche Historien und Geschichten/ Sprüch- und Reim-Verfassungen/ explicirt und geziert;
Auch so wol under/ als nach dem Essen/ auf dem Tisch/ oder auf der Cantzl/ können aufgelegt werden/ den himmlischen Groschen zu gewinnen.
Durch den
VilEhrwürdigen und Wolgelehrten
Herrn ANDREAM Strobl/
Des Hoch-Löbl. U. L. F. Collegiat-Stifft Lauffen investirten Chor-Herrn und Seniorem,
zusammen gemischt etc.
Zu besserem Gebrauch der Herren Prediger/ ist ein aignes Register- und Predig-Büchl hinzugesetzt worden.
Der I. Thail/ oder die Hertz-Farb.

Sultzbach/
in Verlegung Peter Paul Bleul/ Kunst- und Buchhändlern/ A. 1691.

187 Das Geistliche Teutsche Karten-Spil, 1691

):) o (: 1

Hertzkönig.

Das ist:

Der König David.

Nach Saul/ der erste König in Juda und Israël.

A Ein

(o) 5

Der Schellkönig.

Das ist:

Nemrod, oder Belus.

Der erste König in Chaldæà, und Uhrheber der Babylonischen Monarchi.

A iij Nach-

des Geistlich-Teutschen Karten-Spils. 17

Der Grüen-Unter.

Das ist:

Der Prophet Jonas

unter dem grüenen Kürbes-Baum.

C Daß

30 Der IV. Thail/

Der Aichl-Zehner.

Das ist:

Die zehn Söhn Amans an den Baum/ oder liechten Galgen aufgehengt.

Wir

189 **Spiel mit Ausrufern**, Ende 17. Jahrhundert

190 **Stände-Spiel**, Ende 17. Jahrhundert

191 **Allegorisches Lehrspiel**, um 1700

192 **Spiel mit emblematischen Tierdarstellungen**, Anfang 18. Jahrhundert

193 **Lenthall's Arithmetical Cards No. XV**, zwischen 1707 und 1723

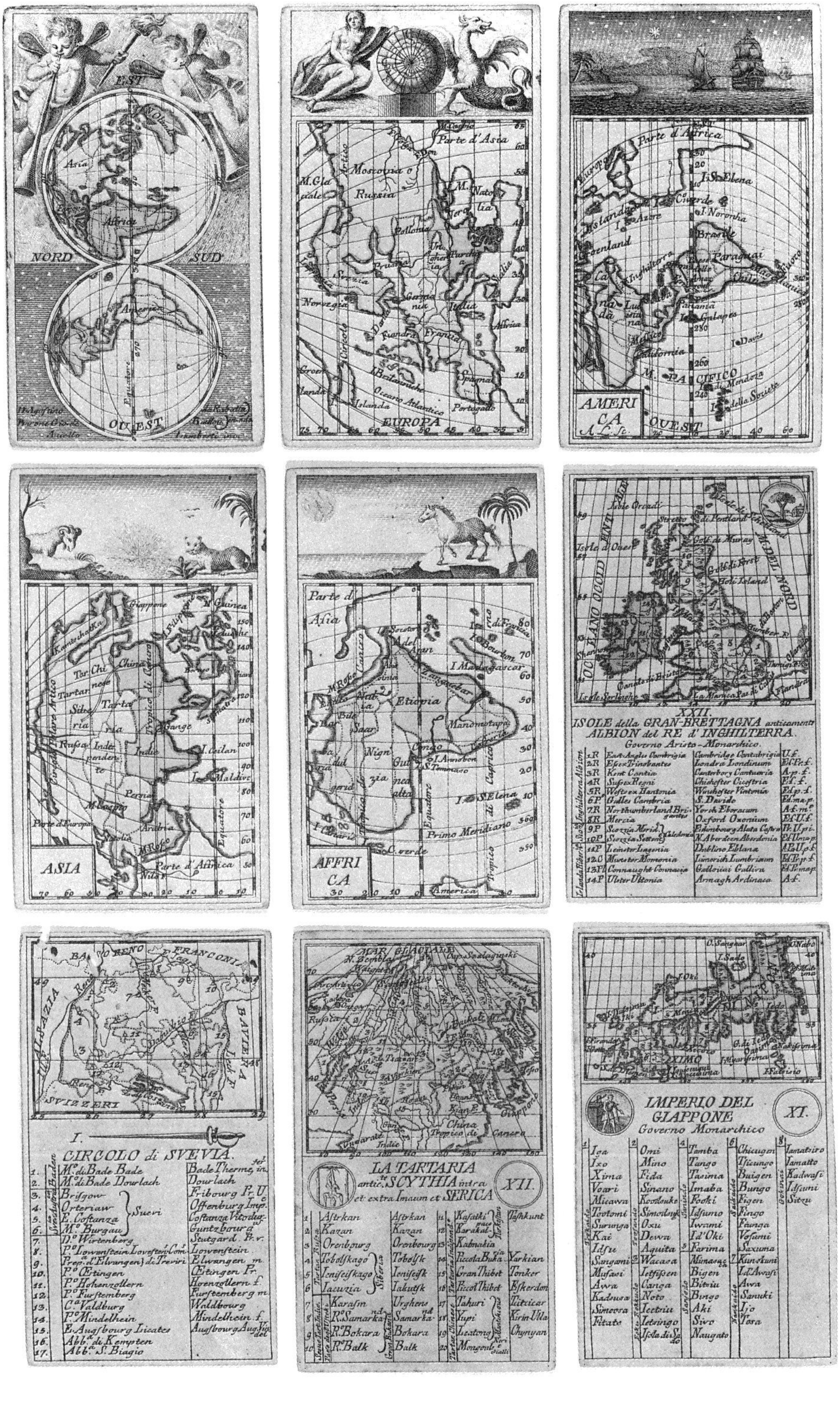

194 **Geographisches Minchiate »Nuovo Atlante Generale«**, 1779

Brittania, Rewarding Mars with the laurel
for Protecting the National Assembly in des-
troying the Bastile, on the 14 July 1789.

Mons.r Necker the Wise & Just Minister of
Louis XVI, filling the Public Coffers for the
good of his Country, Resign'd 25 Aug.t 1788.

67
LOUIS . XVI .
Louis XVI.th the present King was born in 1754, Succeeded his
Grandfather in 1774, In 1770 he Married Antonietta Sister
of the Emperor of Germany, by whom he has Charles the
Dauphin born 27.th March 1785, & a Princess born in 1778.
during the present Reign some regulations have taken
place which ease the subject & benefit the Kingdom in
general, but these are trivial when compared with that
wonderful Revolution which commenced July 1789.
This event is allowed to be the most astonishing that
history has to relate. In one day the original govern-
ment was entirely annihilated & the present establish'd
with scarce any bloodshed. The Bastile was the first objecton
which along enslav'd people pour'd their just revenge, it was so
compleatly demolish'd as scarce to leave one stone on another
The National Assembly have now the management of all Public Af-
fairs, all Titles of distintions are abolish'd, except those which fu-
ture Virtue deserve, July 14 1790, Solemn festival was held in the
Champ de Mars, King took the Oath of Fidelity June 21 1791, King,
Qu, & Family, left Paris privately it is imagined to leave the king-
-dom, being disc.d at Varennes were brought to Paris the 25.th remain
State Prisoners, The Exil'd Princes are endeavoring a Counter Revo-
-lution in hopes to reinstate the King restore the Government &
destroy the National Assembly.

53
CHARLES . VI .
Succeeded his Father
Charles at 12 Years old
& the Inexperience of his
Youth Plunged France
into an Abyss of Misery
in the Year 1415. was
Fought the memorable
Battle of Agincourt
Charles's daughter Mar-
ried Henry 5 of England
who was made Regent of
France, Charles married
Isabella of Bavaria who
was detested by the French
by her he had 6 Sons &
6 daughters, he died In-
sane after a Reign of
Tumults & Intestine
Broils AD.1422 Aged
22 Years.
54
CHARLES.VII.the Victorious
Succeeded his Father
Charles he was Affable
& debonair & Tenderly
Lov'd his people he re-
conquer'd almost his
whole Kingdom from the
English & Paris was re-
stored 1439. & Joan d'Arc
the Celebrated maid of Or-
leans was taken & burnt
by the English Charles
married Mary daughter
of Lewis, Duke of Anjou
by her he had 4 Sons &
7 daughters, he died of
Hunger from an Idea of
being Poisoned AD 1461.
Aged 60 Years

196 **Jeu de cartes historiques de la Révolution Française**, 1794

197 **Ethnographisches Lehrspiel aus Rußland,** 1830

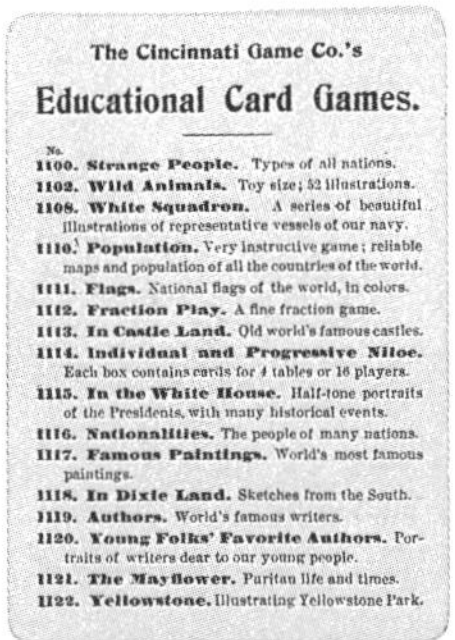
The Cincinnati Game Co.'s

Educational Card Games.

No.
1100. Strange People. Types of all nations.
1102. Wild Animals. Toy size; 52 illustrations.
1108. White Squadron. A series of beautiful illustrations of representative vessels of our navy.
1110. Population. Very instructive game; reliable maps and population of all the countries of the world.
1111. Flags. National flags of the world, in colors.
1112. Fraction Play. A fine fraction game.
1113. In Castle Land. Old world's famous castles.
1114. Individual and Progressive Niloe. Each box contains cards for 4 tables or 16 players.
1115. In the White House. Half-tone portraits of the Presidents, with many historical events.
1116. Nationalities. The people of many nations.
1117. Famous Paintings. World's most famous paintings.
1118. In Dixie Land. Sketches from the South.
1119. Authors. World's famous writers.
1120. Young Folks' Favorite Authors. Portraits of writers dear to our young people.
1121. The Mayflower. Puritan life and times.
1122. Yellowstone. Illustrating Yellowstone Park.

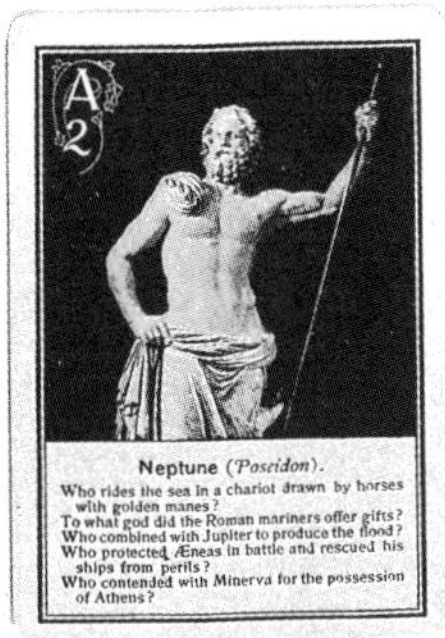

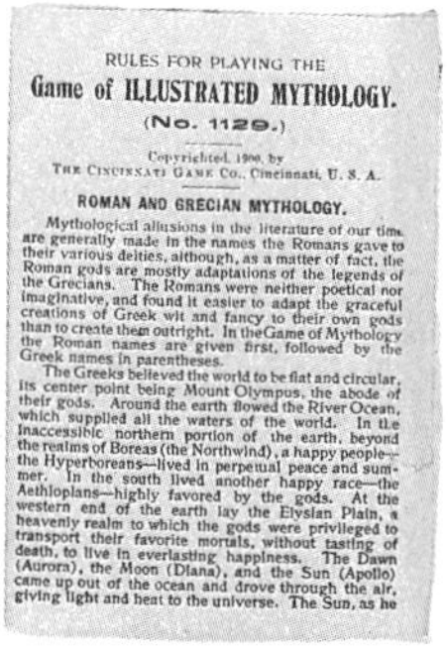
RULES FOR PLAYING THE

Game of ILLUSTRATED MYTHOLOGY.

(No. 1129.)

Copyrighted, 1900, by
THE CINCINNATI GAME CO., Cincinnati, U. S. A.

ROMAN AND GRECIAN MYTHOLOGY.

Mythological allusions in the literature of our time are generally made in the names the Romans gave to their various deities, although, as a matter of fact, the Roman gods are mostly adaptations of the legends of the Grecians. The Romans were neither poetical nor imaginative, and found it easier to adapt the graceful creations of Greek wit and fancy to their own gods than to create them outright. In the Game of Mythology the Roman names are given first, followed by the Greek names in parentheses.

The Greeks believed the world to be flat and circular, its center point being Mount Olympus, the abode of their gods. Around the earth flowed the River Ocean, which supplied all the waters of the world. In the inaccessible northern portion of the earth, beyond the realms of Boreas (the Northwind), a happy people—the Hyperboreans—lived in perpetual peace and summer. In the south lived another happy race—the Aethiopians—highly favored by the gods. At the western end of the earth lay the Elysian Plain, a heavenly realm to which the gods were privileged to transport their favorite mortals, without tasting of death, to live in everlasting happiness. The Dawn (Aurora), the Moon (Diana), and the Sun (Apollo) came up out of the ocean and drove through the air, giving light and heat to the universe. The Sun, as he

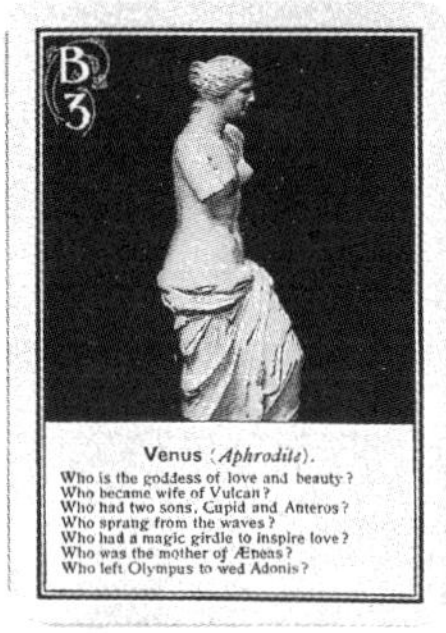

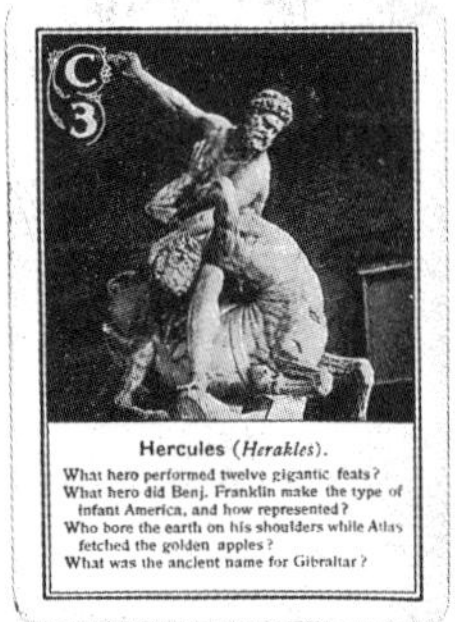

198 **Illustrated Mythology No. 1129**, 1901

199 **Japanische Wortkarten zur Erlernung der englischen Sprache**, 1. Hälfte 20. Jahrhundert

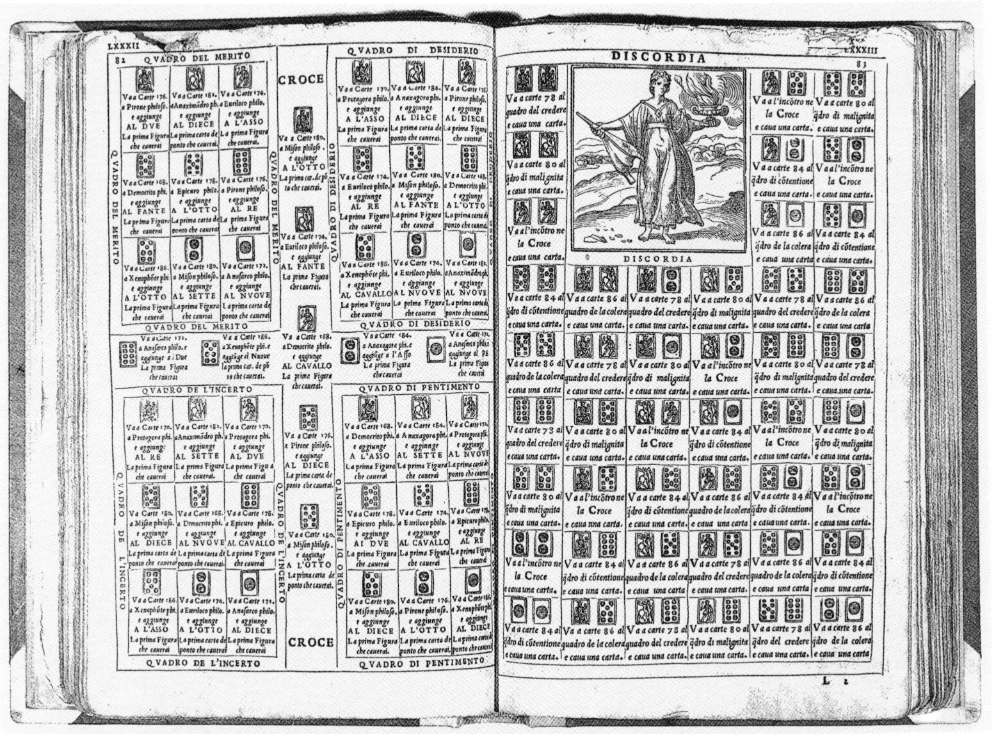

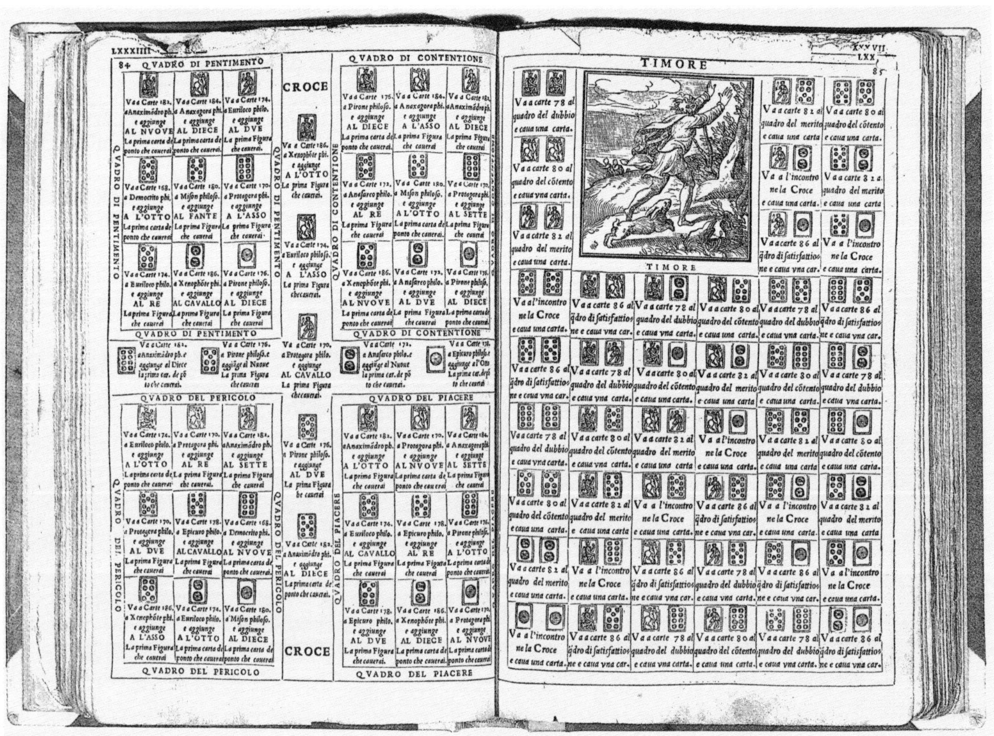

200 **Le Sorti di Francesco Marcolino da Forlì**, 1540

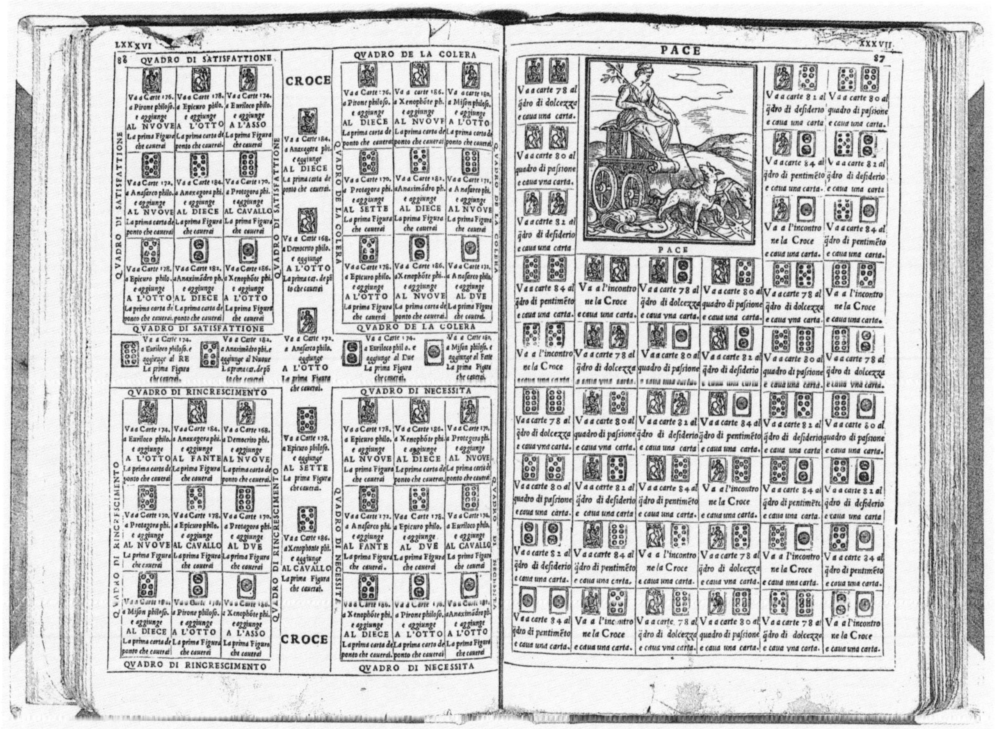

201 **Le Sorti di Francesco Marcolino da Forlì,** 1540

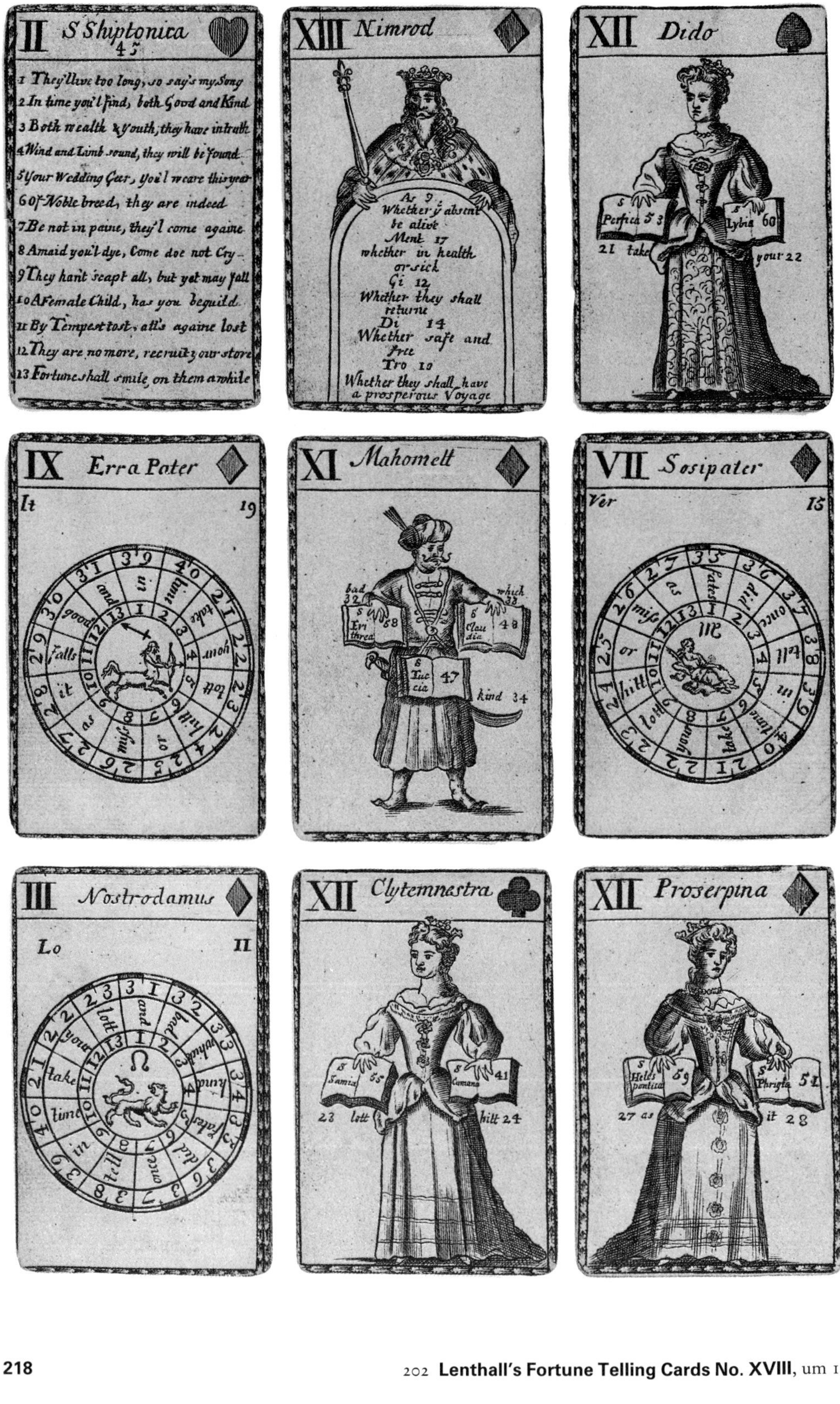

202 **Lenthall's Fortune Telling Cards No. XVIII**, um 1717

203 **Conversation Cards**, 1775

204 **Wahrsagekarten mit Illustration und Beschriftung**, nach 1813

205 **Tiresias prophetischer Kartenalmanach**, um 1825

206 **Grand Etteilla I**, 1. Viertel 19. Jahrhundert

207 **Vexierspiel ohne Farbzeichen**, 1780

208 **Markierte Pin-up-Karten**, um 1975

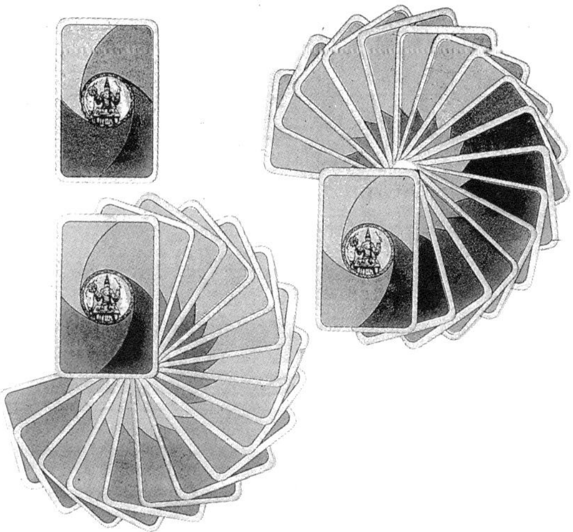

209 **Fächerkarten**, um 1925

210 **Hexenspiel**, 1. Hälfte 19. Jahrhundert

211 **Das Brautt-Spil**, um 1700

212 **Lotery – Spel**, 2. Viertel 19. Jahrhundert

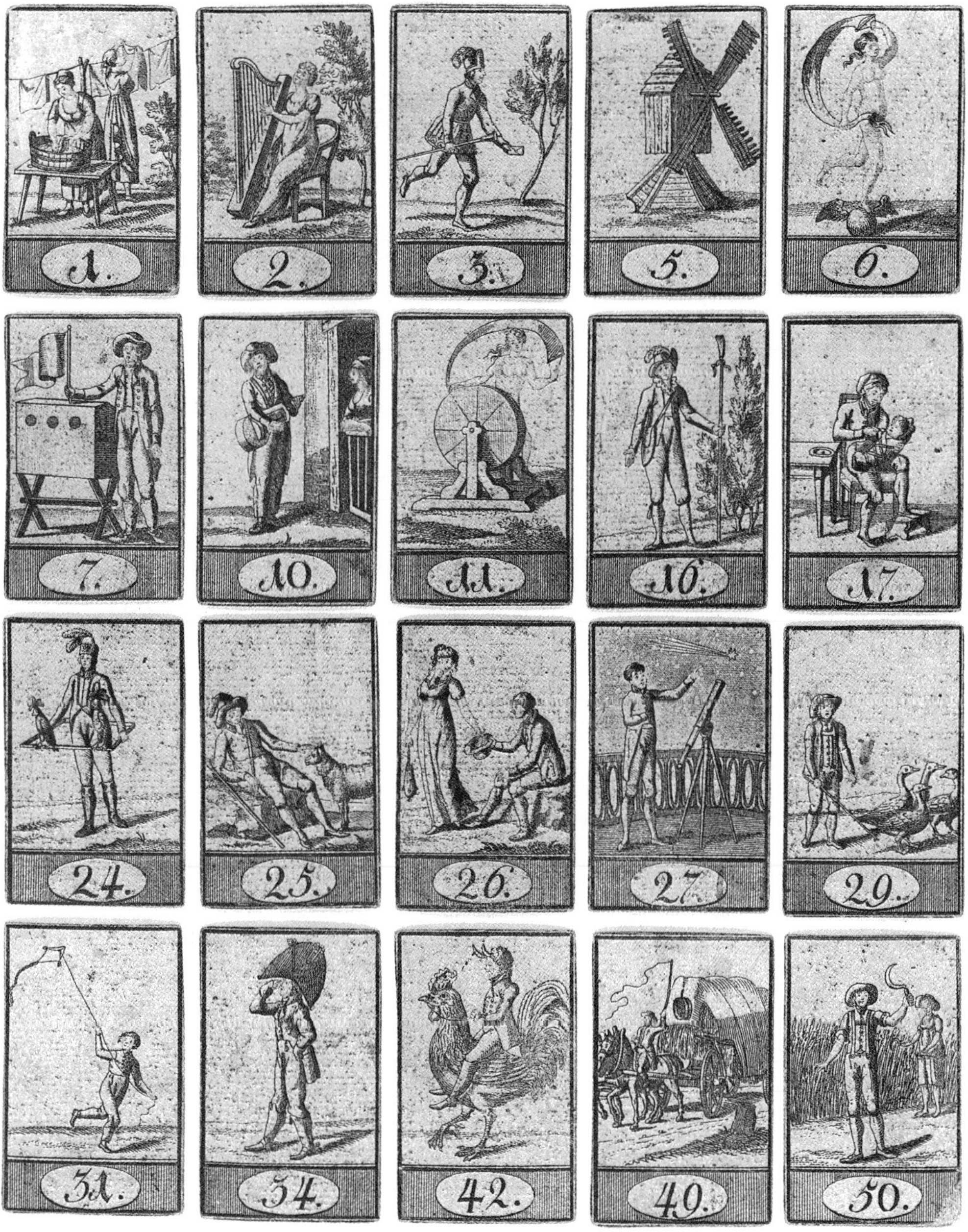

213 **Tydverdrywend & verlustigende Lottery**, um 1800

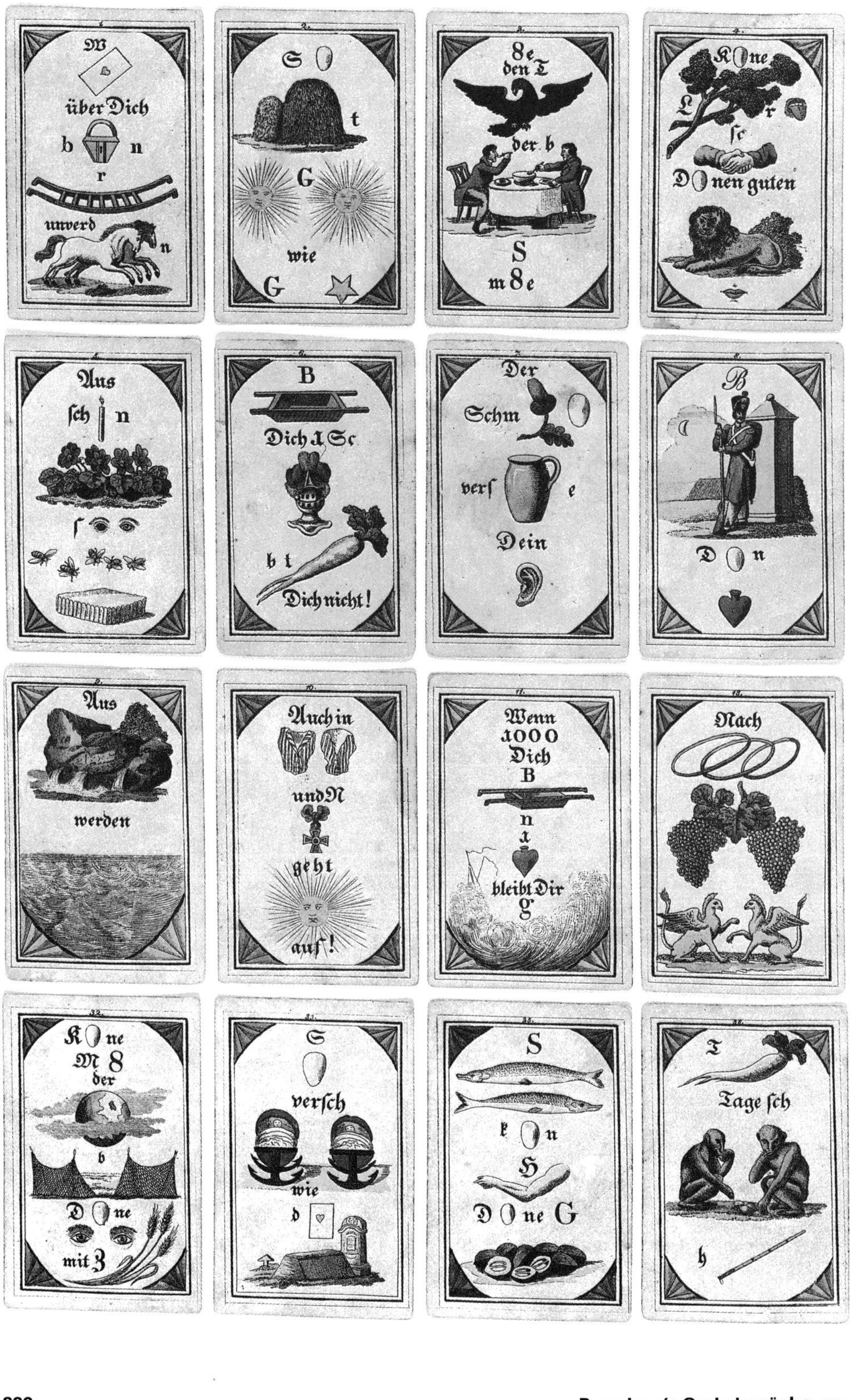

214 **Praeciosa's Orakelsprüche**, um 1830

215 **Rebus-Spiel**, um 1835

48 **Jupiter und Juno aus dem Besançon-Tarock**
Einfigurig, Tarock mit italienischen Farben
Hersteller: Andreas Benedikt (auch Benedictus) Göbl
München, letztes Viertel 18. Jahrhundert
Signatur: Auf Münzen-IIII: »A.B.G.«
Blattzahl: 4 Bogen à 15 Blatt, zus. 60; Bogengröße: 41,8 x 34,2 cm; Kartengröße 11,6 x 5,6 cm:
Werte: a: Münzen-R, Becher-D, Schwert-D, Stab-D, Münzen-D, Stab-K, Schwert-R, Becher-R, Stab-R, Münzen-R, Tarock-XII, Schwert-B, Stab-B, Münzen-B, Becher-B b: Becher-VII bis -X und -I, Schwert-X, Becher-III bis -VI, Schwert-V bis -VIIII. c: Stab-VI, -IIII; -III, Schwert-III und -IIII. Münzen-VII bis -X und -I, Münzen-II bis -VI. d: Stab-X bis -VII und -V, Le Fol, Tarock I, Becher-K, Schwert-K, Tarock IIII, Schwert-I, Stab-I, Tarock XVIIII, Tarock II, Tarock V. Vgl. auch Abb. 90
Material: Festes Papier
Technik: Holzschnitt
Beschriftung: Münzen-II im Druck beschriftet: »IN VERLAG BEY ANDREAS BENEDICTUS GÖBL IN MÜNCHEN«
Inv.-Nr.: A 86 a-d
Hoffmann/Dietrich 1988, Nr. 59 mit älterer Literatur.

49 **Tiertarock von 1754**
Einfigurig, Tarocke mit französischen Farbzeichen
Hersteller: Andreas Benedictus Göbl
München, 1754
Blattzahl: 77 von 78 Blatt; 11,4 x 5,9 cm
Werte: Tarock I - XXII, As, K, D, R, B, 10 - 2
Material: Spielkartenpappe aus mehreren Schichten
Technik: Holzschnitt in Blaudruck, schablonenkoloriert
Rückseite: Sterne in an den Ecken markierten Quadraten, in Blaudruck
Inv.-Nr.: 1991-126
Radau 1989, S. 12f., 15f.; Dietrich 1992, S. 208.

50 **Titelblatt des Kartenlosbuches von Francesco Marcolino da Forli**
Le Sorti, Intitolate Giardino di pensieri
Venedig, 1540
Zeichnung: Giuseppe Porta Grafagnio, genannt Giuseppe Salviati (ca. 1520-1570)
Die hier gezeigte antike Versammlung gelehrter Männer und Frauen benutzt das Kartenlosbuch und berät sich über die Ergebnisse.
Vgl. Abb. 200 und 201.

51 **Domino-Spielkarten. T'ien chiu p'ai [chin.]**
Doppelfigurig
China, 1. Hälfte 20. Jahrhundert
Blattzahl: 126 +2; 2 Deckblätter; 8,1 x 2,3 cm
Werte: 6 Serien zu je 21 Blatt
Material: Dünner weißer Karton
Technik: Holzschnitt
Rückseite: Schwarz
Inv.-Nr.: B 309
Grunfeld 1976, S. 113; Prunner 1969, Nr. XXI.

52 **Schachspielkarten. Szu sê p'ai/soo sik pai [chin.]**
Doppelfigurig
Hersteller: Shêngli Kungszu
Singapur, 1. Hälfte 20. Jahrhundert
Blattzahl: 112; 8,3 x 2 cm; Verpackungshülle
Werte: 4 Sätze à 28 Blatt; jeder Satz hat 4 Farben mit je 7 Werten
Material: Verschiedenfarbiger Karton
Technik: Schwarzer Maschinendruck
Rückseite: Schwarz
Inv.-Nr.: B 692
Prunner 1969, S. 70, Nr. XXX mit älterer Literatur.
Vgl. die Schachspieler in Bejing Abb. 7.

53 **Muschelzusammensetzspiel. Kaiawase [japan.]**
Japan, 18. Jahrhundert
Blattzahl: 16 Muschelhälften
Material: Muscheln
Technik: Gemalt in Deckfarben
Inv.-Nr.: B 1695
Hoffmann 1972, S. 54, Taf. 89a; vgl. auch Kakutarō Yamaguchi/Fumiko Enji: Genji monogatari uta karuta (= Spielkarten zu den Gedichten des Genji monogatari), Tokio 1975.

54 **Hundertdichterspiel. Hyakunin isshū uta karuta [japan.]**
Japan, 18. Jahrhundert
Blattzahl: 200; 8,3 x 5,5 cm;
Lackierter Holzkasten 11,3 x 12,3 x 15 cm
Werte: 100 Blatt handgeschrieben, 100 Blatt in Gouachetechnik gemalt
Material: Papier auf Karton aufgeleimt
Technik: Gouachemalerei bzw. Inschrift mit Tusche
Rückseite: Goldener Papierüberzug auf Vorderseite übergreifend
Inv.-Nr.: B 826
Dietrich 1992; Prunner 1969, Nr. XXXVIII; vgl. auch Hiroaki Hamaguchi/Kakutarō Yamaguchi: Nikon no karuta (Japan. Spielkarten), Ōsaka 1974; vgl. auch Jürgen Berndt (Hrg./Übersetzer): Als wär's des Mondes letztes Licht am frühen Morgen. Hundert Gedichte von hundert Dichtern, Berlin 1986.

55 **Hundertdichterspiel. Hyakunin isshū (uta) karuta [japan.]**
Holzschneider: Kunisato
Japan, zwischen 1853 und 1857
Drucker: Ryogoku Daikoku ya
Blattzahl: 4 Bogen à 25 Karten = 100 Blatt von 200; Bogengröße: ca. 37,3 x 25,4 cm: Blattgröße: 7,1 x 4,9 cm
Werte: 100 Blatt, je mit der Oberzeile eines Gedichtes
Material: Zeichnungspapier
Technik: Holzschnitt, schablonenkoloriert
Rückseite: Unbedruckt
Inv.-Nr.: B 1375
Prunner 1969, Nr. XLII.
Zum Verlauf des Spiels vgl. Abb. 19.

56 **Blumenkarte. Hana (awase) karuta oder hana fuda [japan.]**
Hersteller: Nihon karuta seizō gōshi gaisha
Japan, um 1930
Blattzahl: 47 von 48; von einer Serie fehlt die Karte Päonie = Botan); 5,3 x 3,4 cm
Werte: 2 Serien mit je 48 Blatt. In jeder Serie die gleichen 12 Farben entsprechend den 12 Monaten des Jahres. Jede Farbe hat 4 Werte: 1. Kombiniertes Motiv (meist Pflanze oder Tier); 2. Leitmotiv (nur Pflanze) mit Papierstreifen (tanzaku); 3. Leitmotiv ohne Zusatz (sud, d.h. leer); 4. Dasselbe spiegelverkehrt
Material: Papier, auf steifem Karton geklebt
Technik: Maschinendruck in drei Farben
Rückseite: Schwarz, nach vorn übergezogen (»italienische Verarbeitung«)
Inv.-Nr.: B 24
Hoffmann 1972, S. 54, Taf. 88 b; Prunner 1969, Nr. LIX mit älterer Literatur; vgl. auch die ausführliche Beschreibung der Karten und des Spiels in: Hanafuda. The Flower – Card Game, Compiled by Japan Publications, Tokio 1970.

57 **Mekuri-Karten**
Einfigurig, portugiesisch-italienische Farbzeichen
Japan, 1. Hälfte 20. Jahrhundert
Blattzahl: 26 von 49; 5,5 x 3,3 cm
Werte: A, K, R, D, 9 - 2; 4 Farben nach portugiesischem Vorbild: Münze = Oru; Schwert = Isu; Pokal = Koppu; Stab = Ho. Jede Farbe hat 12 Werte: K (= 12), R (= 11), D, (= 10), 9-1
Material: Papier auf Karton geklebt
Technik: Maschinendruck in drei Farben
Rückseite: Schwarz, nach vorn übergezogen (»italienische Verarbeitung«)
Inv.-Nr.: B 218
Mann 1990, Bd. I, S. 195, Nr. 78; Prunner 1969, Nr. LXIII.

58 **Mogul Ganjifa**
Indien, Dekkan, um 1800
Blattzahl: 2 von 96. Vorhanden: Barat-Wesir; Qimash-Mir; 6,5 x 4,2 cm
Werte: 8 Farben mit je 12 Karten: Mir, Wesir, 10 - 1
Material: Elfenbein
Technik: Öl und Tempera, lackiert
Rückseite: Roter Rand und Blumenornament in der Mitte
Inv.-Nr.: 1976-30
Leyden 1977, Nr. 36.

59 **Mogul Ganjifa**
Indien, Dekkan, 17. oder 18. Jahrhundert
Blattzahl: 6 von 96. Vorhanden: Taj: zwei Fragmente; Safed-Wesir; Gulam-4; Chang-Wesir; Surkh-1, -5; Qimash-Zahlenfragment; ein unbestimmtes Fragment: Ø 6 cm
Werte: 10 Farben mit je 12 Karten: Mir, Wesir, 10-1
Material: Schildpatt
Technik: Lackmalerei
Rückseite: Goldblume in der Mitte und doppelte Randlinie
Inv.-Nr.: B 950
Hoffmann/Dietrich 1985, Nr. 6; Leyden 1977, Nr. 41.

60 **Mogul Ganjifa**
Indien, Dekkan, 19. Jahrhundert
Blattzahl: 95 von 96. Es fehlt: Safed-1; 6,4 x 4,8 cm
Werte: 8 Farben mit je 12 Karten: Mir, Wesir, 10 - 1
Material: Schildpatt
Technik: Lackmalerei
Rückseite: Goldblume in der Mitte und doppelte Randlinie
Inv.-Nr.: B 1072
Hoffmann/Dietrich 1985, Nr. 7; Leyden 1977, Nr. 42 mit älterer Literatur.

61 **Mogul Ganjifa**
Indien, Dekkan, 19. Jahrhundert
Blattzahl: 2 von 96. Vorhanden: Gulam-5, -10; 6,6 x 4,8 cm
Werte: 8 Farben mit je 12 Karten: Mir, Wesir, 10 - 1
Material: Elfenbein
Technik: Lackmalerei
Rückseite: Dunkelrot mit goldener Vignette in der Mitte, goldene Randlinie
Inv.-Nr.: B 1185
Leyden 1977, Nr. 47.

62 **Mogul Ganjifa**
Indien, Kashmir, 1. Hälfte 20. Jahrhundert
Blattzahl: 91 von 96. Es fehlen: Taj-Mir; Safed-1; Gulam-4, -7; Chang-9; Ø 5 cm
Bemalter Holzkasten 13,5 x 6,5 x 6,3 cm
Werte: 8 Farben mit je 12 Karten: Mir, Wesir, 10-1
Material: Karton
Technik: Tempera, lackiert
Rückseite: Konzentrisches Blumenmuster mit achteckigem Stern in der Mitte
Inv.-Nr.: 1977-108
Hoffmann/Dietrich 1985, Nr. 10; Leyden 1977, Nr. 16; Leyden 1982, Nr. 12; Leyden 1981, Nr. 1.

63 **Mogul Ganjifa**
Indien, Rajasthan, 19. Jahrhundert
Blattzahl: 96; Ø 6,3 cm
Lederbezogener Fächerkasten; 15,4 x 30 x 2 cm
Werte: 8 Farben mit je 12 Karten: Mir, Wesir, 10-1
Material: Karton
Technik: Tempera
Rückseite: Schildpattimitation
Inv.-Nr.: 1980-162.

64 **Mogul Ganjifa, Tiervariante**
Indien, Rajasthan, 19. Jahrhundert
Blattzahl: 24 von 92; 7,8 x 5,6 cm
Werte: 16 Tierfarben, incl. 8 Vogelfarben mit je 12 Karten: Mir, Wesir, 10 - 1
Material: Karton
Technik: Tempera, lackiert
Rückseite: Rot mit weißer Blume in der Mitte
Das Spiel besteht aus zwei unterschiedlichen Inv.-Nrn., da die Karten zu unterschiedlichen Zeiten erworben wurden:
Inv.-Nr.: B 1527
Blattzahl: vorhanden: Tierfarben mit rotem Hintergrund: Tiger-2; Kamel-2, -9; Pferd-6; Hirsch-2; Stier-9. Vogelfarben mit grünem Hintergrund: Kronenkranich-4; Saruskranich-8; Tauben-1; rotbauchiger Bulbul-Mir, -4; Wellensittich-4; weiße Hühner-3; Elster (?)-2; 7,8 x 5,6 cm
Inv.-Nr.: 1977-111:
Blattzahl: vorhanden: Tierfarben mit rotem Hintergrund: Gaja-Sinha-3; Elefanten-8, -7, -5; Tiger-3; Stier-7; Eber-4, -2. Vogelfarben mit grünem Hintergrund: Rotbauchiger Bulbul-8; Wellensittich-2; 7,8 x 5,6 cm
Leyden 1977, Nr. 23 mit älterer Literatur.

65 **Mogul Ganjifa**
Indien, Andhra Pradesh, Nirmal, 19. Jahrhundert
Blattzahl: 92. Es fehlen: Safed-1; Shamsher-6; Gulam-8; Surkh-Mir, -1. Qimash-2 doppelt vorhanden; Ø 5,5 cm.
Bemalter Kasten mit Schiebedeckel; 17,4 x 7,2 x 7,4 cm
Werte: 8 Farben mit je 12 Karten: Mir, Wesir, 10 - 1
Material: Dicker Karton
Technik: Tempera, lackiert
Rückseite: Grüne und goldene Ringe auf weißem Grund, zentraler goldener Punkt
Inv.-Nr.: 1986-36.

66 **Dashavatara Ganjifa**
Indien, Rajasthan, 1. Hälfte 20. Jahrhundert
Blattzahl: 120; Ø 8 cm
Werte: 10 Farben mit je 12 Karten: Mir, Wesir, 10 - 1
Material: Baumwollgewebe und Papier
Technik: Tempera, lackiert
Rückseite: Rot
Inv.-Nr.: B 1001
Leyden 1977, Nr. 62.
Die Ikonografie des Spiels ist besonders interessant, weil die Avatara-Karten mit lebhaften Aktionsszenen illustriert sind, was sonst nur in den Dashavatara-Spielen von Sawantvadi vorkommt. Diese Avatara-Karten sind im folgenden beschrieben. Auf einige Besonderheiten sei vorher hingewiesen: Die Avatara der Mir-Karten sind vierarmig, außer Vamana (olivgrün), Parashurama (gelb), Rama (karmin), Krishna (karmin), Kalki (karmin). Sie sind von bläulicher Körperfarbe außer Nara-Sinha (gold) und Buddha (weiß). Die Figuren der Wesir-Karten reiten auf Pferden, begleitet von je zwei Läufern, von denen einer einen Chatri trägt. – Die Farbzeichen sind in Gold und mehreren Farben ausgeführt; auffallend ist die große Anzahl von Tier-Farbzeichen, welche außer den typischen Fischen und Schildkröten auch Löwen, Eber, Affen, Kühe und Pferde aufweisen. – Die Kleidung aller Figuren, auch der göttlichen, ist Mogul-Hof-Kleidung mit langem Jama und Shalwar (enge Hosen), Dupatta und Patka. Einige Figuren scheinen einen Dhoti (Beintuch) unter dem Jama zu tragen. Die Avatara und Könige tragen Kronen verschiedener Art, einige mit drei runden Agraffen über dem Kronreif, andere mit einer größeren Scheibe, die wohl eine Pfauenfederkrone darstellen soll, die für Krishna typisch ist. Die Begleitpersonen tragen Kappen mit steilen Rändern in rot und grün, wie sie heute noch von Hindus höherer Kasten getragen werden (sog. Pillboxes). Die Frauen sind in Saris gekleidet, deren Enden über die Schulter geworfen sind.

Avatara	Grundfarbe Farbzeichen	Mir (Avatara)
Matsya	schwarz Fische	Vishnu entsteigt einem großen Fisch; er hält zwei Muscheln (Shankha) eine Keule (Gada), Diskus (Chakra); Krone mit einer Agraffe; Nimbus. Links der Dämon Hayagriva, der aus einer Muschel ragt. Vishnu bekämpfte ihn, um ihm die gestohlenen Veden abzunehmen. Rechts zwei Adoranten. Linien und Lotus deuten Ozean an.
Kurma	karmin Schildkröten	Vishnu entsteigt einer Schildkröte; Krone mit drei Agraffen, sonst ganz wie Matsya. Er bekämpft Panchajana, dessen Schneckenhaus dann zu Vishnus Muschelhorn wird.
Varaha	olivgrün Eber	Avatara mit Eberkopf, der mit dem Zahn die Erde (wie ein flacher Fladen) hält. Links unten der besiegte Dämon Hiranyaksha, rechts die Erdgöttin Bhu-Devi.
Nara-Sinha	goldgrün Löwen	Avatara mit Löwengesicht auf einem Thron innerhalb eines Pavillons, hinter seinen Schultern die Teile der geborstenen Säule, aus der er erscheint, um Hiranya-Kashipu auf seinen Knien zu zerfleischen. Links seine Frau, rechts sein Sohn Prahlada als Adoranten.
Vamana	gelbbraun Gefäße	Avatara als Zwerg (beschädigt) vor Bali, König der Daityas auf einem Thron, neben ihm seine Frau Vindhyavali, oben links sein Priester Sukra. Rechts zwei Adoranten mit Chatri und Morchhal.

Avatara	Grundfarbe Farbzeichen	Mir (Avatara)
Parashurama	gelb Äxte	Avatara links, kleinere Figur mit Axt gegen Kartavirya, genannt Sahasra Bahu, der Tausendarmige, kämpfend. Dieser ist mit 15 oder mehr schwerterhaltenden Armen dargestellt, einige davon abgeschlagen am Boden.
Rama	dunkelrot Affen	Rama mit Frau Sita auf hochbeinigem Thron mit spitzer Rückenlehne; vor ihm sein Bundesgenosse, der Affengott Hanuman. Rechts zwei Adoranten, Chatri, Chauri und Morchhal haltend.
Krishna	dunkelrot Kühe	Avatara Krishna als flötenspielender Venugopala unter Baum, auf dem zwei Vögel sitzen, mit vier Frauen (Gopi).
Buddha	gelb Lotus	Avatara Buddha, frontal, auf hochbeinigem Thron, vierarmig, Gesicht ohne Schnurrbart (der sonst üblich); rechts und links je zwei Adoranten Chauri und Morchhal haltend.
Kalki	karmin Pferde	Avatara stehend auf Sockel, Khadga (langes gerades Schwert) haltend, vor ihm links weißes aufgezäumtes Pferd mit rot gefärbten Beinen und Chatri über Sattel.

67 **Dashavatara Dikpala Ganjifa**
Indien, Rajasthan, Ende 18./Anfang 19. Jahrhundert
Blattzahl: 34 Blatt von 384; 9,3 x 6,5 cm
Werte: 32 Farben mit je 12 Karten: Mir, Wesir, 10 - 1
Material: Holz
Technik: Tempera, gefirnist
Rückseite: Weiß
Inv.-Nr.: B 1205
Hoffmann/Dietrich 1985, Nr. 9; Leyden 1977, Nr. 61 mit ausführlicher Beschreibung der Karten; Leyden 1981, Nr. 9.

68 **Dashavatara Ganjifa**
Indien, Dekkan, 17./18. Jahrhundert
Blattzahl: 12 von 120; ∅ 6,5 cm
Werte: 10 Farben mit je 12 Karten: Mir, Wesir, 10 - 1
Material: Elfenbein
Technik: Öl und Tempera, lackiert
Rückseite: Unbemalt
Die Karten wurden zu unterschiedlichen Zeiten erworben und haben deshalb verschiedene Inv.-Nrn.:
Inv.-Nr.: B 951:
Blattzahl: 8: Matsya-2; Nara-Sinha-3, -7; Parashurama-Mir, -9, -1; Rama-5; Kalki-6
Inv.-Nr.: B 1207:
Blattzahl: 1: Kalki
Inv.-Nr.: B 1523:
Blattzahl: 3: Matsya-5; Varaha-5; Vamana-1
Hoffmann/Dietrich 1985, Nr. 18; Leyden 1977, Nr. 64.

69 **Dashavatara Ganjifa**
Indien, Bishnupur, 19. Jahrhundert
Blattzahl: 102 von 120 und 2 Duplikate; ∅ 11,3 cm
Werte: 10 Farben mit je 12 Karten: Mir, Wesir, 10 - 1
Material: Baumwollgewebe, versteift
Technik: Tempera, grundiert und lackiert
Rückseite: Rot
Inv.-Nr.: B 0960
Leyden 1977, Nr. 86 mit älterer Literatur.

70 **Arundhatî und die sieben Ṛṣi**
Indien, Maharashtra, Ende 18. Jahrhundert
Blattzahl: 96; 5,5 x 6 cm, sechseckig
Werte: 8 Farben mit je 12 Karten: Mir, Wesir, 10 - 1
Material: Elfenbein
Technik: Elfenbeingravur, koloriert
Rückseite: Unbemalt
Beschriftung: Jede Karte ist in Mahratti beschriftet
Inv.-Nr.: 1988-240
Dietrich 1992, S. 213, Abb. 17; Seltmann 1991.

71 **Ramayana Ganjappa**
Indien, Orissa, Sonepur, um 1950
Blattzahl: 144 Blatt; ∅ 4 cm
Werte: 12 Farben mit je 12 Karten: Mir, Wesir, 10 - 1
Material: Baumwollgewebe
Technik: Tempera, lackiert
Rückseite: Braun
Inv.-Nr.: B 406
Leyden 1977, Nr. 91.

72 **Nava-Graha Chada**
Indien, Maisur, 19. Jahrhundert
Blattzahl: 215 von 216; ∅ 7,3 cm; unbemalter Holzkasten mit Schiebedeckel 9,5 x 35,5 x 8,7 cm
Werte: 12 Farben mit je 18 Karten
Material: Karton lackiert
Technik: Tempera
Rückseite: Rot
Beschriftung: Auf der Schachtel: »Chamundeshvari Ammanavaru« ... »sam... setu... yale... 288«. Und Name des Besitzers: »S. Devaraj Bahadur«.
Inv.-Nr.: B 983
Leyden 1977, Nr. 96 mit älterer Literatur und ausführlicher Beschreibung.

73 **Indo-portugiesisches Spiel**
Einfigurig, italienisch-portugiesische Farbzeichen
Indien, Dekkan, 18./19. Jahrhundert
Blattzahl: 2 von 40: Münzen-Sota, Stab-As;
6,6 x 4,8 cm
Werte: As, K, R, Sota, 7 - 2
Material: Elfenbein
Technik: Lackmalerei
Rückseite: Rot mit Blütenornament und Randlinie in Gold
Inv.-Nr.: 1976-33
Leyden 1977, Nr. 111.

74 **Indo-portugiesisches Spiel**
Einfigurig, italienisch-portugiesische Farbzeichen
Indien, Dekkan, 18./19. Jahrhundert
Blattzahl: 38 von 40, Münzen-2 doppelt. Es fehlen: Stab-7, -2; 5,4 x 4,7 cm; Kasten mit Klappdeckel, mit Seidenbrokat bezogen 6,5 x 17,8 x 7,5 cm
Werte: As, K, R, Sota, 7 - 2
Material: Karton aus mehreren Schichten
Technik: Tempera
Rückseite: Rot mit gelber Randlinie und Blume in der Mitte
Inv.-Nr.: B 958
Leyden 1977, Nr. 110.

75 **Indisches Piquet-Spiel**
Einfigurig, französische Farbzeichen
Indien, Maisur, 1. Hälfte 19. Jahrhundert
Blattzahl: 36; 9,6 x 6,9 cm
Werte: As, K, D, B, 10 - 6
Material: Dünner Karton
Technik: Tempera, lackiert
Rückseite: Rot
Inv.-Nr.: B 989
Hoffmann/Dietrich 1985, Nr. 48; Leyden 1977, Nr. 112 mit älterer Literatur.

76 **Indo-portugiesisches Spiel**
Einfigurig, italienisch-portugiesische Farbzeichen
Indien, 16. Jahrhundert
Blattzahl: 39: 3 x Schwert-As; 4 x König; 4 x Reiter; 4 x Sota; 4 x Keulen-7; 4 x Münzen-6; 4 x Becher-5; 4 x Schwert-4; 4 x Keulen-3; 4 x Münzen-2; 7 x 4,3 cm
Werte: As, K, R, Sota, 7 - 2
Material: Fester Karton aus mehreren Schichten
Technik: Holzschnitt handkoloriert
Rückseite: Ornamente in Schwarz, Rückseite nach vorn übergezogen (»italienische Verarbeitung«)
Inv.-Nr.: A 1469
Leyden 1977, Nr. 106.

77 **Indianer Spielkarten**
Einfigurig, spanische Farbzeichen
Nordamerika, 2. Hälfte 19. Jahrhundert
Blattzahl: 38 von 40. Es fehlen: Becher-6, -5; 9 x 6,5 cm
Werte: As, K, R, B, 7 - 2
Material: Schafsleder
Technik: Handgemalt
Rückseite: Unbemalt
Inv.-Nr.: B 1254
Hoffmann 1985, S. 138, Abb. 55; Hoffmann 1972, S. 15 u. Taf. 13 b mit älterer Literatur; Hoffmann/Dietrich 1985, Nr. 51.

78 **Unsun karuta**
Japan, 1760-1790
Blattzahl: 75; 7,5 x 4,8 cm; Lackkästchen mit eingelegten Tokugawa Wappen auf Nashiji Grund
Werte: 5 Farben mit jeweils 15 Karten
Material: Papier auf Karton aufgezogen
Technik: Gouachemalerei auf Goldgrund
Rückseite: Reines Blattgold, nach vorn übergezogene Ränder (»italienische Verarbeitung«)
Inv.-Nr.: 1995-85
Prunner 1969, Nr. LXII; Mann 1990, Nr. 75 mit älterer Literatur.
Der Name »unsun« ist nach einer Theorie vom portugiesischen »umo« (eins) und »summo« (der Höchste) abzuleiten, er könnte aber ebensogut auf die beiden für dieses Spiel charakteristischen neu hinzugefügten Werte »un« (Glücksgott) und »sun« (thronende Person, Weiser, Beamter, Würdenträger) zurückzuführen sein. Das Spiel geht auf die sogenannten Tenshō karuta des 16 Jh., die ältesten in Japan unter europäischem Einfluß entstandenen Spielkarten, zurück. Jene bestanden jedoch nur aus vier Farben mit je 12 Werten wie ihre spanisch-portugiesischen Vorbilder. Bei den unsun karuta wurden aber eine weitere Farbe (das tomoe oder kuru, der Wirbelkreis, ein uraltes japanisches Motiv) sowie je drei weitere Werte hinzugefügt, so daß ein fünffarbiges Spiel von insgesamt 75 Karten entstand. Demnach enthält das Spiel folgende Farben:
1. Koppu (port. copo), Kelch
2. Isu (port. espada), Schwert
3. Ōru (port. ouro), Gold(münze)
4. Hō (port. basto), Stock, Keule
5. Tomoe oder kuru, Wirbelkreis.

Von jeder dieser Farben gibt es 15 Werte und zwar: Rohai, Drache (aus dem As entstanden, das wir schon von den italienischen Spielkarten des 15. Jh. kennen)
Sōta (port. sota), Bube oder Dame
Koshi (port. rey), König
Uma (port. cavalo), Pferd oder Reiter
Un, Glücksgott
Sun, thronende Person (Würdenträger)
Neun Werte von 1-9
Die künstlerische Gestaltung des Spiels ist außerordentlich sorgfältig. Wir haben es hier mit einem Beispiel feinster japanischer Miniaturmalerei in Wasserfarbe zu tun (nach Prunner 1969).

79 **Omi-Karten**
Einfigurig, italienisch-portugiesische Farbzeichen
Celebes, 1. Viertel 20. Jahrhundert
Blattzahl: 40; 8,2 x 5,1 cm
Werte: As, K, R, Sota, 7 - 2
Material: Pappe aus mehreren Schichten Papier
Technik: Bleistift mit Deckfarben, teilweise lackiert
Rückseite: Braun gefärbter Stoff nach vorn übergezogen (»italienische Verarbeitung«)
Inv.-Nr.: 1987-137.

80 **Trappola-Karten**
Einfigurig, italienische Farbzeichen
Deutschland (Franken? Sachsen?), um 1800
Blattzahl: 11 von 36
Werte: As, K, R, B, 10 - 7, 2
Material: Spielkartenpappe aus mehreren Schichten
Technik: Holzschnitt, schablonenkoloriert
Rückseite: 2 verschiedene Muster: Marmoriert in Braun; Stifte und Vierecke in Blau auf weißem Grund
Inv.-Nr.: 1991-112
Dieser Typus der Trappola-Karten ist besonders altertümlich, unterscheidet sich kaum von Abb. 95. Ein vergleichbares Spiel der Albertina in Wien von Jonas Bachofen (1694?-1762?) aus Nürnberg führt zum Vorschlag einer Lokalisierung nach Franken. Sachsen ist zu erwägen, da das Spiel aus der Sammlung Kohlmann stammt, deren Schwerpunkt in Sachsen lag. Zum Bachofenschen Spiel vgl. Wien 1974, Nr. 8 und Zangs/Holländer 1994, S. 144.

81 **Spiel aus der Provence**
Einfigurig, spanische Farbzeichen
Frankreich, um 1545
Blattzahl: 22 von 52 oder 48. Vorhanden: Schwert-K, -R, -B, -9, -8, -2, -1; Stab-K, -R, -B, -9, -1; Becher-K, -R, -B, -9, -3, -1; Münze-K, -B, -8, -2; 9,7 x 6,7 cm
Werte: As, K, R, B, (10?), 9 - 2
Material: Feste Pappe aus mehreren Schichten
Technik: Holzschnitt, handkoloriert
Rückseite: Unbedruckt
Inv.-Nr.: B 1288
Dietrich 1992, S. 205, Abb. 3; Hoffmann 1972, Taf. 11a; Hoffmann 1979, S. 14.
Die ursprüngliche Anzahl der Karten (und damit auch die Spielregel) ist unsicher: Hatte es 52 Blatt oder (bei fehlender Zehn) 48? Die Datierung »um 1545« hat Eberhard Pinder nach dem Ankauf vorgenommen und in Pinder 1961, S. 14f. veröffentlicht. Sie gibt allerdings eine Genauigkeit vor, zu der die Argumente nicht ausreichen. Mitte 16. Jahrhundert wäre wohl besser.

82 **Bogen eines Spiels mit der Devise »nit gwis« II**
Einfigurig, deutsche Farbzeichen
Hersteller: Heinrich Hauk
Frankfurt/M., 1588
Blattzahl: 1 Bogen mit 16 Blatt (teilweise fragmentiert); Bogengröße: 37 x 25 (höchste Höhe und Breite); Blattgröße: 9,4 x 5,9 cm
Werte: As, K, O, U von allen vier Farben
Material: Papier auf Karton aufgezogen
Technik: Holzschnitt, schablonenkoloriert
Rückseite: Unbedruckt
Beschriftung: Datiert auf Herz-König »1588«; Monogramm auf Blatt-König: »OH« (mit Reiber)
Inv.-Nr.: B 1373 a
Hoffmann 1993, Nr. 18 b mit älterer Literatur.
Die hier versammelten Figuren, der Narr auf Schellen-Unter mit dem Spiegel oder der wandernde Herz-Unter, der eine Brille auf der Nase hat, sind sehr lebendig gezeichnet. Dabei weisen sie fast 200 Jahre nach der ersten Erwähnung der Spielkarten durch Johannes von Rheinfelden ein von ihm beschriebenes Charakteristikum auf: sie beschäftigen sich auf diese oder jene Weise mit den Farbzeichen, halten sie wie Eichel- und Blatt-Ober oder auch Blatt-König am Stiel, weisen auf es – wie der Blatt-Unter – oder stellen den Fuß darauf, wie der Schellen-Unter. Die Karten mit der Devise »nit gwis« sind als As-Karten anzusprechen, vgl. Detlef Hoffmann: The Ace in German-suited Packs of the 15th and 16th Centuries, in: Journal of the International Playing-Card Society, VIII, No. 3, 1980, S. 84-94; englische ausführliche bebilderte Übersetzung: As-Karten im deutschen Farbsystem im 15. und 16. Jahrhundert. In: Philobiblon XXIII 1979, S. 127-134.

83 **Böhmisches oder Prager Bild**
Einfigurig, deutsche Farbzeichen
Hersteller: Josef Glanz
Wien, um 1880
Blattzahl: 32; 9,55 x 6,55 cm
Werte: Daus, K, O, U, 10 - 7
Material: Fester Karton, leicht lackiert
Technik: Holzschnitt, schablonenkoloriert
Rückseite: Wiener Blitzmuster
Beschriftung: Eichel-Daus: »JOSEF GLANZ«. Herz-Daus: »WIEN«. Auf Schellen-8 Firmenstempel: »GLANZ JOSEF WIEN«
Steuerstempel auf Schellen-8: Roter, doppelköpfiger Adler mit blauer Umschrift »K.K. KARTENSTEMPEL 1«
Inv.-Nr.: 1991-91
O'Donoghue 1901, S. 91, Nr. 89; Reisinger 1990, S. 69 zum Steuerstempel; zum Böhmischen Bild vgl. Mann 1990, Nr. 99.

84 **Böhmisches oder Prager Bild**
Einfigurig, deutsche Farbzeichen
Hersteller: Franz Hajek
Wien, um 1865
Blattzahl: 32; 9,7 x 5,9 cm; Schuber mit Buntpapier beklebt
Werte: Daus, K, O, U, X - 7
Material: Karton aus mehreren Schichten Papier
Technik: Holzschnitt, schablonenkoloriert
Rückseite: Lila marmoriert
Beschriftung: Eichel-Daus: »FR: HAJEK / IN WIEN«; Herz-Daus: »IN WIEN«; auf Schellen-8 Stempel: »Franz Hajek Wien«
Steuerstempel auf Schellen-8: Schwarz, doppelköpfiger Adler mit Reichsapfel und Schwert und Rankenmuster, darunter »87«
Inv.-Nr.: 1995-33
Zum Böhmischen Bild vgl. Mann 1990, Nr. 99.

85 **Bayerisches Bild**
Einfigurig, deutsche Farbzeichen
Hersteller: Paul Scheidl
Stadtamhof, um 1840
Blattzahl: 36; 10,2 x 5,8 cm; Schuber mit Buntpapier bezogen
Werte: Daus, K, O, U, X - 6
Material: Karton aus mehreren Schichten
Technik: Holzschnitt, schablonenkoloriert
Rückseite: Eichelmuster
Beschriftung: Auf Herz-8: Fabrikat von Paul Scheidl in Stadtamhof. Auf Herz-Daus: »STADTAMHOF«.
Steuerstempel auf Herz-8: Blau, Krone mit Umschrift »O. Pfalz u. Regensburg (kursiv) 4 Kr«
Inv.-Nr.: 1995-30
Zum Bayerischen Bild vgl. Hausler 1993; der Eichel- und der Blatt-König mit Turban findet sich im Altbayrischen Kartenbild; ebenda. S. 56.

86 **FAMEIO aus dem sog. »MANTEGNA TAROCK«**
Ferrara, um 1465
Blattzahl: 1; 18 x 9,9 cm; mit Rahmen 32 x 24 cm
Werte: Fameio II
Material: Dünnes Papier
Technik: Kupferstich koloriert
Rückseite: Unbedruckt
Beschriftung: Der Stich ist am unteren Rand beschriftet: ».E..FAMEIO.II..Z«
Inv.-Nr.: A 188
Dietrich 1992, S. 207, Abb. 7; Hoffmann 1979, S. 12; Hoffmann 1985, S. 207, Abb. 7; Hoffmann/Dietrich 1988, Nr. 2 mit älterer Literatur.
Wie schon von Hase 1968 bemerkt, handelt es sich hier um einen frühen Probeabzug ohne die vier Nagellöcher an den Ecken. Auch einzelne Schraffuren auf der Kleidung, die auf dem endgültigen Druck zu beobachten sind, fehlen hier. Auffällig die hohe Qualität des Drukkes selbst, die Frische und Präzision der Linien. – Die Strumpfhosen sind rot koloriert, blaue Färbung am oberen Rand, hier auch einige Spuren von Gold. Zu den Mantegna Tarocken so wie ihre Rezeption nördlich der Alpen vgl. Westfehling 1988.

87 **Mitellis Bologneser Tarock**
Einfigurig, Tarock mit italienischen Farbzeichen
Hersteller: Giuseppe Maria Mitelli
Bologna, 1664
Blattzahl: 48 von 62; 12,1 x 5,8 cm
Werte: 1 - 22, 40 Blatt des Vierfarbspiels
Material: Fester Karton
Technik: Kupferstich, handkoloriert
Rückseite: Unbedruckt
Beschriftung auf Münzen-As: »Gioseppe Maria Mitelli INV: Dis: E: INT«
Inv.-Nr.: B 27 (1)
Hoffmann/Dietrich 1988, Nr. 65 mit älterer Literatur; Radau/Himmelheber 1991, Nr. 1; Westfehling 1988, Nrn. 42, 43.
Mitelli verändert alle Allegorien des alten Tarock (etwa Abb. 88), die für ihn und sein Publikum keinen Sinn ergeben. Seine Stiche sind ein Beleg für die verlorene ikonografische Tradition.

88 **Bologneser Tarock**
Doppelfigurig, Tarock mit italienischen Farbzeichen
Mitte 19. Jahrhundert
Blattzahl: 62. 11 x 6,1 cm
Werte: 1 - 22, 40 Blatt des Vierfarbspiels
Material: Papier aus mehreren Schichten
Technik: Holzschnitt, schablonenkoloriert
Rückseite: Vignettenmuster in Blau, italienische Verarbeitung
Steuerstempel auf Münzen-As nicht mehr lesbar
Inv.-Nr.: B 539
Hoffmann/Dietrich 1988, Nr. 67.
Das Bologneser Tarock besteht aus 22 Trumpfkarten und 40 Blatt des Vierfarbspiels. Diese verkürzten Zahlenkarten haben dem Spiel auch den Namen »Kleines Tarock« = »Tarocchino« eingebracht (es fehlen: die Fünfen, Vieren, Dreien und Zweien). Die Trumpfreihe unterscheidet sich sowohl in der Zählweise als auch in der Anordnung vom Typus des Marseiller Tarocks. Die erste Karte »Bagattino«, der Zauberer an seinem Tisch, wird nicht mitgezählt. Kaiserin und Kaiser, Päpstin und Papst sind durch vier »Africani« oder auch »Satrapen« ersetzt. Sie sind mit keinen Zahlen versehen, die darauffolgende Karte, die Liebenden = Amore, trägt die Zahl 5. Es folgt 6 = Triumphwagen = Caro, die nächsten drei Karten zeigen die drei Tugenden, 7 = die Mäßigung = Temperanza, 8 = die Gerechtigkeit = Giusta und 9 = die Stärke = Forza; 10 zeigt dann - wie im Typus des Marseiller Tarocks - das Rad der Fortuna = Ruota. Es folgt 11 = der Alte = Vecchio und 12 = der Gehängte = Traditore. 13 = der Tod = Morte, 14 = der Teufel = Diavolo, 15 = der Turm = Saetta. Von den drei Gestirnen zeigt nur der Stern die Zahl 16, Mond und Sonne sind ohne Zahlen (Stella, Luna, Sole). Von dem Jüngsten Gericht, das auch mit keiner Zahl versehen ist, sehen wir nur den Engel = Angelo. Die Welt = Mondo ist durch eine Weltkugel mit einem darauf stehenden Hermes charakterisiert. Auch hier findet sich keine Zahl. Die Reihe endet mit dem Narr = Matto.
Ikonografisch leiten sich die Bologneser Karten von dem Minchiate ab (vgl. Abb. 139). Die Bilder des Bologneser Typs werden durch die Doppelfigurigkeit weiter reduziert und sind nur noch für den mit dem Spiel Vertrauten als das identifizierbar, was sie meinen.

89 **Rouen-Tarock**
Einfigurig, Tarock mit italienischen Farbzeichen
Hersteller: Adam C. de Hautot
Rouen, 2. Viertel 18. Jahrhundert
Blattzahl: 71 von 78. Es fehlen: Becher-6, -8; Schwert-9; Münzen-7; Stab-10, -8, -4; 11,3 x 6,7 cm; Schuber, fragmentarisch erhalten
Werte: I - XXII, 56 Blatt des Vierfarbspiels
Material: Karton aus 4 Schichten
Technik: Holzschnitt, schablonenkoloriert
Rückseite: Wabenmuster mit Sonne in Schwarz auf weißem Grund
Beschriftung auf Münzen-As: »CARTES .DE. TAROTS. TRES. FINES. FAITES. PAR ADAM C DE HAUTOT/ DEM t RVE.DV.GROS. ORLOGE. A.ROUEN. AV. COEUR.ROYAL«; auf Münzen-2: »CARTES DE ADAM DE/ HAUTOT AV COEUR ROY«; auf Becher-2: »POUR CONOISTRE QUE LA PLUS BASSE DE DENIERS ET DE COUPE ENPORTE LES PLUS HAUT QUAND POUR LE FAIT DU JEU«.
Inv.-Nr.: 1989-136
Hoffmann/Dietrich 1988, Nr. 71 mit älterer Literatur.
Die ikonografischen Vorbilder liegen im Bologneser Tarock (vgl. Abb. 88), lediglich die Temperantia XIII ist so nur im Tarocco Siciliano (Abb. 142) zu belegen. Die ikonografischen Unterschiede zum etablierten Bild der sog. Cartes Suisses sind gering, die stilistischen Unterschiede jedoch groß, so daß hier ein sehr viel lebendigeres Original vor uns liegt.

90 **Besançon Tarock**
Einfigurig, Tarock mit italienischen Farbzeichen
Hersteller: Andreas Benedikt (auch Benedictus) Göbl
München, um 1760
Blattzahl: 78; 11,9 x 6 cm
Werte: Tarock I - XXI, Le Fol, 56 Blatt des Vierfarbspiels vgl. auch Abb. 48
Material: Karton aus mehreren Schichten Papier
Technik: Holzschnitt in Blau, schablonenkoloriert mit 5 Farben
Rückseite: Sternchen in Rauten in Blau auf weißem Grund
Beschriftung auf Münzen-II: »IN VERLAG BEY ANDREAS BENEDICTUS GÖBL IN MINCHEN«
Inv.-Nr.: 1994-91
Hoffmann/Dietrich 1988, Nr. 59 mit älterer Literatur.

91 **Sachsentarock**
Einfigurig, Tarocke mit französischen Farbzeichen
Hersteller: Leipziger Kartenfabrik (Breitkopf)
Leipzig, um 1778
Blattzahl: 16 von 78(?). Vorhanden: II, III, IV, VI, VII, XVII, XVIII, XIX, XX, Treff-K, -D, -R; Pik-K, -R; Herz-K; Karo-D; 11,3 x 6,2 cm
Werte: I - XXI, Narr, 56(?) Blatt des Vierfarbspiels
Material: Karton aus mehreren Schichten Papier
Technik: Kupferstich, schablonenkoloriert
Rückseite: Karo-, Sternchenmuster in Blau
Inv.-Nr.: 1991-120
Name sowie die Zuschreibung an die Leipziger Kartenfabrik Breitkopfs (1770-1782) stammen von Erwin Kohlmann, Naumburg, aus dessen Sammlung das Spiel erworben wurde.

92 **Tarock der fernen Länder**
Doppelfigurig, Tarock mit französischen Farbzeichen
Hersteller: Josef Fetscher d. J.
München, um 1810
Blattzahl: 78; 10,6 x 6 cm; Lederbezogener Schuber; beschrifteter Zettel 10,6 x 6 cm
Werte: Tarock I - XXI, Skys, 56 Blatt des Vierfarbspiels
Material: Karton aus mehreren Schichten Papier
Technik: Kupferstich, schablonenkoloriert
Rückseite: Gestiftete Sternchen in Blau
Beschriftung auf Tarock II: »Joseph Fetscher bürgl. Kartenfabricant in München in der Burggassen«.
Steuerstempel auf Herz-As: Schwarz, bekröntes bayerisches Wappen mit Lorbeer- und Palmzweig, darunter »8KER«
Inv.-Nr.: 1995-20.

93 **Tarockspiel mit mythologischen und literarischen Szenen**
Doppelfigurig, Tarock mit französischen Farbzeichen
Hersteller: Johann Anton Steinberger
Frankfurt/Main, um 1825
Blattzahl: 71 von 78. Es fehlen: Tarock 3, 7, 8, 14; Treff-6; Herz-As, -K; 11 x 5,9 cm
Werte: 1 - 21, Skys, 56 Blatt des Vierfarbspiels
Material: Karton aus mehreren Schichten Papier
Technik: Lithografie, schablonenkoloriert
Rückseite: Verzweigte Linien aus Punkten in Rot
Inv.-Nr.: 1991-124
Hoffmann, Frankfurt 1972, Nr. 106 [mit römischen Zahlen]; Keller 1981, GER 631 [mit römischen Zahlen].

94 **Venezianisches Bild**
Einfigurig, italienische Farbzeichen
Hersteller: M. Ottavio
Rom, 2. Hälfte 17. Jahrhundert
Blattzahl: 47 von 52. Es fehlen: Schwert-4; Becher-9, -8, -7, -4; 5,2 x 9,4 cm
Werte: As, K, R, B, 10 - 2
Material: Karton aus mehreren Schichten
Technik: Holzschnitt, koloriert
Rückseite: Figur mit Lanze, darunter »Roma«
Beschriftung auf Schwert-2: »M. OTTAVIO / CARTOLER / IN PLAZZA DI / SAN MARCO / TIEN & IN = / SEGNA LA PERLETA«.
Inv.-Nr.: B 591
Hoffmann 1972, S. 13; Hoffmann 1979, S. 13 u. Taf. 8 a.

95 **Trappola-Karten**
Einfigurig, italienische Farbzeichen
Norditalien (?), Anfang 16. Jahrhundert
Blattzahl: 7. Vorhanden: 2 x Schwert-K; 2 x Becher-B; 1 x Münzen-K, 2 x Münzen-B; 13,6 x 6,5 cm
Werte: K, R, B und ungeklärte Anzahl Zahlenkarten
Material: Papier
Technik: Holzschnitt
Rückseite: Unbedruckt
Inv.-Nr.: B 142
Hoffmann 1972, S. 13 u. Taf. 7 a; vgl. Wien 1974, Nr. 7; Zangs/Holländer 1994, S. 143 f.
Die Karten dieses früh zu datierenden Bogens sind – genausowenig wie das gesamte Gebiet der Trappola-Karten – nie sorgfältig untersucht worden. In Wien 1974 Nr. 7 habe ich die diversen vergleichbaren Karten zusammengestellt. Unsicher ist, ob die Anzahl der Karten des vollständigen Spiels 36 betrug, also das für das Trappolierspiel übliche verkürzte Blatt zeigt (vgl. Abb. 80).

96 **Spanisches Nationalbild**
Einfigurig, spanische Farbzeichen
Hersteller: Juan Batista Brunet
Mataro, um 1800
Blattzahl: 43 von 48. Es fehlen: Schwert-B, -8; Stab-1; Becher-R, -7; 9 x 5,7 cm
Werte: 1 - 12
Material: Karton aus mehreren Schichten Papier
Technik: Holzschnitt, schablonenkoloriert
Beschriftung auf Münzen-1: »TADAS POR JUAN BATISTA BRUNET EN MATARO«
Inv.-Nr.: B 594
Denning 1980, S. 81; Fournier 1982, S. 37, Nr. 58.
In der Benennung der Karten folgen wir Mann 1990, Nr. 21.

97 **Portugiesisches Bild**
Einfigurig, italienisch-portugiesische Farbzeichen
Portugal, 1. Viertel 19. Jahrhundert
Blattzahl: 48; 7,9 x 4,7 cm
Werte: As, K, R, Sota, 9 - 2
Material: Fester Karton aus mehreren Papierschichten
Technik: Holzschnitt, schablonenkoloriert
Rückseite: Gestiftetes Sternchenmuster in Blau auf hellem Grund
Inv.-Nr.: 1992-380
Mann 1990, Nr. 67 (= späteres Portugiesisches Bild I).

98 **Spanisches Nationalbild**
Einfigurig, spanische Farbzeichen
Hersteller: Felix Solesio, Real Fabrica de Macharaviaya
Blattzahl: 50 von 52. Es fehlen: Stab-5, -7; doppelt: Becher-9; 9,2 x 5,8 cm
Werte: As, K, R, B, 10 - 2
Material: Spielkartenkarton
Technik: Holzschnitt, schablonenkoloriert
Rückseite: Zweigmuster aus Punkten in verschiedenen Größen in Blau auf Weiß
Beschriftung auf Münzen-As: »POR D. FELIX SOLESIO / REAL FABRICA DE MACHARAVIAYA ANO D 1782«; auf Münzen-2: »DE 1800«; auf Becher-R: »AIVA«
Inv.-Nr.: 1991-111
Keller 1981, SPA 52; Mann 1990, Nr. 20.

99 **Kupferstichspiel des Biedermeier**
Einfigurig, spanische Farbzeichen
Sachsen, um 1820
Blattzahl: 47 von 48. Es fehlt: Münzen-As; 8,6 x 5,4 cm
Werte: 1 - 12
Material: Dünner Karton aus mehreren Schichten Papier
Technik: Kupferstich, schablonenkoloriert
Rückseite: Muster aus Stiften und Dreiecken in Braun auf Weiß
Beschriftung auf Schwert 8: handschriftlich »W.W«
Inv.-Nr.: 1991-127
Erwin Kohlmann, aus dessen Sammlung das Spiel stammt, ging davon aus, daß das Spiel in Leipzig hergestellt worden sein könnte. In seinen Notizen verweist er auf das ähnliche Spiel im Germanischen Nationalmuseum, Nürnberg, Sp. 4563-4610, das in Leipzig für den Export gedruckt wurde. Hier steht auf dem im DSM fehlenden Münzen-As der Herstellervermerk. Kupferstichspiele wie dieses waren im Spanien des frühen 19. Jahrhunderts sehr beliebt.

100 **Pariser Bild**
Einfigurig, französische Farbzeichen
Hersteller: Pierre Marc
Paris, zwischen 1758 und 1764
Blattzahl: 52; 7,3 x 5,6 cm
Werte: As, K, D, B, 10 - 2
Material: Karton aus mehreren Schichten
Technik: Holzschnitt, schablonenkoloriert
Rückseite: Unbedruckt, handschriftlich mit französischem Alphabet beschrieben
Beschriftung: Neben den für das Pariser Bild üblichen Beschriftungen auf jeder Karte »Marc«; auf Treff-Bube noch »Paris« und Firmenzeichen mit »P. Marc«
Inv.-Nr.: 1988-166
Allemagne 1906, II, S. 85 mit Abbildungen des Firmenzeichens mit den Daten 1758 und 1764; ebenso Jean Pierre Seguin: Les cartes à jouer au portrait de Paris de 1701 à 1778, Paris 1989, S. 22.

101 **Bild des Languedoc**
Einfigurig, französische Farbzeichen
Toulouse, 3. Viertel 18. Jahrhundert
Blattzahl: 32; 7,5 x 4,9 cm
Werte: As, K, D, B, 10 - 7
Material: Karton aus mehreren Schichten
Technik: Holzschnitt, schablonenkoloriert
Rückseite: Unbedruckt, Bleistiftstriche, handschriftliche französische Worte für ein Spiel
Beschriftung auf dem Spruchband des Pik-Buben: »G« und »Toulouse«
Inv.-Nr.: 1990-83
Toulouse 1971, Abb. 20; Allemagne 1906, I, S. 122-124; Mann 1990, Nr. 175.

102 **Englisches Bild**
Einfigurig, französische Farbzeichen
Hersteller: Reynolds & Sons
London, um 1840
Blattzahl: 52; 6,5 x 9,3 cm
Werte: As, K, D, B, 10 - 2
Material: Karton aus mehreren Schichten Papier
Technik: Lithografie, schabloniert
Rückseite: Türkis mit pflanzlicher Vignette
Beschriftung auf Pik-As: »EXPORTATIONS./ STAMP OFFICE LONDON / £ 20 PENALTY IF SOLD OR USED IN GREAT BRITAIN; IRELAND OR THE ISLE OF MAN. / REYNOLDS & SONS«
Inv.-Nr.: B 686.

103 **Englisches Bild in U.S.A.**
Einfigurig, französische Farbzeichen
Hersteller: A. Dougherty
New York, um 1860
Blattzahl: 13 von 52. Vorhanden: Treff-K, -D, -B; Pik-As, -K, -D, -B; Herz-K, -D, -B; Karo-K, -D, -B; 6,5 x 9 cm
Werte: As, K, D, B, 10 - 2
Material: Fester Karton
Technik: Holzschnitt mit Blaudruck, schablonenkoloriert
Rückseite: Florales Muster in Violett
Beschriftung auf dem Pik-As: »EXCELSIOR / A. DOUGHTERY / MANUFACTURER / NEW YORK«
Inv.-Nr.: B 131
Keller 1981, ENG 11 [nur Pik-As]; Wowk 1983, S. 105 unten.

104 **Handgemaltes Spiel mit Tauben auf den Assen**
Einfigurig, französische Farbzeichen
Großbritannien (?), 19. Jahrhundert
Blattzahl: 52; 8,9 x 6,1 cm
Werte: As, K, D, B, 10 - 2
Material: Fester Karton
Technik: Federzeichnung, aquarelliert
Rückseite: Unbemalt
Inv.-Nr.: 1988-214
Die Zuordnung nach Großbritannien ist lediglich eine Vermutung.

105 **Royalistisches Spiel**
Einfigurig, französische Farbzeichen
Frankreich(?), Schweiz(?), um 1780
Blattzahl: 36; 8,8 x 5,8 cm
Werte: As, K, D, B, 10 - 6
Material: Karton aus mehreren Schichten Papier
Technik: Holzschnitt, schablonenkoloriert
Rückseite: Gepunktetes Rautenmuster in Rot
Beschriftung auf den vier Königen im Druck: »ROI«
Inv.-Nr.: B 48
Hoffmann/Dietrich 1987, Nr. 2 sowie S. 14.

106 **Revolutionäres Pariser Bild**
Einfigurig, französische Farbzeichen
Hersteller: Nicolas Danbrin
Paris, um 1790
Blattzahl: 32; 8,1 x 5,5 cm
Werte: As, K, D, B, 10 - 7
Material: Karton aus mehreren Schichten
Technik: Holzschnitt, schablonenkoloriert
Rückseite: Unbedruckt
Beschriftung auf allen Figurenkarten: »DANBRIN A PARIS«
Inv.-Nr.: 1986-20
Hoffmann/Dietrich 1987, Nr. 5.

107 **Revolutionsspiel**
Einfigurig, französische Farbzeichen
Entwurf: Jean-Démosthène Dugourc
Herstellung: Urbain Jaume und J. D. Dugourc
Paris, 1793
Signatur: Auf GENIE DU COMMERCE: »P.B. D'INV /J.D./ A PARIS /ECHANGES«.
Blattzahl: 12; 8,2 x 5,5 cm; Schuber
Werte: 4 Genien (= Könige); 4 Freiheiten (= Damen); 4 Gleichheiten (= Buben)
Material: Dünnes Papier auf farbigem Karton geklebt
Technik: Radierung
Rückseite: Blau, unbedruckt
Beschriftung auf GÉNIE DE LA GUERRE: »PAR BREVET / D'INVENTION / JAUME & DUGOURC / AU GÉNIE / DE LA REPUB. FRANC.!«
Inv.-Nr.: 1975-19
Depaulis 1990, Nr. 18; Hoffmann 1989; Hoffmann/Dietrich 1987, Nr. 8 mit älterer Literatur; Verame 1989, S. 96.

108 **Cartes Historiques oder Cartes Royales**
Einfigurig, französische Farbzeichen
Konzept: Armand Gustave Houbigant
Zeichnung: Pierre Nolasque Bergeret
Stich: Louis Hersent
Paris, 1818
Blattzahl: 24 von 52. Vorhanden: Treff-As, -K, -D, -B, -10, -9; Pik-As, -K, -D, -B, -9, -8; Herz-K, -D, -B, -9, -7; Karo-As, -K, -D, -B, -9, -8, -7; 8,2 x 5,4 cm; Schachtel aus Buntpapier, stark beschädigt
Werte: As, K, D, B, 10 - 2
Material: Pappe aus mehreren Schichten
Technik: Kupferstich, schablonenkoloriert
Rückseite: Romben und Punktmuster in Blau
Beschriftung auf Pik-Bube: »Houbigant inv. Hersent et Bergeret del. Septembre 1818«
Inv.-Nr.: B 1584
Depaulis 1990, Nr. 75/76; Hoffmann/Dietrich 1987, Nr. 15 mit älterer Literatur; Verame 1989, S. 175.
Depaulis 1990, S. 52-54, hat erstmalig das Spiel gründlich untersucht, vieles geklärt und korrigiert. Depaulis stellt klar, daß Houbigant das »Portrait officiel« ersetzen wollte, das ihm vielleicht zu sehr unter revolutionärem Einfluß stand. Auf jeden Fall versucht er, ein klassizistisches Spiel gegen ein romantisches auszutauschen.

109 **Empirespiel**
Einfigurig, französische Farbzeichen
Hersteller: Joh. Carl Brossain
Berlin, um 1805
Blattzahl: 52; 8,3 x 5,8 cm
Werte: As, K, D, B, 10 - 2
Material: Mittelstarker Karton
Technik: Holzschnitt, schablonenkoloriert
Rückseite: Sternchen und Punkte in Blau
Beschriftung auf Treff-König: »Königl. Pr. Privileg. Carten Fabrique«; auf Pik-Bube: »Diese Sorte Carten«; auf Karo-Bube: »werden Fabricirt von«; auf Treff-Bube: »Joh. Carl Brossain«; auf Herz-Bube: »in Berlin«
Steuerstempel auf Herz-As: Rot, preußischer Adler mit Umschrift: »KON. PR. HAUPT STEMP. U. CART. CAM.«, darunter »10 Gr.«
Inv.-Nr.: B 51
Hoffmann/Dietrich 1987, Nr. 66 mit älterer Literatur.

110 **Philipp Otto Runges Spielkarten**
Doppelfigurig, französische Farbzeichen
Hersteller: Philipp Otto Runge
Hamburg, 1810
Stecher: Friedrich Wilhelm Gubitz
Berlin
Blattzahl: 12; 8,2 x 5,2 cm
Werte: Treff-K, -D, -B, Pik-K, -D, -B, Herz-B, 2 K, 2 D, 1 B ohne Farbzeichen
Material: Papier
Technik: Holzstich, Probedruck
Inv.-Nr.: B 117 (3)
Hoffmann/Dietrich 1987, Nr. 40 mit älterer Literatur; Radau/Himmelheber 1991, Nr. 178.
Das Kartenspiel Philipp Otto Runges setzt sich inhaltlich intensiv mit den Befreiungskriegen auseinander, formal arbeitet er das Prinzip der Doppelfigurigkeit durch. Dieses Spiel ist so eines der schönsten Kartenspiele geworden.

111 **Spiel mit Fechterfiguren**
Doppelfigurig, französische Farbzeichen
Hersteller: Cajetan II Göbl
München, 1837
Blattzahl: 52; 8,6 x 5,6 cm; Schuber mit Buntpapier bezogen
Werte: As, K, D, B, 10 - 2
Material: Dünne Pappe aus mehreren Schichten
Technik: Kupferstich, schablonenkoloriert
Rückseite: Gestiftete Sternchen
Beschriftung auf Karo-Bube: »Cajetan Göbl in München«. Aufkleber auf dem Schuber: »Französische Karte München 1837«
Steuerstempel auf Herz-As: Schwarz, Krone mit Umschrift »ISAR KREIS 8 Ker.«
Inv.-Nr.: 1995-38

112 **Genfer Ansichten**
Doppelfigurig, französische Farbzeichen
Hersteller: Gassmann
Genf, um 1850
Blattzahl: 52; 8,9 x 5,8 cm
Werte: As, K, D, B, 10 - 2
Material: Karton aus mehreren Schichten Papier
Technik: Lithografie, schablonenkoloriert
Rückseite: Hellblau
Beschriftung auf Pik-Bube: »Gassmann à Geneve«
Inv.-Nr.: 1991-73
Zürich 1978, S. 225 (zu Gassmann).
Hersteller ist vermutlich François Gassmann (geboren 1792, gestorben 1870).

113 **Bogen des Schwäbischen Bildes**
Einfigurig, deutsche Farbzeichen
Hersteller: Jörg Schwemer
München, um 1520
Blattzahl: 1 Bogen mit 48 Blatt (vollständig?); Bogengröße: 41,7 x 29,3 cm; Blattgröße: 5,7 x 4,4 cm
Werte: Daus, K, O, U, 10 = Banner, 9 - 2
Material: Dünnes Papier
Technik: Holzschnitt
Rückseite: Unbedruckt
Inv.-Nr.: B 647
Hoffmann 1993, Nr. 28 mit älterer Literatur.

114 **Ulmer Bild von 1550**
Einfigurig, deutsche Farbzeichen
Hersteller: Jörg Zaunberger
Ulm, um 1560
Blattzahl: 1 Bogen mit 16 Blatt. Von den vier Spielfarben sind jeweils Bannerkarten, Könige, Unter und Ober (fragmentarisch) vorhanden; Bogengröße: 26 x 21 cm; Blattgröße: 7,3 bis 7,5 x 5 cm
Werte: K, O, U, X - ?
Material: Dünnes Papier
Technik: Holzschnitt
Rückseite: Unbedruckt
Beschriftung am linken Rand in Fraktur: »DIERG ZAUNBERGER ZU ULM«.
Inv.-Nr.: B 122 b
Hoffmann 1993, Nr. 74 a mit älterer Literatur.

115/116 **Karten des Stukeley-Typus**
Einfigurig, deutsche Farbzeichen
Nürnberg, Mitte 16. Jahrhundert
Blattzahl: 27 von 48. Vorhanden: Eichel-Daus, -K (fragmentarisch), -O (fragm.), -U, -8, -7, -5, -1 Fragment; Blatt-O, -8, -6, -7 (fragm.), 1 Fragment; Schelle-Daus (fragm.), -K, -O, -X (fragm.), 3 Zahlenkartenfragmente; Herz-Daus, -K (fragm.), -O (fragm.), 4 Zahlenkartenfragmente; 7,5 x 5 cm
Werte: Daus, K, O, U, X - 2
Material: Pappe aus mehreren Schichten
Technik: Holzschnitt, schablonenkoloriert
Rückseite: Unbedruckt
Inv.-Nr.: B 584 a+b
Hoffmann 1993, Nr. 33 mit älterer Literatur.

117 **Zwei Halbbögen mit Tierdarstellungen**
Einfigurig, deutsche Farbzeichen
Augsburg (?), um 1580
Blattzahl: Je 12 auf einem Halbbogen; Blattgröße: 9,5 x 5,4 cm; Bogengröße je: 32 x 19,7 cm
Werte: Daus, K, O, U, X - 2 (?)
Material: Papier
Technik: Holzschnitt
Inv.-Nr.: 1992-580 a+b
Die Karten können versuchsweise dem Augsburger Bild zugeordnet werden, auf jeden Fall gehören sie in die Nähe eines Blattes, das sich im Einband eines Archivales des Augsburger Hochstiftes befand (vgl. Nr. 13 bei Hoffmann 1993).

118 **Charta Lusoria**
Einfigurig, deutsche Farbzeichen
Entwurf: Jost Amman
Verleger: Leonhardt Heussler
Nürnberg, 1588
Blattzahl: 1 Bogen mit 9 Blatt: Becher-, Bücher-, Drukkerballen-Unter, -König; Bogengröße: 31,5 x 19,2 cm; Blattgröße: 10,3 x 6,2 cm
Werte: K, O, U, X - 1
Material: Dünnes Papier
Technik: Holzschnitt
Rückseite: Unbedruckt
Inv.-Nr.: B 100 (1)
Hoffmann 1993, Nr. 72 mit älterer Literatur.
Das Kartenspiel Jost Ammans ist in vielen Ausgaben bekannt. Die schönste wird im Kupferstichkabinett der Staatlichen Kunstsammlungen in Dresden aufbewahrt; sie erschien auch als Reprint (Kohlmann 1967; Wien 1974, Nr. 41). Die Blätter sind in Deck- und Aquarellfarben koloriert mit Gold gehöht, die Rückseiten mit marmoriertem Papier beklebt. Die Karten Jost Ammans waren nicht zum Spielen gedacht. Einerseits sind sie phantasievolle Buchillustrationen, hierin die Grafik der Kleinmeister aufnehmend oder sie sind – wie das Dresdener Exemplar – Kunststücke und Curiosa, Anlaß zu geistvoller Konversation und Bewunderung für

den Besitzer so schöner und geistreicher Dinge. Das schließt nicht aus, daß an die Volksspielkarten angeknüpft wird, etwa wenn der Becher-König als Orientale erscheint.

Kohlman 1967 hat ausführlich gezeigt, daß Amman für das Kartenspiel auf früher entstandene Buchillustrationen zurückgreift. Die berittenen Könige gleichen jenen, die er für die »Ritterliche Reitkunst« im Verlag Sigmund Feierabend in Frankfurt (1584) entworfen hatte. Die Frauen der Zehnen stimmen wiederum mit seinen Entwürfen zum Frauentrachtenbuch überein (1586). In der Wiederverwendung in unterschiedlichen Zusammenhängen war Jost Amman Meister. So verwundert es auch nicht, daß 1670 die Holzstöcke zur Illustration von Grimmelshausens »Der ersten Beerenhäuter« und »Simplicissimi wunderliche Gaukel-Tasche« verwendet wurden (W. Eberhard Felsenecker, Nürnberg; vgl. Inv.-Nr. B 100 a).

119 **Drei Bogenfragmente eines Miniaturkartenspiels**

Einfigurig, deutsche Farbzeichen
Deutschland, Mitte 16. Jahrhundert
Blattzahl: 3 Bogen mit insgesamt 46 Blatt, teilweise nur Fragmente; Bogen a: 13 x 19 cm
Bogen b: 12,2 x 19,3 cm, Bogen c: 2,5 x 13,4 cm; Blattgröße: 4 x 2,7 cm
Werte: Daus, K, O, U, 10 - 3
Material: Pappe aus mehreren Lagen
Technik: Holzschnitt
Rückseite: Lilie in Rauten
Beschriftung auf Schellen-Daus: »RW (?) HO RM«
Inv.-Nr.: B 1132 a - c
Hoffmann 1993, Nr. 133.

120 **Deutsche Klosterkarte**

Einfigurig, Variante deutscher Farbzeichen
Deutschland, um 1550
Blattzahl: 28 (z.T. Fragmente) von wahrscheinlich 48;
Blattgröße: 7,3 bis 9,5 x 5,6 bis 6,7 cm
Fragmente: von 2,8 x 2,5 bis 9,65 x 3 cm
Werte: Daus, K, O, U, X - 3
Material: Pappe aus mehreren Schichten
Technik: Holzschnitt
Rückseite: Rosetten in Rauten
Inv.-Nr.: B 121
Hoffmann 1993, Nr. 134 mit älterer Literatur.

Die deutschen Farbzeichen wurden durch geistliche Stände ersetzt: Nonne, Kardinal, Mönch, Priester.

Der Adressat dieser Karten ist nicht eindeutig zu erschließen. In der allgemeinen Vorstellung schließen sich Kartenspiel und Geistlichkeit gegenseitig aus. In handschriftlichen Notizen vertrat Eberhard Pinder die Meinung, dies sei ein Kartenspiel speziell für Geistliche. Er fühlte sich in dieser Auffassung durch die Darstellung der geistlichen Stände bestätigt, die jedes karikierende Element vermissen lassen. Doch könnte man auch der Auffassung sein, Geistliche als Figuren auf Spielkarten seien Satire genug. Kardinäle, Mönche und Nonnen gab es in der reformierten Kirche nicht mehr und auch der ehelose Priester gehört aus Sicht der Protestanten in die vorbürgerliche Welt des Mittelalters. In diesem Zusammenhang paßt eine Mitteilung Schreibers 1937, S. 91, Anm. 22, daß sich in der »Münchner Staatsbibliothek« unter Einblattdrucke IX 2 m Fragmente eines 1523 in Wittenberg entstandenen Spiels antikatholischen Charakters (je 90 x 70) befinde. Seine Farbzeichen seien »Narrenkappen, Mönchkutten und Chorröcke«. Es ist heute verschollen. Unsere Abbildung 120 könnte ein solches Spiel sein.

121 **Spiel mit Phantasiefarben**

Einfigurig
Stecher: Virgil Solis
Nürnberg, 1540 - 1545
Signatur: Auf allen As-Karten in der Platte mit Monogramm »VS« signiert
Blattzahl: 50 von 52. Es fehlen: Papagei-VIIII, -X; 9,3 x 6 cm
Werte: 4 Farben; Affen, Löwen, Papageien, Pfauen, je König, Königin, Bube, X - I
Material: Dünnes Papier
Technik: Kupferstich
Rückseite: Unbedruckt
Beschriftung auf den As-Karten mit den den Phantasiefarben entsprechenden deutschen Farbangaben beschriftet, z.B. »Schellen« oder »Aicheln«.
Inv.-Nr.: B 4 (2)
Wien 1974, Nr. 37; Hoffmann 1972, S. 29, Taf. 37 b; Tilley 1967, S. 46/47; Zangs/Holländer 1994, S. 174.

122 **Bogen mit Zwergen**

Einfigurig, deutsche Farbzeichen
Hersteller: Franz Hofmann
Passau, 1770
Blattzahl: 4 Bogen mit insgesamt 48 Blatt; 7,5 x 5,5 cm
Werte: Daus, K, O, U, X - 3
Material: Pappe aus mehreren Schichten
Technik: Holzschnitt
Rückseite: Rauten und Blüten in Schwarz auf weißem Grund
Beschriftung auf dem Mittelstreifen des Bogen C: »ZU FINDEN BEY FRANZ HOFMAN PÜRCEK IN PASSAU 1770«
Inv.-Nr.: B 130 (1)
Wien 1974, Nr. 97 mit älterer Literatur; Keller 1981, GER 556; Radau/Himmelheber 1991, Nr. 46.

Einzelne Karten sind auf den zwei Bogen doppelt, so daß andere fehlen und damit kein vollständiges Spiel von 48 Blatt entsteht.

Die beiden Bogen Franz Hofmanns sind in vielen Spielkartensammlungen vorhanden. Möglicherweise wurden sie als Bogen zu irgendeinem Sammlungszweck verkauft. Die Könige sind beritten. Sie folgen damit einer Tradition, die wir in Frankfurt, in Wien und anderen Orten belegen können. Auch die Tierbilder auf den Zahlenkarten sind seit der Mitte des 16. Jahrhunderts bekannt. Die Ober und Unter sind als Zwerge dargestellt. Sie kopieren die Serie der »Gobbi«, die Jacques Callot um 1622 herausbrachte. Burleske Figuren finden sich häufig auf Spielkarten.

123 **Polnische Trachten**
Einfigurig, deutsche Farbzeichen
Leipzig, letztes Viertel 18. Jahrhundert
Blattzahl: 1 Bogen mit 18 Blatt; Bogengröße: 29,3 x 4,25 cm; Blattgröße 5,3 x 9 cm
Werte: Daus, K, O, U, X - 2
Material: Dünnes Papier
Technik: Moderner Abzug vom Holzstock
Rückseite: Unbedruckt
Beschriftung auf Blatt-Daus: Monogramm (nicht entschlüsselt); auf Herz-X: »Merkur« und »T«, umgekehrtes »L« und »M«; auf Herz-Daus: »C 7«
Inv.-Nr.: B 15 a
Essenwein 1886, S. 23, Nr. 1783.

124 **Sächsisches Bild**
Einfigurig, deutsche Farbzeichen
Hersteller: Traugott Kaspar Knaut
Weimar, um 1830
Blattzahl: 31 von 32. Es fehlt: Blatt-9; 10,2 x 6 cm
Werte: Daus, K, O, U, 10 - 7
Material: Spielkartenkarton
Technik: Holzschnitt
Rückseite: Marmoriert, Grün und Rot
Beschriftung auf Eichel-Daus: »Feine Schwerter Karte«; auf Herz-8: »Tr. Knaut in Weimar«
Steuerstempel auf Herz-Daus: Schwarz, Wappen Großherzogtum Sachsen-Weimar-Eisenach mit Umschrift »G.S.W.E. VIER Sgr.«
Inv.-Nr.: 1991-90
Vgl. Mann 1990, Nr. 104.

125 **Späteres Ansbacher oder Nürnberger Bild**
Einfigurig, deutsche Farbzeichen
Süddeutschland, um 1860
Blattzahl: 32; 9,2 x 5,5 cm
Werte: Daus, K, O, U, 10 - 7
Material: Karton aus mehreren Schichten
Technik: Holzschnitt, schablonenkoloriert
Rückseite: Blaubraunes Diagonalgitter auf hellem Grund
Beschriftung auf Blatt-Daus: »DER 18.Oct.1813«
Steuerstempel auf Herz-Daus: Schwarz, Wappen Fürstentum Schwarzburg-Rudolstadt (?) und Umschrift »F.S.R. KARTENSTEMPEL«
Inv.-Nr.: 1991-105
Vgl. Mann 1990, Nr. 89.
Während die Figuren des späteren denen des früheren Ansbacher Bildes (Mann 1990, Nr. 87 und 88) gleichen, ist das Format vom Quadrat zum Hochrechteck verändert worden. Was um 1400 stilistische Gründe hatte, bei Bernhard Merkle um 1550 Manier war (vgl. Hoffmann 1993, Nr. 44-53) ist nun ein altertümliches Muster.

126 **Fränkisches Bild**
Einfigurig, deutsche Farbzeichen
Hersteller: Leipziger Kartenfabrik
Leipzig, um 1775
Blattzahl: 32; 5,5 x 3,4 cm
Werte: D, K, O, U, 10 - 7
Material: Papier aus mehreren Schichten
Technik: Holzschnitt, koloriert
Rückseite: Marmoriert, abgegriffen, fast farblos
Beschriftung auf Eichel-Daus: »L. K. Fabrick«; auf Schellen-Daus Monogramm (nicht entziffert)
Inv.-Nr.: 1991-108
Suma 1994, S. 34 zum Hersteller; zum Bild vgl. Mann 1990, Nr. 97.

127 **Bayerisches Bild mit Soldaten-Szenen**
Einfigurig, deutsche Farbzeichen
Hersteller: Traugott Kaspar Knaut
Weimar, 1830
Blattzahl: 32 + 4 Sechserkarten mit anderer Rückseite; 9,2 x 5,4 cm
Werte: Daus, K, O, U, 10 - 6
Material: Karton aus mehreren Schichten
Technik: Holzschnitt
Rückseite: Gestiftete Sterne, Blau auf Weiß; 6er-Karten mit marmorierter Rückseite
Beschriftung auf Herz-König: Wappenschild »T K« mit Anker
Steuerstempel auf Herz-7: Schwarz, Wappen Fürstentum Reuß jüngere Linie mit Umschrift »F. R. I L. 2 1/2 Sg. 1862« (?).
Inv.-Nr.: 1991-94
Zum Bayerischen Bild vergl. Hausler 1993.

128 **Mohrendeutsche Karten**
Einfigurig, deutsche Farbzeichen
Hersteller: Danniel Reich
Kronstadt, um 1800
Blattzahl: 1 Bogen mit 9 Blatt; Eichel-Daus, -K, -O, -U; Herz-Daus, -O, -U, -6; Schellen-K; 28,8 x 15,9 cm
Werte: Daus, K, O, U, X - 6
Material: Papier, 3-lagig verklebt
Technik: Holzschnitt, schablonenkoloriert
Rückseite: Weinrot-weiß marmoriert, beklebt mit Architekturzeichnungen
Beschriftung auf Eichel-As: »Fabricirt in Cronstadt«; auf Herz-As: »bey Danniel Reich«
Inv.-Nr.: 1991-78
Zu dem »Mohrendeutschen Bild« vgl. Mann 1990, Nr. 115; vgl. auch Detlef Hoffmann: Spielkartensammlung Piatnik, Wien 1970, Kat.-Nr. 3.

129 **Preußisches Bild**
Einfigurig, deutsche Farbzeichen
Hersteller: Christian Theodor Traugott Sutor
Naumburg, um 1840
Blattzahl: 17 von 32. Vorhanden: Eichel-Daus, -K, -9; Blatt-K, -O, -U, -9, -7; Herz-U, -X, -8, -7; Schellen-O, -U, -X, -8, -7; 10,6 x 5,7 cm
Werte: Daus, K, O, U, 10 - 7
Material: Karton aus mehreren Schichten
Technik: Holzschnitt, schablonenkoloriert
Rückseite: Muster aus rotbraunen Dreiecken und Punkten, auf hellem Grund
Beschriftung auf Herz-8: »C.T. Sutor«
Inv.-Nr.: 1991-104
Zum Preußischen Bild vgl. Kohlmann/Radau 1978; Kohlmann/Radau/Schlede 1982, S. 82-86; Kohlmann 1984, S. 46-52.
Die Ober und Unter unseres Spiels sind typisch für das Preußische Bild. Abweichend sind die thronenden Könige, die im Mainstream stehend dargestellt sind.

130 **»Bleibe im Lande und nähre Dich redlich«**
Einfigurig, deutsche Farbzeichen
Hersteller: Theodor Wegener
Stralsund, um 1860
Blattzahl: 36; 10,2 x 5,9 cm
Werte: Daus, K, O, U, 10 - 6
Material: Karton aus mehreren Schichten Papier
Technik: Stahlstich, schablonenkoloriert
Rückseite: Marmoriert in Grün, Braun und Gelb
Beschriftung auf Schellen-Daus: »Bleibe im Lande und nähre dich redlich«; auf Eichel-Daus: »Stralsund«; auf Herz-Daus: »T. Wegener in Stralsund«; auf Herz-8: »T.W.«
Steuerstempel auf Herz-Daus: Schwarz, preußischer Adler mit Umschrift »KOENIGR. PREUSSEN DREI S. STRALSUND«
Inv.-Nr.: 1991-95
Balan/Radau, Steuerstempel 1991; Keller 1981, GER Nr. 233; Kohlmann/Radau 1978, Nr. 7.

131 **Deutsche Holzkarte »Guten Morgen«**
Einfigurig, deutsche Farbzeichen
Hersteller: Christian Theodor Traugott Sutor
Naumburg, um 1845
Blattzahl: 24 + 1 von 36. Es fehlen: Eichel-9, Blatt-Daus, -K; Herz-Daus, -K, -O, -U, -X, -7, -6; Schellen-Daus, -7. Eichel-X doppelt vorhanden; 9,9 x 5,5 cm
Werte: Daus, K, O, U, X - 6
Material: Karton aus mehreren Schichten
Technik: Holzschnitt, schablonenkoloriert
Rückseite: Rotbraun marmoriert
Beschriftung auf Blatt-10: »Guten Morgen«; auf Eichel-Daus: »Naumburg«; auf Herz-8: »CTS«
Inv.-Nr.: 1991-96
Kohlmann/Radau 1978, Nr. 1; Kohlmann/Radau/Schlede 1982, Nr. 72; Mann 1990, Nr. 108.

132 **Preußisches Bild, Burgenkarte**
Einfigurig, deutsche Farbzeichen
Hersteller: Christian Theodor Traugott Sutor
Naumburg, um 1840
Blattzahl: 32; 10,2 x 5,7 cm
Werte: Daus, K, O, U, X - 7
Material: Karton aus mehreren Schichten
Technik: Stahlstich
Rückseite: Braungrün marmoriert
Beschriftung auf Herz-Daus: »FABRIK in NAUMBURG a./S. C.T. Sutor«; auf Schellen-Daus: »C.T. Sutor«
Steuerstempel auf Herz-Daus: Schwarz, preußischer Adler mit Umschrift »NAUMBURG DREI S:GR.«
Inv.-Nr.: 1991-100
Kohlmann 1984, Nr. 13 bildet eine Variante von C. Pfeiffer, Berlin, ab. Kohlmann/Radau/Schlede 1982, Nr. 73 zeigt eine Variante von Christian Theodor Sutors Nachfolger.

133 **Karte mit Volkstypen**
Einfigurig, deutsche Farbzeichen
Sachsen, um 1820
Blattzahl: 24 (vollständig ?); 9,9 x 6,1 cm
Werte: Daus, K, O, U, X, 9
Material: Pappe aus mehreren Schichten
Technik: Holzschnitt, schablonenkoloriert
Rückseite: Quadratische Sterne, abwechselnd mit Punkten, Blau auf Weiß
Steuerstempel auf Herz-Daus: Blau, preußischer Adler, darunter »ACHT G.GR.«
Inv.-Nr.: 1991-106

134 **Handwerker-Karte**
Einfigurig, deutsche Farbzeichen
Hersteller: Christian August Müller
Berlin, um 1845
Blattzahl: 32; 10,4 x 5,7 cm
Werte: Daus, K, O, U, 10 - 7
Material: Karton aus mehreren Schichten Papier
Technik: Holzschnitt, schablonenkoloriert
Rückseite: Stiftmuster mit Punkten in Blau auf hellem Grund. Auf allen Rückseiten in schwarzer Tusche »VI 22016a«
Beschriftung auf Herz-As: »Fabrik in Berlin von C.A. Müller«
Steuerstempel auf Herz-Daus: Schwarz, preußischer Adler mit Umschrift »BERLIN DREI S:GR.«
Inv.-Nr.: 1991-85
Kohlmann 1984, Nr. 8 (»Berufe-Karte«).
Die Karte gehört zu den zahlreichen Neuerfindungen mit Handwerkern, Jägern und Angehörigen anderer Berufe der Biedermeierzeit, wie sie besonders in Berlin, Stralsund, Leipzig und Naumburg herausgegeben wurden. Von den Genreszenen auf den Zahlenkarten erschienen mehrere auch im Preußischen Bild (ebenda).

135 **Goldschmidt-Karten**
Einfigurig, Tarock mit italienisch-spanischen Farbzeichen (?)
Provence (?), Mitte 15. Jahrhundert
Blattzahl: 9 von ?; 14 x 6,5 cm
Technik: Deckfarbe auf punziertem Goldgrund
Material: Pergament in Zweitverwendung
Rückseite: Karminrot
Inv.-Nr.: B 226 a - i (2)
Depaulis 1984, Nr. 6; Dummett 1980, S. 73 u. Abb. 13; Goldschmidt 1919; Grunfeld 1976, S. 115; Hoffmann 1972, S. 18 u. Taf. 19; Hoffmann 1985, S. 52; Hoffmann/Dietrich 1988, Nr. 1; Kaplan 1978, Bd. I, S. 110/111; Klein 1967; Pinder 1955; Schreiber 1937, S. 100; Shephard 1985; Zangs/Holländer 1994, S. 252, G 2.
Die Karten stammen aus dem Besitz des Sammlers Victor Goldschmidt, der sie – ohne Angabe über die Provenienz – in seinem Buch: Farben in der Kunst, Heidelberg 1919 (Bd. III, T. 66 a-e, T. 67 f-i) veröffentlichte. Seitdem haben sie die Spielkartenforschung irritiert. Die leichteste Lösung der Probleme, die Karten für Fälschungen zu erklären, wurde durch ein Gutachten des Doerner-Instituts vom 21.6.1955 erschwert. Durchgeführt wurde eine spektralanalytische Untersuchung. Die Analyse des Goldgrunds ergab, daß »neben viel Gold und etwas Silber noch die Elemente Kupfer, Blei, Zink, Aluminium, Mangan, Magnesium und Silizium in kleinen Beimengen festzustellen« sind. Das Gutachten kommt zu dem Resultat, »daß kein Grund zu der Annahme besteht, daß sie nicht echt wären«.
Bei den Karten handelt es sich – wie man am linken Rand der Karte »Bischof« sehen kann – um ein Palimpsest, das Pergament ist also hier zum zweiten Mal verwendet. Der Goldgrund ist gepunzt. Die Rückseite ist in dunklem Karmin gehalten. Spielkarten auf Pergament sind sehr selten, selbst die meisten älteren illuminierten – etwa das Stuttgarter Spiel – sind auf Papier gemalt. Doch das ist nicht das einzige außergewöhnliche. Lediglich eine Karte – die Keulen-7 – fügt sich in die bekannte Spielkarten-Ikonografie ein. Immerhin ordnet sie den Kartensatz dem italienisch-spanischen Farbsystem zu. Damit kann auch die Karte mit dem Kelch, dem Brunnen und der Schlange als Becher-As bezeichnet werden, sowohl die Karten der Guildhall wie auch die des Victoria- und Albert-Museums haben eine solche As-Karte. Michael Dummett ist auch zuzustimmen, daß die Karte mit Schwert und Totenkopf am besten als Schwert-As bezeichnet werden kann, auch hier besteht Ähnlichkeit zu dem Satz der Guildhall. Bedenkenswert ist auch Dummett's Überlegung, daß die Karte mit dem gekrönten Seeuntier etwas wie eine Heraldische Titelkarte sei, oder sollte es als gekröntes Untier doch mit Tarock XV »Der Teufel« identisch sein? Dem Tarockspiel wäre als leichtestes die Sonne über den drei stilisierten Bergen zuzuordnen (vielleicht auch ein Wappen wie das der Familie Albani (vgl. Hoffmann 1972, Taf. 69 a).
Sicher ist, daß der Reichtum an Spielen mit Karten im 15. Jahrhundert sehr viel größer war, als wir heute ahnen. So gehörten diese Karten möglicherweise auch in einen Spielzusammenhang, den wir nicht kennen. Irritierend ist dabei nun wieder die Keulen-Fünf, die die Karten eindeutig dem konventionellen Spielkartenbereich zuordnet. Die Lokalisierung bereitet zusätzliche Schwierigkeiten. Klein vermutete einen lombardischen Künstler, sowohl die Farbzeichen als auch der eher herbe, brüchige Stil lassen an die Provence denken. Doch unsere Stilvorstellungen orientieren sich leicht an der besten Qualität. Bei den Spielkarten gehen wir oft mit einer dritt- und viertrangigen künstlerischen Qualität um. Damit wird eine genaue stilistische Beurteilung schwierig.

136 **Giocco del passa tempo**
Einfigurg
Hersteller: Giuseppe Maria Mitelli
Bologna, 1690
Blattzahl: 4 Bogen mit insgesamt 40 Blatt; 39,6 x 27,9 cm (Plattenrand); Einzelblattgröße: 12,8 x 6,4 cm
Werte: 1 - 40
Material: Papier
Technik: Kupferstich
Rückseite: Unbedruckt
Beschriftung auf Blatt 20: »Gioco del Passa Tempo«, es folgt die Spielanleitung, darunter »1690 Givseppe M. Mitelli inu. e fece«; auf Blatt 40: »Givseppe M. Mitelli I.E.F.«
Inv.-Nr.: B 669
Hoffmann/Dietrich 1988, Nr. 8 mit älterer Literatur.
Das »Spiel der vergehenden Zeit« wird im allgemeinen nicht zu den Tarocken gerechnet und tatsächlich ist es genausowenig ein Tarockspiel wie die Mantegna-Tarocchi; auf der anderen Seite gehört es sehr deutlich in den Kreis der humanistischen Spiele. Es besteht aus 40 Blatt, 20 trionfi und 20 Cartazze. Die ersteren sind durch einen Stern, die letzeren durch einen Punkt gekennzeichnet. Die ersteren zeigen Tugenden, die letzteren Laster. Da die Tugenden mehr Gewinnpunkte holen als die Laster, lernen die Spielenden, wie lohnend es ist, sich mit Tugenden zu identifizieren.

137 **Florentiner Tarock »Orfeo«**
Einfigurig, Tarock mit italienischen Farbzeichen
Hersteller: Orfeo [Firmenschild]
Lucca (?), 16. Jahrhundert
Blattzahl: 26 von 78. Vorhanden: VIIII, X, Mond, Jüngstes Gericht, Matto; Schwert-K, -10, -7, -5, -3; Stab-9, -8, -7, -4, -3; Becher-K, -B, -10, -9, -8, -6, -5; Münzen-K, -B, -5, -3; 10 x 5,8 cm
Werte: 56 Blatt des Vierfarbspiels und wahrscheinlich 22 Tarocke
Material: Pappe aus mehreren Schichten
Technik: Holzschnitt, schablonenkoloriert
Rückseite: Orpheus, die Viola spielend und Beischrift »Orfeo«
Beschriftung auf Tarock X: »FAMA VOLA«
Inv.-Nr.: 1990-77
Hoffmann/Dietrich 1988, Nr. 74 mit älterer Literatur.

138 **Florentiner Tarock »Di Lucca«**
Einfigurig, Tarock mit italienischen Farbzeichen
Hersteller: Di Lucca [Firmenzeichen]
Lucca (?), 17. Jahrhundert
Blattzahl: 6 von 78 (?). Vorhanden: Schwert-K, -D, -B; Stab-D, -9, -8; 9,5 x 5,6 cm
Werte: 56 Blatt des Vierfarbspiels und wahrscheinlich 22 Tarocke
Material: Karton aus mehreren Schichten
Technik: Holzschnitt, schablonenkoloriert
Rückseite: Italienische Verarbeitung, mit gepunkteter Umrandung; weibliche Figur, darunter »D'Lucca«
Inv.-Nr.: 1990-46
Depaulis 1984, Nr. 31; Hoffmann/Dietrich 1988, Nr. 75.

139 **Minchiate**
Einfigurig, Minchiate mit italienischen Farbzeichen
Hersteller: Poverino [Firmenschild]
Florenz, Ende 18. Jahrhundert
Blattzahl: 97; 10 x 6 cm
Werte: I - 41, 56 Blatt des Vierfarbspiels
Material: Karton aus mehreren Schichten Papier
Technik: Holzschnitt, schablonenkoloriert
Rückseite: Vignette, darunter »POVERINO«, italienische Verarbeitung mit Pünktchenrand
Beschriftung auf Tarock XXIIII: »P.S.F.« und Monogramm »PSF«
Steuerstempel auf Tarock XXVII: Schwarz, florales Muster mit Umschrift »BOLLA DELLE CARTE DI TOSCANA«
Inv.-Nr.: B 1353
Hoffmann/Dietrich 1988, Nr. 83.
Das Minchiate besteht aus 97 Karten: Zu den 41 Tarockkarten treten 56 Blatt des Vierfarbspiels. Die Tarockkarten zeigen in einzelnen Bildern und im gesamten System Zusammenhänge mit den Tarockspielen mit 22 Trümpfen, jedoch wurde beim Minchiate mit der Erweiterung der Reihe auch eine Systematisierung versucht. Tarock XX bis XXIII zeigen die vier Elemente Feuer, Wasser, Erde und Luft. Es folgen von Tarock XXIIII bis XXXVI die zwölf Tierkreiszeichen. Alle 16 Karten sind völlig neu und im herkömmlichen Tarock nicht bekannt. Die Neigung zur Systematisierung zeigt das Minchiate auch, indem es die im üblichen Tarockspiel vertretenen drei Tugenden Mäßigkeit (VI), Kraft (VII) und Gerechtigkeit (VIII) um die vierte Tugend (Klugheit) ergänzt als Tarock XVII. Hinzu treten die drei geistlichen Tugenden Hoffnung (XVI), Glaube (XVIII) und Liebe (XVIIII). Die fünf, das übliche Tarock abschließenden Karten, Stern, Mond, Sonne, die Welt und das Gericht beenden als Nr. 36 bis 40 die Trumpfreihe. Allerdings ist auf diesen Karten keine Zahl eingedruckt. Die Reihe beginnt wie im üblichen Tarock mit I = dem Zauberer, II = Großherzog, III = Kaiser des Westens, IIII = Kaiser des Ostens, es folgen die Liebenden (V). Auch die übrigen Karten sind im üblichen Tarock vertreten: VIIII = Glücksrad, X = der Wagen, XI = der Einsiedler, XII = der Gehängte, XIII = Der Tod, XIV = der Teufel, XV = das Haus Gottes. Ikonografisch unterscheiden sich die Karten in der Sammlung des DSM kaum voneinander. Die 12 Tierkreiszeichen zeigen die in der Astrologie eingeführten Symbole, während die Karten 36 bis 40 den Karten des Belgischen Tarocks, Abb. 89, entsprechen. Auch die Karten am Anfang der Reihe entsprechen im allgemeinen dem Belgischen Tarock, eine Ausnahme sind die Nummern II bis IIII und XV, wo der Blitz in ein Tor einschlägt, aus dem Adam und Eva herauskommen. Der nicht numerierte Narr ist mit Narrenkappe und Zepter sowie zwei ihn verspottenden Kindern dargestellt.
Das Vierfarbspiel entspricht in der Anordnung der Farbzeichen und weitgehend bei den Figurenkarten dem sog. Portugiesischen Bild (Abb. 97).

140 **Minchiate »Ganellini«**
Einfigurig, Tarock mit italienischen Farbzeichen
Genua, um 1825
Blattzahl: 98. Es fehlt: Becher-3; Stab-5 doppelt; 9,9 x 5,9 cm
Werte: I - 42, 56 Blatt des Vierfarbspiels
Material: Karton aus mehreren Schichten
Technik: Holzschnitt, schablonenkoloriert
Rückseite: Punkte u. Sternchen in Schwarz
Inv.-Nr.: 1985-234
Hoffmann/Dietrich 1988, Nr. 90 mit älterer Literatur
Die Karten folgen dem ikonografischen Schema, das unter Abb. 139 beschrieben wurde. Zu den »Rossi« tritt eine weitere Trumpfkarte, die eine von Meermännern getragene Kreisform, in der sich Fortuna befindet, zeigt. Stilistisch unterscheidet sich das Spiel durch die höhere Präzision des Holzschnittes und die ungewöhnliche Farbgebung, die durch die Verwendung von Violett statt dem üblichen Rostrot charakterisiert ist.

Dieses seltene Spiel ist nur noch ein einziges Mal in einer Sammlung in Birmingham nachzuweisen.

141 **Marseiller Tarock**
Einfigurig, Tarock mit italienischen Farbzeichen
Hersteller: Jean-Pierre Payen
Avignon, 1713
Blattzahl: 78; 12,1 x 6,2 cm
Werte: I - XI, Le Fol, 56 Blatt des Vierfarbspiels
Material: Karton aus mehreren Schichten Papier
Technik: Holzschnitt, schablonenkoloriert
Rückseite: Rautenmuster mit Lilien in den Ecken, zentraler Punkt in Blau
Beschriftung auf Münzen-2: »JEAN.PIERRE. PAYEN ...ANO. 1713«; auf Becher-2: »I. PIERRE PAYEN«.
Inv.-Nr.: 1995-83
Hoffmann/Dietrich 1988, Nr. 9 mit älterer Literatur

142 **Sizilianisches Tarock**
Einfigurig, Tarock mit italienischen Farbzeichen
Hersteller: La Fortuna [Firmenschild]
Palermo, um 1820
Blattzahl: 63. Es fehlen: Schwert-, Stab-, Becher-4; 8 x 4,7 cm
Werte: I - 20, Miseria, Narr, 41 Blatt des Vierfarbspiels
Material: Karten aus mehreren Schichten
Technik: Holzschnitt, schablonenkoloriert
Rückseite: Fortuna mit Spruchband, beschriftet »LA FORTUNA«; italienische Verarbeitung
Inv.-Nr.: 1987-7
Hoffmann/Dietrich 1988, Nr. 98 mit älterer Literatur
Ältestes Beispiel des heute noch in Sizilien gespielten Tarockspiels, das von Dummett 1980, S. 372-373, überhaupt wieder in die Diskussion eingebracht wurde, nachdem es bis dahin übersehen worden war. Tarock 5, 6 und 7 zeigen die Tugenden Mäßigkeit, Tapferkeit und Gerechtigkeit. 2 und 3 sind Kaiserin und Kaiser. Tarock 4 ist eine eigenwillige, ikonografisch schwer ins System zu bringende Allegorie, die Beständigkeit (»la Constanza«). Nach den Tugenden folgen 8 = Liebe, 9 = Der Wagen, 10 = Glücksrad, 11 = Der Gehängte (hier ein Mann, vom Rücken gesehen, der sich am Ast eines Baumes erhängt hat; Judas?), 12 = Der Einsiedler, 13 = Der Tod - im großen und ganzen dem Vorbild nahe. Tarock 14 (»il Vascello«) zeigt ein Segelschiff, ähnlich dem Element Wasser (XXI) im Minchiate. 15 = Der Turm, ein einfacher runder Turm, verzichtet auf den Blitz. 16, 17 und 18 sind die uns aus allen Tarockspielen bekannten Gestirne: Stern, Mond und Sonne; zum Stern blickt ein Reiter auf. Unter dem Vollmond schläft – am Fuße eines Berges – ein junger Mann; zu seinen Füßen steht eine Frau, die ihn anzusprechen scheint. Auf der Sonnenkarte schließlich erschlägt ein junger Mann einen anderen. 19 trägt den Namen »la Palla«, die Weltkugel, also »Le Monde« in anderen Tarocken entsprechend: Der nackte Riese Atlas hält knieend den Globus auf seinen Schultern. Aus dem Engel des Jüngsten Gerichts (Tarock 20) wurde der thronende Gott Zeus, Blitze schleudernd, von seinem Adler begleitet. Der Narr (»il Fuggitivo«, der Flüchtling) trägt in der einen Hand die Weltkugel, mit der anderen hält er das Horn, das er bläst. Die Karte 1 zeigt den Zauberer (»Bagotti« oder »Picciotti«). Die verbleibende Karte »la Miseria«, das Elend, stellt einen Mann in kurzem Leibrock dar, in der linken Hand ein Kästchen, zu seinen Füßen ein Block. Mit diesem Blatt beginnt die Reihe, es ist die niedrigste Karte.

143 **Tiertarock**
Einfigurig, Tarock mit französischen Farbzeichen
Hersteller: Andreas Benedikt (auch Benedictus) Göbl
München, letztes Viertel 18. Jahrhundert
Blattzahl: 78; 10,8 x 5,1 cm
Werte: I - XXI, Skys, 56 Blatt des Vierfarbspiels
Material: Pappe aus mehreren Schichten
Technik: Kupferstich, schablonenkoloriert
Rückseite: Marmoriert, rot
Steuerstempel auf Treff-As, Pik-As und Pik-7: Schwarz, oval, Kurfürstlich sächsisches Wappen, darunter »IMPOST«
Inv.-Nr.: B 749
Hoffmann/Dietrich 1984, Nr. 1 mit älterer Literatur; Radau 1989.

144 **Tiertarock**
Einfigurig, Tarock mit französischen Farbzeichen
Hersteller: Industrie Comptoir
Leipzig, 1810
Blattzahl: 78; 11 x 5,85 cm
Werte: I - XXI, Skys, 56 Blatt des Vierfarbspiels
Material: Karton aus mehreren Schichten
Technik: Holzschnitt, schablonenkoloriert
Rückseite: Marmoriert, braun
Beschriftung auf Herz-Bube: »Industrie Comptoir«; auf Karo-König: »Leipzig«
Steuerstempel auf Treff-As, Pik-As und Pik-7: Schwarz, oval, Königlich sächsisches Wappen, darunter »IMPOST«
Inv.-Nr.: 1991-129
Balan/Radau 1989.

145 **Tarockspiel mit völkerkundlichen Motiven**
Tarock II - XX einfigurig, sonst doppelfigurig; Tarocke mit französischen Farbzeichen
Hersteller: Josef Fetscher d.J.
München, 1. Viertel 19. Jahrhundert
Blattzahl: 78; 10,2 x 6 cm; Originalschuber
Werte: Tarock I - XXI, Skys, 56 Blatt des Vierfarbspiels
Material: Karton aus mehreren Schichten Papier
Technik: Kupferstich, schablonenkoloriert
Rückseite: Blaues Sternchenmuster
Beschriftung auf Tarock-II: »Joseph Fetscher Bürgl. Kartenfabricant. München in der Burggassen«
Steuerstempel auf Herz-As: Schwarz, bekröntes bayerisches Wappen mit Lorbeer- und Palmzweig, darunter »8 K« [kursiv]
Inv.-Nr.: B 386
Hoffmann/Dietrich 1984, Nr. 54 mit älterer Literatur.

146 **Schiller-Tarock**
Doppelfigurig, Tarock mit französischen Farbzeichen
Hersteller: Carl Heinrich Zölcke
Leipzig, um 1840
Blattzahl: 42 von 54. Vorhanden: 22 Tarocke, alle 16 Figurenkarten, Herz- u. Karo-As, Treff- u. Pik-10; 10,6 x 6 cm
Werte: I - XXI, Skys = »FIESCO«, 56 Blatt des Vierfarbspiels
Material: Pappe aus mehreren Schichten
Technik: Kupferstich, schablonenkoloriert
Rückseite: Marmoriert, blau
Inv.-Nr.: 1991-125
Keller 1981, GER 640.

147 **Wanderung durch Thüringen**
Doppelfigurig mit einer besonderen Lösung für I - XXI. Tarock mit französischen Farbzeichen
Hersteller: Christian Theodor Traugott Sutor
Naumburg, nach 1840
Blattzahl: 26 von 54 oder 78; I - XXI, Skys, Treff-, Pik-, Herz-, Karo Reiter; 10,35 x 5,4 cm
Werte: I - XXI, Skys, 56 (?) Blatt des Vierfarbspiels
Material: Karton aus mehreren Schichten Papier
Technik: Lithografie, schablonenkoloriert
Rückseite: Gepunktetes Wellenmuster in Blau
Inv.-Nr.: 1991-121

148 **Tarock mit bürgerlichen Szenen**
Doppelfigurig, Tarock mit französischen Farbzeichen
Hersteller: Christian Theodor Traugott Sutor
Lithograf (?): C. Ermer
Naumburg, 2. Viertel 19. Jahrhundert
Blattzahl: 5 von 54 oder 78. Vorhanden: VIII, IX, XII, Skys, Treff-Bube; 10,6 x 5,7 cm
Werte: I - XXI, Skys, verkürztes oder vollständiges Vierfarbspiel
Material: Dünner Karton aus mehreren Schichten Papier
Technik: Lithografie, schablonenkoloriert
Rückseite: Ranken- und Blütenmuster aus gepunkteten Linien und Stiften in Braun
Beschriftung: Signatur auf dem Skys: »C. Ermer, Weimar«; auf Kreuz-Bube: »C. T. Sutor in Naumburg«
Inv.-Nr.: 1991-82 a

149 **Wiener Vedutentarock**
Doppelfigurig mit besonderer Lösung für II bis XXI; Tarock mit französischen Farbzeichen
Hersteller: C. Titze und Schinkay
Wien, um 1890
Blattzahl: 53 von 54. Es fehlt: Tarock XIII; 10,2 x 5,6 cm
Werte: I - XXI, Skys, 32 Blatt des Vierfarbspiels
Material: Karton aus mehreren Schichten
Technik: Stahlstich, schablonenkoloriert
Rückseite: Diagonales Flechtmuster in verschiedenen Blautönen
Beschriftung auf Treff-Bube: »Aus der k.k.landesb. Spielkarten Fabrik des Carl Titze & Schinkay in Wien«; auf Karo-Bube: »Carl Titze & Schinkay«; auf Herz-As: »C. Titze & Schinkay in Wien Neustiftgasse No. 60. Zum schwarzen Elefanten.«
Steuerstempel auf Herz-As: Roter, doppelköpfiger Adler mit »15« und blauer Umschrift »K.K. KARTENSTEMPEL 30«
Inv.-Nr.: 1994-42
Hoffmann/Dietrich 1984, Nr. 45.

150 **Jeu de Cartes de Leonor Fini**
Doppelfigurig, französische Farbzeichen
Künstlerin: Leonor Fini
Verlag: Acanthe, Paris
Vertrieb: Kirby Beard, Paris
Paris, 1949
Signatur auf dem Joker: »Leonor Fini«
Blattzahl: 54 + 1 Blankokarte; 8,9 x 6,3 cm; Buchschuber 10 x 6,5 x 2,7 cm
Werte: As, K, D, B, 10 - 2, 1 Joker
Material: Spielkartenkarton, elfenbeinfarbig
Technik: Offset, Goldrand
Rückseite: Violett-schwarz marmoriert
Beschriftung auf dem Herz-As: »ACANTHE Paris«
Inv.-Nr.: B 663 (1)
Graak 1985, 81 f., 152, 161, Bild 40; Hoffmann/Kroppenstedt 1966, S. 40-44.

151 **Le Jeu de Marseille**
Doppelfigurig, Phantasiefarben in Abwandlung französischer Farbzeichen
Künstler: Frédéric Delanglade, Wilfredo Lam, Oscar Dominquez, Max Ernst, André Masson, Jacques Hérold, Victor Brauner, Jacqueline und André Breton
Reinzeichnung: Robert Delanglade, 1941
Druck: B.P. Grimaud, 1983
Verleger: André Dimanche
Marseille, 1983 nach Vorlage 1941
Blattzahl: 54 + 1 Titelkarte; 9 x 5,8 cm; Faltschachtel; als Fotokopie liegt der Kommentar von André Breton bei
Werte: As, K, D, B, 10 - 2, 2 Joker
Material: Spielkartenkarton
Technik: Offset
Rückseite: Diagonalgitter in Wellenlinien auf blauem Grund
Inv.-Nr.: 1985-81
Hoffmann/Dietrich 1989, S. 16; Hoffmann/Dietrich 1985, Nr. 81; Hoffmann 1985, Abb. 50.

152 **Le Tarot Bohémians**
Hersteller: Jiří Havlíček
Brünn, 1970
Signatur: »V« in doppeltem Kreis
Blattzahl: 1. Vorhanden: Le Bâteleur; Blattgröße: 33 x 48,6 cm; Plattengröße: 28 x 42 cm
Werte: Tarot I
Material: Büttenpapier
Technik: Radierung und Aquatinta
Beschriftung am unteren Rand des Entwurfes: »7/25 ›Kejklir‹ (Le Bâteleur, Arcanum I, Le Tarot Bohémians) Variation A. Havlîĉek, 1970«
Inv.-Nr.: 1976-40
Hoffmann/Dietrich 1989, Nr. 2.

153 **Politisch-satirisches Kartenspiel**
Einfigurig, deutsche Farbzeichen
Norddeutschland, Ende 17. Jahrhundert
Blattzahl: 17 von 36 (?); Eichel-Daus, -K, -U; Blatt-Daus, -O, -X, -6; Herz-K, -O, -U, -6; Schellen-Daus, -K, -O, -8, -7, -6; 5,2 x 9,6 cm
Werte: Daus, K, O, U, X - 6
Material: Papier und Stoff
Technik: Gemalt, handgeschrieben, alle mit Stoffkleidung zu denkenden Teile der Figuren ausgeschnitten und mit Originalstoff unterlegt
Rückseite: Rot
Inv.-Nr.: B 250
Wien 1974, Nr. 87; Hoffmann/Dietrich 1982; S. 37; Hoffmann, Frankfurt 1972, S. 27; Hoffmann 1985, S. 66, Abb. 24; Hoffmann/Dietrich 1985, Nr. 37.
Die Texte auf den Karten, die aus dem Umkreis des sächsischen Hofes stammen sollen, sind sämtlich doppelsinnig. Sie beziehen sich einerseits auf das Spiel, anderseits auf die politische Situation der Entstehungszeit, die nach dem Westfälischen Frieden (1648) angesetzt werden muß. Auf dem Laub-Daus ist Königin Christina von Schweden abgebildet. Die Autoren haben ihren Religionswechsel (sie war 1655 römisch-katholisch geworden) sicher nicht positiv beurteilt, sonst hätten sie sie nicht nackt dargestellt. Christina blieb unverheiratet und entsagte dem Thron. Darauf zielt der Text, der immer eine Einheit von politischem »Spiel« und Kartenspiel herstellt: »Hett ich mir einen Königs genommen, ich würde sicher ein schön Spiel gemacht haben«, und Eichel-Daus, der Türke, fragt: »Solte ich auch wohl mit ins Spiel kommen.«

154 **The Horrid Popish Plot 1678 oder Titus Oates Plot**
Einfigurig, französische Farbzeichen
Hersteller: Robert Walton
London, 1679
Blattzahl: 52; 9,1 x 5,3 cm
Werte: K, D, B, X - I
Material: Karton aus mehreren Schichten
Technik: Kupferstich
Rückseite: Unbedruckt
Inv.-Nr.: B 1502
Fournier 1982, S. 213, Nr. 9; Hoffmann 1972, S. 45 u. Taf. 72 a mit älterer Literatur; Keller 1981, ENG 77 - ENG 81; Naipes 1993, Nr. 10; Tilley 1967, S. 90; Wayland 1992; Whiting 1978, S. 50-63; Wowk 1983, S. 93/94.
Im 17. und 18. Jahrhundert wurden in England sehr viele Spiele mit politischer Propaganda gedruckt. Diese Kartenspiele richteten sich vor allem gegen die katholische Kirche, sie informierten über päpstliche Verschwörungen, die man aufgedeckt habe: All the Popish Plots. Das älteste Spiel ist wohl 1679 erschienen. Es berichtet von den päpstlichen Verschwörungen, die seit 1588 stattgefunden haben. Dazu gehörte zum Beispiel der Versuch der Spanier, mit einer Armada die englische Insel zu erobern. Ein zweites Spiel, das ebenfalls unter dem Namen Popish Plot oder The Pretended Popish Plot of 1678 bekannt ist, ist am weitesten verbreitet; wir bilden es hier ab. Es folgen Spiele über das Rump Parliament (1648-1653), die Rebellion von Monmouth – 1685 –, die Regierung James' II., die der Queen Anne, Anklage des Dr. Sacheverell – 1710 – und schließlich die Bubble Companies. Wie Seifenblasen zersprangen um 1720 alle möglichen Betrügereien, vorgegebene Handelsprojekte, mit denen Scharlatane Unwissenden das Geld aus der Tasche zogen. Für mehrere der früheren Spiele lieferte der Tiermaler Francis Barlow die Vorzeichnungen, von denen sich einige in einem Album im British Museum befinden.

155 **Befreiungskriegs-Spiel**
Einfigurig, deutsche Farbzeichen
Hersteller: Friedrich Gotthelf Baumgä[ae]rtner
Leipzig, 1815 (datiert auf Blatt-Daus)
Signatur auf Blatt Daus: »F.G.B.«
Blattzahl: 32; 10,1 x 6 cm
Werte: Daus, K, O, U, 10 - 7
Material: Karton aus mehreren Schichten
Technik: Lithografie, schablonenkoloriert
Rückseite: Muster aus Punkten und Strich in Rot
Beschriftung auf Herz-7: »F.G.B.«
Steuerstempel auf Eichel-, Herz- und Schellen-Daus: Schwarz, oval, königlich sächsisches Wappen, darunter »IMPOST«
Inv.-Nr.: 1991-109
Hoffmann/Dietrich 1987, Nr. 42 mit weiterführender Literatur; Radau/Himmelheber 1991, Nr. 67; Verame 1989, S. 101.

156 **Bayerische Siegkarte**
Einfigurig, deutsche Farbzeichen
Hersteller: Josef Fetscher d.J.
München, nach 1813
Blattzahl: 35 von 36. Es fehlt: Eichel-U; 10,1 x 5,1 cm
Werte: Daus, K, O, U, 10 - 6
Material: Karton aus mehreren Schichten Papier
Technik: Kupferstich, schablonenkoloriert
Rückseite: Kreise und Punkte in Rot
Beschriftung auf Herz-9: »Joseph Fetscher Kartenfabricant in München«; auf Schellen-Daus: »F.«
Steuerstempel auf Herz-7: Schwarz, bekröntes bayerisches Wappen mit Lorbeer- und Palmzweig und »S.M.« und »8 Ker.«
Inv.-Nr.: B 21
Hoffmann/Dietrich 1987, Nr. 61; Radau/Himmelheber 1991, Nr. 56.

157 **Cartes à Rire oder Jeu des Journaux**
Einfigurig, französische Farbzeichen
Frankreich, 1819
Blattzahl: 52; 9,1 x 6,1 cm; Orginalschuber
Werte: As, K, D, B, 10 - 2
Material: Pappe aus mehreren Schichten
Technik: Kupferstich, schablonenkoloriert
Rückseite: Weiß, unbedruckt
Inv.-Nr.: B 672 (1)
Depaulis 1990, Nr. 81; Endrei 1994; Fischer 1994, S. 96; Hoffmann/Dietrich 1987, Nr. 17 mit älterer Literatur; Verame 1989, S. 40/41.

158 **Boston del'Univers, ou jeu des quatre parties du monde**
Einfigurig, französische Farbzeichen
Hersteller: René Janet
Paris, 1828 (Datum des Textheftes)
Blattzahl: 51 + 1. Es fehlt: Herz-8; Herz-10 doppelt; 10,6 x 7,4 cm; Schuber; Textheft
Werte: As, K, D, B, 10 - 2
Material: Dünner Karton aus mehreren Schichten
Technik: Kupferstich, schablonenkoloriert
Rückseite: Unbedruckt
Beschriftung auf der Schachtel: »Boston de l'Univers ou Jeu des quatre parties du Monde«
Inv.-Nr.: 1984-144
Hoffmann/Dietrich 1987, Nr. 16 mit älterer Literatur; Verame 1989, S. 80/81.

159 **Theaterfiguren**
Einfigurig, deutsche Farbzeichen
Hersteller: Straube u. Comp.
Gotha, um 1840
Blattzahl: 32; 8,8 x 6 cm
Werte: Daus, K, O, U, 10 - 7
Material: Karton aus mehreren Schichten Papier
Technik: Holzschnitt, schablonenkoloriert
Rückseite: Rotbraun marmoriert
Beschriftung auf Schellen 7: »Straube u. Comp. in Gotha«
Inv.-Nr.: 1991-103

160 **Einigung Italiens**
Doppelfigurig, französische Farbzeichen
Hersteller: Ernst Friedrich Wilhelm Jegel
Nürnberg, nach 1861
Blattzahl: 16 von 52. Vorhanden: alle 4 Asse, K, D und B;
9,2 x 6,2 cm; Originalumschlag
Werte: As, K, D, B
Material: Dünne Pappe aus mehreren Schichten
Technik: Stahlstich, schablonenkoloriert
Rückseite: Sternchenmuster mit Kreisen und Punkten in Rot
Inv.-Nr.: B 332
Hoffmann/Dietrich 1987, Nr. 95.
Das Spiel ist der italienischen Einheit gewidmet, die Beschriftung ist in deutscher Sprache. Wie Deutschland, war auch Italien in viele Fürstentümer aufgeteilt. Seit der Revolution von 1830 nehmen die Versuche zu, eine italienische Nation, einen geeinigten Staat zu schaffen. Doch die Unternehmungen im Revolutionsjahr 1848 scheiterten. Erst Ende der fünfziger Jahre kann sich König Victor Emanuel II. von Sardinien (Treff) an die Spitze des Kampfes gegen Österreich stellen. Der Architekt der Einheit, versiert im Umgang mit der europäischen Diplomatie, ist der Graf Cavour (Karo-Bube). Der Nationalheld, dem die Herzen der Italiener gehören, der mit Geduld und Zähigkeit für die Einheit, aber

auch für die Republik kämpft, ist Josef Garibaldi (Karo-König), begleitet, bis zu ihrem Tod 1849, von seiner Frau Anita, die ebenfalls die Truppen führte. Es ist bemerkenswert, daß diese tapfere Frau keinen Platz auf den Karten fand. Dafür steht Garibaldi als Karo-Dame, Italia, die Allegorie des Landes zur Seite. Victor Emanuel und Kaiser Napoleon III., der die Einigungsbewegung mit interessegebundenem Wohlwollen begleitete, haben als Damen die angetrauten Gattinnen neben sich. Die Buben sind italienische Generäle oder Freischärler (wie etwa Brixio, Treff-Bube). Auf den As-Karten sehen wir Städte und Plätze, die für die Befreiungsbewegung bedeutungsvoll waren: von Genua (Treff) im Norden bis Palermo (Herz) und Messina (Pik) im Süden.

161 **Tarock der Verkehrten Welt**
Doppelfigurig, mit besonderer Lösung für I bis XXI, Tarock mit französischen Farbzeichen
Hersteller: Christian August Müller
Berlin, um 1810/20
Blattzahl: 78; 10,8 x 5,3 cm
Werte: I - XXI, Skys, 56 Blatt des Vierfarbspiels
Material: Spielkartenkarton
Technik: Kupferstich, schablonenkoloriert
Rückseite: Gepunktete Wellenlinien mit fetten Punkten in Blau
Beschriftung auf Kreuz-Bube: »C.A. Müller in Berlin«
Steuerstempel auf Herz-As: Schwarz, preußischer Adler mit Umschrift »BERLIN ACHT S: GR.«
Inv.-Nr.: 1991-122
Hoffmann 1972, Taf. 61 a (von C.T. Sutor); Kaplan, S. 446/447; Kohlmann 1984, Nr. 29; Kohlmann 1982.

162 **La Fontaine-Tarock**
Einfigurig, Tarock mit französischen Farbzeichen
Hersteller: Peter Friedrich Ulrich
Leipzig, 1770
Blattzahl: 78; 10,8 x 5,4 cm
Werte: I - XXI, Skys, 56 Blatt des Vierfarbspiels
Material: Karton aus drei Schichten Papier
Technik: Kupferstich, schablonenkoloriert
Rückseite: Blaue Rauten in diagonaler Anordnung auf hellem Grund
Beschriftung auf Herz-Bube: »Alle Sorten feine Spiel-Karten«; auf Karo-Bube: »werden fabricirt von«; auf Treff-Bube: »Peter Friedric Ulrich«; auf Pik-Bube: »Kaufman in Leipzig«
Inv.-Nr.: 1991-123
Kaplan, S. 419, S. 422; Radau/Himmelheber 1991, Nr. 150 [von Baumgärtner] mit älterer Literatur.
Die Karten II bis XXI illustrieren die La Fontaineschen Fabeln.

163 **Rowley's Cards**
Einfigurig, französische Farbzeichen
Hersteller: Rowley & Co.
London, um 1774-1776
Blattzahl: 49. Es fehlen: Kleeblatt-3; Lanze-8; Diamant-8;
Lanzen-As als fotografischer Nachdruck; 9 x 6,2 cm
Werte: As, K, D, B, 10 - 2
Material: Dicker Karton aus mehreren Schichten
Technik: Kupferstich in Grün, Schwarz, Rot und Orange
Rückseite: Unbedruckt
Beschriftung auf Lanzen-As im Druck: »ROWLEY & Co.«, im Druck beschriftet: »G.III.REX.«, »HONI. SOIT.QUI.MAL.Y.PENSE.«, »No 7«, »DIEU ET MON DROIT«
Inv.-Nr.: B 1583
Fournier 1982, S. 219, Nr. 65; Hoffmann 1972, S. 35, Taf. 55 b mit älterer Literatur; Keller 1981, ENG 150; Naipes 1993, S. 65, Nr. 65; Rowley's 1973.

164 **Alfred Rethels Spielkarten**
Einfigurig, französische Farbzeichen
Hersteller: Alfred Rethel
Rom, 1852
Blattzahl: 12; 6,4 x 4 cm
Werte: K, D, B
Material: Dünner, fester Karton
Technik: Aquarelliert unter Verwendung von Deckweiß über Bleistift; Ränder vergoldet
Rückseite: Weiß
Inv.-Nr.: B 1694
Wien 1974, Nr. 142 mit älterer Literatur; Hoffmann 1985, S. 88, Abb. 31.
Rethel nimmt die Unterteilung in vier Farbzeichen zum Anlaß, unterschiedliche Tätigkeiten von Königen zu beschreiben: Kriegsdienst (Treff), Jagd (Herz), heiteres Fest (Pik) und Regieren (Karo). Für eine solche Aufteilung der vier Spielfarben gibt es sonst keine Parallelen. – Max Schmid (1898, S. 118) erwähnt die Karten zum ersten Male. Hier auch die Information, daß die Karten für den »Großvater Grahl« als Weihnachtsgeschenk gefertigt worden seien. Schmid hat derartige Informationen von der Witwe Rethels, Marie, geb. Grahl, erhalten. Mit Großvater Grahl ist Rethels Schwiegervater, der Miniaturmaler August Grahl, gemeint.

165 **Entwurf für die Pik-Dame des Simultané-Spiels**
Doppelfigurig, französische Farbzeichen
Hersteller: Sonja Delaunay
Paris, 1958/1959
Blattzahl: 1 Entwurf; Blattgröße: 56,5 x 32,2 cm
Werte: Pik-Dame
Material: Gehämmertes Bütten
Technik: Gouache über Bleistift
Beschriftung: »L.« u. in Bleistift bez.: »reine«; r.u.: »6 couleurs«
Inv.-Nr.: B 1411 (1)
Wien 1974, Nr. 163 a; Dietrich 1992, S. 209, Abb. 10; Graak 1985, 57, 78ff., 130, Farbabb. 12, 13; Hoffmann 1972, S. 37 u. Taf. 57 b; Hoffmann/Dietrich 1985, Nr. 97 u. Abb. S. 35; Hoffmann/Kroppenstedt 1966, S. 22-28, bes. Nr. 62 d; Janssen 1985, S. 271

166 **Kartenspiel von Jean Verame**
Einfigurig, französische Farbzeichen
Künstler: Jean Verame
Druck: Imp. Marchand, Paris
Verlag: Editions Dusserre, Paris
Paris, 1991
Signatur auf Herz-As: »J. Verame«
Blattzahl: Doppelspiel: 2 x 54 + je 1 Titelkarte; 8,7 x 6,3 cm; je Spiel 1 Faltschachtel zusammen in großer Faltschachtel 9,2 x 13,2 x 2 cm; 1 Beschreibungsfaltblatt
Werte: 2 x je As, K, D, B, 10 - 2, 2 Joker
Material: Spielkartenkarton
Technik: Offset, Silberschnitt
Rückseite: Wellenlinien in Blau, Lila und Rot auf weißem Grund
Beschriftung auf der Titelkarte: »Jean Verame«
Inv.-Nr.: 1992-38
Hoffmann 1985, Abb. 57; Hoffmann/Dietrich 1985, Nr. 95 u. S. 33.

167 **Kupferstichkartenspiel von Egbert Moehsnang**
Doppelfigurig, französische Farbzeichen
Künstler: Egbert Moehsnang
Schüpfen, 1978
Druck: AG Müller, CH Neuhausen
Blattzahl: Doppelspiel: 2 x 56; 11 x 7,7 cm; Doppelspielschachtel mit Plastikdeckel; 14,8 x 17,3 x 2,6 cm; Beschreibungsheft
Werte: 2 x je As, K, D, B, 10 - 2, 4 Joker
Material: Spielkartenkarton
Technik: Offset
Rückseite: Buntpapiermuster in Hell- bzw. Dunkelgrau
Beschriftung auf den Jokern: »C 1978 AGMüller«; auf dem Schachteldeckel: »Kupferstichspiel von Moehsnang AGMÜLLER Neuhausen Schweiz«
Inv.-Nr.: 1980-55
Graak 1985, 15, 131f., 136, 146, 170, Farbabb. 21, Bilder 47, 48.

168 **Karl Korabs Kartenspiel**
Einfigurig, französische Farbzeichen
Künstler: Karl Korab
Falkenstein, 1973
Verlag: Molden Edition Graphische Kunst
Wien, München, Zürich
Signatur auf den Figurenkarten: »KORAB«
Blattzahl: Doppelspiel: 2 x 55, je 1 Textkarte; 11,5 x 6,3 cm; 1 Schachtel für beide Spiele 21 x 32 x 2,2 cm; Siebdruckblatt, Titelblatt
Werte: 2 x je As, K, D, B, 10 - 2, 3 Joker
Material: Spielkartenkarton
Technik: Offset nach Siebdruckvorlagen
Rückseite: Rotgrüne bzw. blauorange Streifen
Beschriftung auf dem Titelblatt u.a.: »Molden Edition Graphische Kunst, Wien - München - Zürich«
Dieses Exemplar trägt die Nummer »257«
Inv.-Nr.: 1974-17
Graak 1985, 94, 96, 170, Farbabb. 11, Bild 43; Janssen 1985, S. 278.

169 **Pop-Tarot Poster**
Hersteller: J. Cooper
U.S.A., 1969
Signatur auf »Temperance«, links unten: »cooper«
Blattzahl: 1 Bogen mit 22 Blatt; Bogengröße 48,8 x 63,9 cm; Blattgröße: 13 x 7,7 cm
Werte: Tarock I - XXI, Fol
Material: Dünnes Papier
Technik: Mehrfarbiger Offset
Rückseite: Zeitungsdruck
Beschriftung (in Leserichtung): »Strength«, »The Magician«, »The Emperor«, »The Lovers«, »The Fool«, »The Devil«, »The World«, »High Priestess«, »The Hermit«, »Judgement«, »Temperance«, »Wheel of Fortune« (oben links »J. Cooper«), »Death«, »The Chariot«, »The Hierophant«, »The Star«, »The Empress«, »The Moon«, »Hanged Man«, »Justice«, »The Sun«, »The Tower«
Inv.-Nr.: B 1614
Hoffmann/Dietrich 1988, Nr. 156 mit älterer Literatur.
Als Tarot-Sequenz erschienen diese Bilder auf einer Beilage der Zeitschrift »eye« 1969; es gibt diese Blätter auch als Kartensatz. Die in dem Neo-Jugendstil der Zeit konzipierten Bilder zeigen teilweise durchaus zeitgenössische Menschen, bis auf wenige Ausnahmen Frauen. Der Wagen wurde zur Motorradfahrerin, auch der Teufel ist eine junge Frau, einen Totenkopf um den Hals gehängt. Der Hierophant wurde zum japanischen Priester, Jack Kerouacs »Gammler, Zen und hohe Berge« (engl. The Dharma Bums, 1958) war damals ein Kultbuch. Die Farbigkeit, die Figurenauffassungen, die Motivik ordnen dieses Spiel deutlich in die Kultur der späten 60er Jahre.

170 **Algèbre de l'hourloupe**
Künstler: Jean Dubuffet
Verlag: Jeanne Bucher und Galerie Beyeler, Paris und Basel
Paris, 1968
Druck: B.P. Grimaud, Paris
Blattzahl: 52 + 2 Titelkarten; 17 x 11,2 cm; Schuber 18,5 x 13 cm
Werte: 1 - 52
Material: Spielkartenkarton
Technik: Dreifarbiger Offsetdruck
Rückseite: Schwarz-weiß gemustert
Beschriftung: Auf jeder Rückseite die laufende Nummer mit Bedeutung der Vorderseite
Inv.-Nr.: 1989-96
Graak 1985, 90, 92f., Bild 42; Hoffmann/Dietrich 1989, Nr. 7 mit älterer Literatur.
Im Februar 1964 fertigte Dubuffet eine Serie von 15 Blättern, alle mit schwarzem Grund, die an das Büchlein »L'Hourloupe« erinnern. In diesem Zusammenhang entsteht die Idee, ein Kartenspiel zu machen – sie wird im Mai und Juli 1966 realisiert. Aus ungefähr 150 Zeichnungen wählt Dubuffet 52 aus, alle im Format 25 x 15,5 cm. – 1967 erscheint eine Vorzugsausgabe auf dickem Karton mit Goldschnitt versehen, verlegt durch die Edition Alecto in London. Sie trägt den Titel: »Banque de l'Hourloupe«. – 1968 im März folgt eine normale Ausgabe, verlegt von Jeanne Bucher in Paris und Beyeler in Basel. Hergestellt wurde diese Auflage von dem Kartenmacher Grimaud. Sie trägt den Titel: »Algèbre de l'Hourloupe, cinquante deux figures extrapolatoires«.

171 **I Tarocchi di Renato Guttuso**
Einfigurig, Tarot mit italienischen Farbzeichen
Künstler: Renato Guttuso
Verlag: La Monda, Triest
Triest, 1985
Signatur auf Il Matto, Schwert-R, Stab-B, Becher-D und -R
Blattzahl: 78; Blattgröße: 15 x 10 cm; Schuber 15,1 x 10,2 x 3
Werte: I - XXI, Il Matto, 56 Blatt des Vierfarbspiels
Material: Spielkartenkarton
Technik: Offset
Rückseite: Muster aus Mondsicheln und Sternen auf blauem Grund
Beschriftung auf der Vorderseite der Schachtel: »TAROCCHI DI RENATO GUTTUSO«
Inv.-Nr.: 1988-198
Graak 1985, 96, 121, 124ff., Farbabb. 16, Bilder 44, 45; Hoffmann/Dietrich 1988, Nr. 186 mit älterer Literatur; Kaplan 1990, S. 269 u. S. 271.
Der große Realist Renato Guttuso konnte in seinem Tarot-Spiel die alten Allegorien nicht ohne Anspielung auf die soziale Situation behandeln, die ihn umgab. Päpstin und Kaiserin werden zu wilden Frauen, der Kaiser zu einem eitlen Diktator, sein Gesicht gleicht dem eines Adlers (der ehem. Schah von Persien). Der Papst hingegen bringt, wohl durch seine rigiden Verbote, eine Frau zum Weinen. Die Liebenden sind zwei Menschen unterschiedlicher Rasse und der Triumphwagen ist gefüllt mit Hippie-Nackten unterschiedlicher Hautfarbe, fröhlich jubelnd. Die Prudentia – die es ja nur bei Etteilla gibt – macht ihrem Namen in sehr dinglicher Weise Ehre: Sie prüft mit der Fußspitze, ob das Wasser zum Baden nicht zu kalt sei. Die Temperantia auf der anderen Seite gießt nicht mehr Wasser aus einer Kanne in eine andere, vielmehr gießt sie sich immer wieder Alkohol nach, nichts von Mäßigkeit. Die Welt schließlich ist ein schrecklicher Kosmos geworden, hier liebt man sich nicht nur, hier wird gemordet und gebrandschatzt.

172 **Tarot 88 für Oskar Schlemmer**
Künstler: Johannes Dörflinger
London, 1988
Druck: A. Diesterheft, Stuttgart
Blattzahl: 22 + 2 Titelkarten; 22 x 16 cm; Schachtel 23,5 x 17,1 x 3,7 cm
Werte: 0 - XXII
Material: Pappe
Technik: Siebdruck, handkoloriert
Rückseite: Unbedruckt, außer der Narr, dieser ist mit rechtwinkligen Elementen weiß bedruckt
Beschriftung auf Tarocken 0 - XXII; auf Titelkarten: Titel des Spiels und Namen der Tarocke, Zueignung an Oskar Schlemmer, Angaben zu Druck, Seriennummer 49/100
Inv.-Nr.: 1990-66
Hoffmann/Dietrich 1989, Nr. 10 u. S. 21-24.

173 **Landkartenspiel**
Einfigurig, deutsche Farbzeichen
Hersteller: Joh. Math. Sedelmair
Augsburg, Ende 18. Jahrhundert
Blattzahl: 34 von 36. Es fehlen: Blatt-O, -8; 9,6 x 5,8 cm
Werte: Daus, K, O, U, 10 - 6
Material: Dünne Pappe aus mehreren Schichten
Technik: Kupferstich, schablonenkoloriert
Rückseite: Sternchen / Punkte in Rot
Beschriftung auf Blatt-Daus im Druck: »Fabricirt bey Joh. Math. Sedelmair, in Augsburg.«
Inv.-Nr.: A 873
Wien 1974, Nr. 110.

174 **Luxusspiel mit antiken Mythologien**
Einfigurig, deutsche Farbzeichen
Hersteller: Josef Fetscher d.J.
München, um 1812
Blattzahl: 36; 10 x 5,5 cm; Originalschuber
Werte: Daus, K, O, U, 10 - 6
Material: Karton aus mehreren Schichten Papier
Technik: Kupferstich, schablonenkoloriert
Rückseite: Stift-Sternchen in Rot
Beschriftung auf Schellen-König im Druck: »Joseph Fetscher Kartenfabricant«
Steuerstempel auf Herz-7: Schwarz, bekröntes bayerisches Wappen mit Lorbeer- und Palmzweig, darunter »8 K« [kursiv]
Inv.-Nr.: A 846
Hoffmann/Dietrich 1987, Nr. 60 mit älterer Literatur; Radau/Himmelheber 1991, Nr. 57; Verame 1989, S. 85.

175 **Jeu des Héros des Mémorables Journées de Juillet 1830**
Einfigurig, französische Farbzeichen
Erfindung u. Verlag: Maniez, E.F.V.
Druck: de Fosset
Vertrieb: Aporsis
Paris, 1831
Blattzahl: 32; 8,2 x 5,3 cm
Werte: As, K, D, B, 10 - 6
Material: Karton aus mehreren Schichten
Technik: Kupferstich, schablonenkoloriert; Goldschnitt
Rückseite: Unbedruckt
Inv.-Nr.: 1986-19
Depaulis 1990, Nr. 82; Hoffmann/Dietrich 1987, Nr. 18 mit älterer Literatur.

176 **The New Invented Fortune Telling Cards**
Einfigurig, französische Farbzeichen
Großbritannien, um 1830
Blattzahl: 31 von 32. Es fehlt: Herz-As; 9,1 x 6,2 cm; Umhüllung
Werte: As, K, D, B, 10 - 7
Material: Pappe aus mehreren Schichten
Technik: Kupferstich, mit der Hand koloriert
Rückseite: Weiß
Inv.-Nr.: B 1553
Hoffmann/Kroppenstedt 1972, Nr. 34 mit älterer Literatur.
Dieses englische Wahrsagespiel vom Anfang des 19. Jahrhunderts zeigt in den Bildern Zusammenhänge mit den deutschen und französischen Bildkarten (vgl. Abb. 204).
Auffällig ist die humoristische Behandlung des Themas. Der Zeichner macht sich über die Wahrsagekarten und ihre Bildchen lustig. Die Neigung zu Spielereien wird auch bei den Figuren Dame, König und Bube deutlich, wo – fast wie ein Vorläufer der Transformationskarten – das Farbzeichen in die Darstellung miteinbezogen ist. Der Treff-König z.B. hat das Kreuz nicht nur auf dem Szepter sondern dazu auch als Orden um den Hals hängen. Doch wird das nicht nach einer festen Ordnung durchgeführt, denn der Karo-Bube hält zwar eine Lanze, deren Spitze eine Raute ist, hingegen sehen wir auf seinem Handschuh, den er in den Gürtel gesteckt hat, ein Herz. Bei Karten wie Karo-Neun oder Karo-Acht zeigt sich eine deutliche Neigung zum Karikieren.

177 **Transparentes erotisches Spiel**
Einfigurig, französische Farbzeichen
Deutschland, letztes Viertel 19. Jahrhundert
Blattzahl: 52; 9,1 x 5,65 cm
Werte: As, K, D, B, 10 - 2
Material: Papier, zweischichtig verklebt
Technik: Federlithografie, koloriert
Rückseite: Unbedruckt
Inv.-Nr.: 1993-226
Das pornografische Bild kann man lediglich sehen, wenn man die Karte gegen das Licht hält.

178 **Kopie des Cotta Spiels für 1805**
Einfigurig, französische Farbzeichen
Hersteller: Johann Hieronymus Löschenkohl und Mayer
Wien, 1806 (datiert auf Treff-1)
Signatur auf Karo-K, -D, -B: »Mayer«
Blattzahl: 44. Es fehlen: Treff-D, -7; Pik-D; Herz-D; -B, -7; Karo-7, -6; 8 x 6 cm
Werte: As, K, D, B, 10 - 2
Material: Karton, mehrschichtig
Technik: Kupferstich, Figurenkarten handkoloriert
Rückseite: Unbedruckt
Beschriftung auf Treff-1: »Wien bey H. Löschenkohl 1806«
Steuerstempel auf Treff-As: Schwarz, rund »W / 10. K / KARTEN / 806.«
Inv.-Nr.: 1978-154
Hoffmann/Dietrich 1987, Nr. 34 mit weiterer Literatur
Der Wiener Künstler, Kupferstecher und Verleger Johann Hieronymus Löschenkohl – ein Geschäftsmann, der das Gras wachsen hörte – hat 1806 den ersten Cottaschen Almanach kopiert. Auch die Idee mit den Figurinen aus Theaterstücken der Klassiker übernahm der Wiener von dem Tübinger Verleger: ebenfalls 1806 erscheint sein Botanisches Kartenspiel, die Zahlenkarten zeigen Blumen, die die Farbzeichen umgehen, die Figurenkarten sind Figurinen aus »Wilhelm Tell« von Friedrich Schiller; das Stück war am 4. Juli 1804 zum ersten Mal in Berlin gespielt worden; die Kostüme erschienen in der Zeitschrift: »Kostüme aus dem Königlichen Nationaltheater zu Berlin«, von dort hat sie Löschenkohl übernommen. Seine Cotta-Kopien beweisen, wie beliebt die romantischen Almanache waren.

179 **The White Pass & Yukon Route Souvenir Cards**
Farbzeichen doppelfigurig, Bilder einfigurig, französische Farbzeichen
Hersteller: S. M. Irwin u. E. C. Hawkins
Seattle, 1900
Blattzahl: 55; 8,8 x 6,3 cm; Schachtel; 1 Titelkarte, 1 Textkarte
Werte: As, K, D, B, 10 - 2, 1 Joker
Material: Spielkartenkarton
Technik: Fotolithografie, Goldschnitt
Rückseite: Gold, Rot und Blau und »Scenic Railway of the World« und »The White Pass and Yukon Route«
Beschriftung auf der Schachtel: »THE WHITE PASS AND YUKON ROUTE SOUVENIR CARDS. COPYRIGHTED, 1900, BY S.M. IRWIN, Traffic Manager, SEATTLE, WASH. U.S.A.«
Inv.-Nr.: 1978-165

180 **Logica memorativa / Chartiludium logicae / Sive totius dialectice memoria & notus Petri hyspani textus emendatus: Cum iucundo pictasmatis exercitio Eruditi virt. f. Thome Murner Argetini: ordinis minor: theologie doctors eximis**
Erfinder: Thomas Murner
Straßburg/Krakau, 1509
Verlag: Johann Grüninger
Straßburg
Gebundenes Buch, Seiten nicht numeriert; Buchseite: 19 x 12,5 cm; Holzschnitte: 11 x 7,5 cm
Inv.-Nr.: B 730 (2)
Hoffmann 1993, Nr. 130 mit älterer Literatur.
Thomas Murners 1507 in Krakau in erster Auflage erschienenes Buch verbindet die Tradition der mnemotechnischen Bilder und die Spielkartenikonografie. Die Farbzeichen, also Symbole für in sich systematisch aufgebaute Sequenzen, verwendet er als »Signa tractatum«, 16 an der Zahl: Schellen, Krebs, Fisch, Eicheln, Skorpion, Hut, Herzen, Heuschrecke, Sonne, Stern, Vogel, Halbmond, Katze, Wappenschild, Krone und Schlange. Darunter sind die vier etablierten Farbzeichen: Schelle, Eichel, Herz, Schilten. Aber auch der Hut (vgl. Abb. 11) und der Vogel sind belegbar. So scheint es nicht abwegig, einen Zusammenhang mit den Spielen mit 16 Farben zu vermuten. Dieses Werk auf die Spielkarten zu beziehen, nimmt seine Berechtigung vor allem von der Tatsache, daß ein Lehrer auf dem Bekannten, dem Alten, aufbaut, um das Neue zu vermitteln. Das Bekannte sind hier die Spielkarten. Mnemotechnische Bilder befanden sich auch in dem Werk des Freiburgers Georg Reisch »Margarita philosophica«. Das Buch arbeitet Murner, nach dem Erfolg des Institutionen, seines ersten Kartenspiels von 1502 in ein aus Karten bestehendes Spiel um. Nach dem Titelblatt folgen Zeichnungen von sechzehn Gegenständen, »welche für alles folgende als mnemonische Symbole logischer Begriffe oder Lehren dienen sollen. Sodann aber wird der gesammte Inhalt der Lehren der Logik in die grafische Darstellung der Embleme von 51 Spielkarten gebracht, deren jede dem Umkreise einer bestimmten logischen Regel gewidmet ist, so daß nach Murners Absicht jedenfalls durch irgendeine Beschäftigung und Manipulation mit diesen Karten die Logik den Gedächtnisse eingeprägt werden soll.« (Vgl. Sieber 1875). Es haben sich lediglich Bücher erhalten; ein echtes Kartenspiel der Logik hat es aber sicher gegeben.

181 **Heraldische Lehrkarte**
Einfigurig, französische Farbzeichen
Hersteller: J.L. Hönning nach dem Original von Claude Oronce Finé (Pseud: de Brianville) von 1659
Nürnberg, nach 1659
Blattzahl: 52; 2 Blankokarten 10,3 x 5,8 cm
Werte: K, D, B, 10 - 2, 1 = Prinz
Material: Pappe aus mehreren Schichten
Technik: Kupferstich
Rückseite: Marmoriertes Papier in Weinrot, Blau, Gelb und Weiß
Beschriftung auf Pik-König: »J. L. Hönnig S.c.«
Inv.-Nr.: 1993-193
Radau/Himmelheber 1991, vgl. Nr. 219 mit älterer Literatur.

182 **Jeu des Reines renommées**
Einfigurig, französische Farbzeichen
Hersteller: Pierre Mortier, nach dem Original von Jean Desmarset de Saint Sorlin, Paris, 1644
Amsterdam, um 1700
Blattzahl: 52; 8,6 x 5,4 cm; Textheft
Werte: As, K, D, B, 10 - 2
Material: Karton aus mehreren Schichten
Technik: Kupferstich
Rückseite: Unbedruckt
Beschriftung: Anleitungsbuch Titelseite: »Jeu des Reynes renommées. Pour apprendre leur Histoire, A Amsterdam, chez Pierre Mortier, Libraire, A la Ville de Paris.«
Inv.-Nr.: A 1367
Amsterdam 1976, Nr. 54; Hoffmann 1972, Nr. 118 (vgl. zu Auflagen von 1644 u. Auflagen mit deutschen Farben).

183 **»Die Geographia in Ein Carten-Spiel«**
Einfigurig, französische Farbzeichen
Hersteller: Johann Stridbeck II der Jüngere
Augsburg, um 1680
Gebundenes Büchlein, bestehend aus: Titelblatt, Vorbericht, S. 1 - 52. Es fehlen: S. 2 = Treff-K, S. 48 = Karo-6); vor Beginn jeder Spielfarbe Landkarte des entsprechenden Kontinents; 9,2 x 5 cm; Pergamenteinband
Werte: As, K, D, B, 10 - 2
Material: Dünnes Papier
Technik: Kupferstich
Rückseite: Unbedruckt
Beschriftung auf dem Titelblatt: »Die GEOGRAPHIA in Ein Carten-Spiel. / Augsburg / Bei Joh. Stridbeck Jün. / Cum Privil S.C.M.«
Inv.-Nr.: A 1471
O'Donoghue 1901, S. 209 GER 51; Schreiber 1893, vgl. II, Pl 41-44.

184 **»Vorstellung fürtrefflicher Männer«**
Einfigurig, französische Farbzeichen
Hersteller: Johann Stridbeck II der Jüngere
Augsburg, 1685
Gebundenes Büchlein, handschriftlich numerierte Seiten 170-280; darin enthalten: 1 Titelblatt und 52 Kupferstiche; 9,4 x 5,1 cm
Werte: As, K, D, B, 10 - 2
Material: Dünnes Papier
Technik: Kupferstich
Beschriftung auf dem Titelblatt: »Vorstellung Fürtrefflicher MAENNER. / Johan Stridbeck Exc.«
Inv.-Nr.: B 1516
Wien 1974, Nr. 109; Dornik-Eger 1973, Nr. 10; Hargrave 1930, S. 109; Hoffmann 1972, S. 40 u. Abb. 27; Radau/Himmelheber 1991, Nr. 222.
Im Österreichischen Museum für angewandte Kunst befindet sich dieses Büchlein in der Form eines Kartenspiels. Die Titelkarte dieses Spiels lautet: »Fürtreffliche Welt-Berühmte Maenner (von Kriegs-Helden, Welt Weysen, Wol-Rednern und Poeten) in einem Carten-Spiel vorgestellt.« Alle die fürtrefflichen Männer stammen aus der griechischen und der römischen Antike. »Der Ziertitel des Spiels zeigt an einer barocken Pyramide vier Medaillons mit Romulus, Solon, Lysias und Homer als den Repräsentanten der Kriegshelden, Weltweisen, Redner und Dichter. Zu beiden Seiten schweben Chronos und die Fama, eine große Krone über den fürtrefflichen Männern haltend. Die Farbenzeichen: Herz, Karo, Pik und Treff kommen nur einmal auf jedem Blatt vor, in sie sind die notwendigen Zahlen 2-10, ein A (As), V (Valet, Bube), D (Dame) und R (Roi, König) eingetragen. Auf dem Dame-Blatt jeder Farbe ist das Porträt einer berühmten Dame des Altertums dargestellt. So ist Sappho unter den Dichtern (Herz), Areta, die Tochter des Arishippos, unter den Philosophen (Karo), Zenobia unter den Kriegern (Pik) und schließlich Aspasia, die Freundin des Perikles, unter den Rednern (Treff) dargestellt. Die meisten Porträts sind Phantasieköpfe, unter jedes der Medaillons sind als erklärender Text biographische Notizen gestochen. Die Zeit, in der der Dargestellte lebte, ist in den Jahren der Welt angegeben« (Dornik-Eger 1973).

185 **»Tugend Reitzende Sinn-Bilder zur Gemüths-Ergötzlichkeit vorgestellet«**
Einfigurig, französische Farbzeichen
Hersteller: Johann Stridbeck II der Jüngere
Augsburg, um 1690
Blattzahl: 52 + 2; Blattgröße: 11 x 6,5 cm; 2 Titelblätter
Werte: As, K, D, B, 10 - 2, 2 Titelblätter
Material: Dünnes Papier
Technik: Kupferstich
Rückseite: Unbedruckt
Beschriftung: Titelblatt beschriftet: »Tugend Reitzende SINN-BILDER zur Gemüths-Ergötzlichkeit Vorgestellet. / AUGSBURG / Bey Joh. Stridbeck / Jüngern«
Inv.-Nr.: 1980-100

186 **Emblematisches Spiel**
Einfigurig, deutsche Farbzeichen
Hersteller: Johann Azelt
Nürnberg, um 1690
Blattzahl: 2 Bogen mit insgesamt 36 Blatt;
Bogengröße: 31,7 x 40,5 cm; Blattgröße: 10 x 6,5 cm
Werte: Daus, K, O, U, X - 6
Material: Dünnes Papier
Technik: Kupferstich
Beschriftung auf Herz-Daus: »Azelt«
Inv.-Nr.: B 1048
Bünker 1907; Essenwein 1886, S. 12, 503-537; Fournier 1982, GER 21; O'Donoghue 1901, S. 84, GER 55; Tilley 1967, S. 42.

187/188 **Das Geistliche Teutsche Karten-Spil / Das ist: Ausführliche Erzehlung / was massen das Israelitische Volck im Alten Testament so wunderlich vermischt / und hin und wieder getrieben worden; Auch was sich mit Demselben / und Anderen / im Alt- und Neuen Testament Merckwürdiges hat zugetragen. In Vier Thail: Das ist / in die Hertz- Schell- Grün- und Aichel-Farb abgethailt / und mit 32. schönen Kupfern gezieret; ...**
Deutsche Farbzeichen
Konzeption: Andreas Strobl
Sulzbach, 1691
Stecher: Johann Conrad Reiff, Nürnberg
Verlag: Peter Paul Bleul
Gebundenes Buch, bestehend aus: Vorwort + Teil I = 278 Seiten + Teil II = 223 Seiten + Teil III = 120 Seiten + Teil IV = 124 Seiten + Schlüssel = 120 Seiten + zweiter Teil I Register = 132 Seiten + Register der Materien o. P.; in Tl I - IV 32 Kupfertafeln; Blattgröße:

19,9 x 16,7 cm; Kupfertafeln: 10,6 x 11,5 cm; Ledereinband mit Holzeinlagen
Werte: Kupfertafeln: Herz, Schelle, Grün, Eichel, davon je K, O, U, 10 - 7, Sau
Material: Papier
Technik: Kupferstich und Buchdruck
Inv.-Nr.: B 871 (1)
Wien 1974, Nr. 88; Böck 1953; Böck 1955; Hoffmann 1972, Abb. 30; O'Donoghue 1901, S. 218.

189 **Spiel mit Ausrufern**
Einfigurig, deutsche Farbzeichen
Augsburg, Ende 17. Jahrhundert
Blattzahl: 36; 10,2 x 6,1 cm; lederbezogener Schuber
Werte: Sau, K, O, U, 10 - 6
Material: Mittelstarker Karton aus mehreren Schichten Papier
Technik: Kupferstich, schablonenkoloriert
Rückseite: Unbedruckt
Inv.-Nr.: 1995-84
Radau/Himmelheber 1991, Nr. 223 mit älterer Literatur.

190 **Stände-Spiel**
Einfigurig, deutsche Farbzeichen
Deutschland, Ende 17. Jahrhundert
Blattzahl: 12. Vorhanden: Eichel-U, -9; Blatt-Daus, -9, -7; Herz-K, -O, -U; Schellen-Daus, -K, -8, -7; 10,5 x 6,7 cm
Werte: Daus, K, O, U, X - 7 (mehr nicht bekannt)
Material: Dünnes Papier
Technik: Kupferstich
Inv.-Nr.: B 1047
Wien 1974, Nr. 90.

191 **Allegorisches Lehrspiel**
Einfigurig, französische Farbzeichen
Deutschland, um 1700
Blattzahl: 17 von 36(?). Vorhanden: Treff-6; Pik-D, -10, -7, -6; Herz-As, -10, -9, -8, -7, -6; Karo-As, -K, -D, -B, -8, -6;
10,1 x 5,5 cm
Werte: As, K, D, B, 10 - 6 (?)
Material: Dünner Karton aus mehreren Schichten Papier
Technik: Kupferstich, rote Farbzeichen für Herz und Karo
Rückseite: Unbedruckt
Inv.-Nr.: B 712
Wien 1974, Nr. 93; Hoffmann 1972, S. 41, Taf. 70 a.

192 **Spiel mit emblematischen Tierdarstellungen**
Einfigurig, deutsche Farbzeichen
Hersteller: Conrad Stappf
Augsburg, Anfang 18. Jahrhundert
Blattzahl: 32 von 52. Vorhanden: pro Spielfarbe jeweils Daus, K, D, B, X - VII; 9,8 x 5,8 cm
Werte: Daus, K, D, B, X - VII
Material: Karton aus mehreren Schichten Papier
Technik: Kupferstich, Farbzeichen koloriert
Rückseite: Unbedruckt
Inv.-Nr.: A 1240
Wien 1974, Nr. 82; Hoffmann Frankfurt 1972, Nr. 49; Hoffmann 1972, Taf. 82 a; O'Donoghue 1901, S. 86, GER 61; Hoffmann/Dietrich 1988, S. 13, Abb. 4.
Auf dem vollständigen Exemplar dieses Spiels, das im Britischen Museum in London (O'Donoghue 1901, G 61) aufgehoben wird, ist der Name des Herstellers angegeben. Ein Stichverleger und Kunsthändler Johann Ulrich Stappf hat von 1642 bis 1706 in Augsburg gelebt. Sein gleichnamiger Sohn (1668-1724) führte das Geschäft fort. Aus dem Verlag Johann Ulrich Stappfs ist ein Festungsbauspiel (Deutsches Spielkarten-Museum, Inv. Nr. B 149a) bekannt. Möglicherweise gehört auch Conrad Stappf zu dieser Familie. Die Tierbilder werden mit moralisierenden Sprüchen in lateinischer und deutscher Sprache verbunden. Von späteren Kartenmachern werden die Bilder immer wieder verwendet, so in Göblschen Tier-Tarocken.

193 **Lenthall's Arithmetical Cards No. XV**
Einfigurig, französische Farbzeichen
Hersteller: John Lenthall oder William Warter
London, zwischen 1707 und 1723
Stecher: Sturt
London
Blattzahl: 50 + Karo-As aufgeklebt auf der Schachtel. Es fehlt: Karo-3; 8,7 x 6,2 cm; Schachtel
Werte: As, K, D, B, 10 - 2
Material: Karton aus mehreren Schichten
Technik: Kupferstich
Rückseite: Unbedruckt
Steuerstempel auf Karo-As: Rote, längliche Krone mit »S.H.«
Inv.-Nr.: 1978-157
Mann 1966, S. 141; Mann 1990, Nr. 259; Wayland, Lenthall 1977; Willshire 1876, S. 235 E. 176; Wowk 1983, S. 97.
Auf allen Karten sind Regeln für die Arithmetik gegeben. Die Wertigkeit der Karte ist durch eine Miniaturkarte in der oberen Ecke der großen Karte angezeigt. Es ist eines der beiden ältesten Beispiele einer solchen Kartenkomposition, die ich kenne. Die Fragen und Antworten sind nicht anspruchsvoll, denn eine Anzeige für das Spiel besagt, daß es für Personen mit »minderen Fähigkeiten« geeignet sei. Die erste Anzeige für das Spiel erschien 1707 von Warter, 1708 eine weitere von War-

ter & Lenthall. Nachdem Warter 1709 als Geschäftspartner ausgeschieden war, verkaufte Lenthall die Vorräte weiter.

194 **Geographisches Minchiate »Nuovo Atlante Generale«**
Einfigurig, Tarock mit italienischen Farbzeichen
Hersteller: Aniello Lamberti
Florenz, 1779
Blattzahl: 97; 10 x 5,8 cm; Schachtel
Werte: Tarocke 1 - 41, Matto, 56 Blatt des Vierfarbspiels
Material: Karten aus mehreren Schichten
Technik: Kupferstich, handkoloriert
Rückseite: Schwarze Kreuze auf hellem Grund (unterschiedliche Drucke)
Beschriftung: Die bei uns fehlenden Titelblätter und das Frontispiz sind beschriftet: »PETRO LEOPOLDO P. R. H. & B. A. A. M. D. A. PIO. IUSTO. BENEFICO QUO LITERAE. ET. ARTES. SUA. VINDICANTJURA D. AUGUST. DA. RABATTA. M. C & BARO. IOANNES. DE. BAILLOU PHILOLOGICUM. EPITOMA E. D. O. A. AE. V. CI I CCLXXIX. Anicello Lamberti Sc., C., propiet.« und »NUOVO ATLANTE GENERALE Metodico, ed Elementare Tascabile Perlo Studio della GEOGRAFIA ed I Storia Antica, e Moderna Arricchito di varie Carte Delle Nuove SCOPERTE IN FIRENZE Con Regio Termesso«. Das Frontispiz am unteren Rand ist beschriftet mit »NEC PLURIBUS IMPAR«.
Inv.-Nr.: 1991-25
Hoffmann/Dietrich 1988, Nr. 95.

195 **Könige von Frankreich**
Einfigurig
Großbritannien (?), 1791/1792
Blattzahl: 36; 9,6 x 6,3 cm
Werte: 1 - 67, 2 Titelkarten
Material: Karton aus mehreren Schichten
Technik: Kupferstich
Rückseite: Unbedruckt
Inv.-Nr.: 1984-128
Hoffmann/Dietrich 1987, Nr. 4.

196 **Jeu de cartes historiques de la Révolution Française**
Einfigurig, französische Farbzeichen
Hersteller: Jean-Pierre Bézu
Egalité-sur-Marne (= Chateau-Thierry), 1794
Blattzahl: 52; 8,4 x 5,4 cm
Werte: Primidi, Seconde Carte, Troisième, Decadi = X, bis Première Cartes = K, D, B, 10 - 1
Material: Karton aus mehreren Schichten
Technik: Kupferstich, schablonenkoloriert
Rückseite: Unbedruckt
Beschriftung: Seconde Carte: »Fait par Bézu à Egalité sur Marne, ci-devant Château-Thierry«; auf II: »Se vend chez Bézu à Egalité sur Marne ci-devant Château Thierry. Départ de l'Aisne«.
Inv.-Nr.: 1992-370
Depaulis 1990, Nr. 23; Hoffmann 1989; Hoffmann/Dietrich 1987, Nr. 10 mit älterer Literatur; Verame 1989, S. 136.
Das Kartenspiel bringt das Wissen der neuen Zeit, der Französischen Revolution ins System. Dabei wird die Tradition, das Überlieferte, durch ein in sich logisches, rationalistisches Gefüge ersetzt. Die Figurenkarten erscheinen als eine Trias, erste bis dritte Karte. Die französischen Farbzeichen bleiben erhalten, sie lassen an Abstraktion auch nichts zu wünschen übrig. Die Könige (»Première Carte«) zeigen die vier Elemente, allerdings mit naturwissenschaftlichen Erläuterungen versehen, die Damen sind durch die vier Jahreszeiten ersetzt, jede der allegorischen Gestalten zeigt auf ihrem Schild die drei entsprechenden Monatsnamen des neuen Kalenders. Auf der »Dritten Karte« schließlich sind die Vorsehung, das Gesetz, die Freiheit und die Gleichheit dargestellt, alle mit spezifizierenden Attributen und Beischriften versehen. Nicht nur die ehemaligen Figurenkarten, sondern auch die Zahlenkarten (von »Primidi« bis »Decidi«) sind mit einem grundsätzlichen Sinnspruch auf dem Rand umschrieben. Während die Asse die vier Erdteile zeigen, symbolisiert durch ein typisches Tier, sind die weiteren Blätter mit der neuen Einteilung der Republik, den neuen Maßen und Gewichten, den republikanischen Festen und der Erklärung der Menschenrechte versehen.

197 **Ethnographisches Lehrspiel aus Rußland**
Doppelfigurig, französische Farbzeichen
Hersteller: Fabr. Imperatorskago Vospitatel'nago Doma
St. Petersburg, 1830
Blattzahl: 60; 9,6 x 6,5 cm; Schuber in leinenbezogener Schachtel
Werte: As, K, D, B, 10 - 2, 8 Zusatzkarten
Material: Karton aus mehreren Schichten
Technik: Kupferstich, handkoloriert
Rückseite: Regionale Landkarten aus Rußland, die in Bezug zur Vorderseite stehen
Beschriftung auf dem Schuber in kyrillischer Schrift
Steuerstempel auf Karo-As: Pelikan nährt seine Jungen mit Umschrift in Russisch (= Zugunsten der Kaiserlichen Findelhäuser)
Inv.-Nr.: 1995-18
Hargrave 1930, S. 272; Keller 1981, RUS 7; O'Donoghue 1901, S. 153, Nr. 3.

198 **Illustrated Mythology No. 1129**
Hersteller: Cincinnati Game Company
Cincinnati, 1901 [Datiert auf der Anleitung]
Blattzahl: 50; 8,8 x 6,3 cm; Schachtel; 1 Leerkarte mit Anleitung, 1 Karte mit Verlagsanzeige
Werte: 5 Gruppen A bis E, jeweils von 1 - 10 numeriert
Material: Spielkartenkarton
Technik: Fotolithografie
Rückseite: Statue der Juno
Beschriftung auf dem Deckel: »No 1126 Illustrated Mythology«. »Copyrighted, 1901, BY The Cincinnati Game Co. Cincinnati, U.S.A.«
Inv.-Nr.: 1985-105

199 **Japanische Wortkarten zur Erlernung der englischen Sprache**
Hersteller: Hetotchi
Japan, 1. Hälfte 20. Jahrhundert
Blattzahl: 64; 6,1 x 4,4 cm; Originalschachtel
Werte: 32 Kartenpaare
Material: Papier auf Karton geklebt
Technik: Holzschnitt, schablonenkoloriert
Rückseite: Grau, Ränder auf die Vorderseite gezogen und verklebt
Beschriftung auf Schachtel sehr undeutlich: »Hetotchi«
Inv.-Nr.: B 1270
Prunner 1969, Nr. LVIII.

200/201 **Le Sorti di Francesco Marcolino da Forli**
Intitolate Giardino di pensieri allo Illustrissimo Signore Hercole Estense Duca di Ferrara, 1540
Druck: Marcolino da Forli, Venedig
Zeichnungen: Giuseppe Porta Grafagnino gen. Giuseppe Salviati (ca. 1520-1570)
Dichter der Terzinen: Ludovico Dolce
Hoffmann/Kroppenstedt 1972, Nr. 2 mit älterer Literatur; Hoffmann/Dietrich 1988, S. 43/44.

202 **Lenthall's Fortune Telling Cards No. XVIII**
Einfigurig, französische Farbzeichen
Hersteller: John Lenthall
London, um 1717
Blattzahl: 52; 7,1 x 5,8 cm; 1 Anleitungskarte. Es fehlt die 2. Anleitungskarte.
Werte: I - XIII
Material: Karton aus mehreren Schichten
Technik: Kupferstich
Rückseite: Unbedruckt
Inv.-Nr.: B 882
Fournier 1982, S. 215, Nr. 28; Hoffmann/Kroppenstedt 1972, Nr. 33 mit älterer Literatur; Keller 1981, ENG 36; Wayland 1978.

203 **Conversation Cards**
Einfigurig
Hersteller: S. Hooper
England, 1775
Blattzahl: 55; 8,8 x 6,8 cm
Werte: Nicht numeriert
Material: Karton aus mehreren Schichten Papier
Technik: Kupferstich
Beschriftung: 25 Karten am unteren Rand datiert und signiert: »2. Oct. 1775« und »S. Hooper«
Inv.-Nr.: B 1282
Hoffmann/Kroppenstedt 1972, Nr. 3 mit älterer Literatur; Hoffmann/Dietrich 1989, S. 9; Keller 1981, ENG 60.

204 **Wahrsagekarten mit Illustration und Beschriftung**
Einfigurig
Deutschland, nach 1813
Blattzahl: 36; 9,8 x 5,4 cm
Werte: Nicht numeriert
Material: Pappe aus mehreren Schichten
Technik: Lithografie schablonenkoloriert
Rückseite: Blüten- und Sternmuster in Blau
Inv.-Nr.: B 884 (2)
Hoffmann/Kroppenstedt 1972, Nr. 4; O'Donoghue 1901, S. 132, GER 329; Radau/Himmelheber 1991, Nr. 241.

205 **Tiresias prophetischer Kartenalmanach**
Doppelfigurig, französische Farbzeichen
Hersteller: Gebr. C.C.P. Suhr
Hamburg, um 1825
Blattzahl: 52; 9,1 x 5,9 cm; Schuber, fragmentarisch; Almanach
Werte: As, K, D, B, 10 - 2
Material: Dünner Karton aus mehreren Schichten Papier
Technik: Kreidelithografie, schablonenkoloriert
Rückseite: Gepunktete Kreise in Blau
Beschriftung: Schuber im Druck beschriftet: »Tiresias prophetischer Kartenalmanach mit Abbildung nach Antiken. HAMBURG im eigenen Verlage der Gebr. C.C.P. Suhr.«
Inv.-Nr.: B 208
Hoffmann/Dietrich 1987, Nr. 25 mit älterer Literatur.

206 **Grand Etteilla I**
Tarock mit italienischen Farbzeichen
Frankreich, 1. Viertel 19. Jahrhundert
Blattzahl: 78; 11,6 x 6,6 cm
Werte: 1 - 78
Material: Karton aus mehreren Schichten Papier
Technik: Kupferstich, schablonenkoloriert
Rückseite: Moosästchen in Violett
Inv.-Nr.: B 1124
Hoffmann/Dietrich 1988, Nr. 103 mit älterer Literatur.

207 **Vexierspiel ohne Farbzeichen**
Deutschland, 1780
Blattzahl: 28; 9,6 x 5,6 cm
Werte: 7 Serien mit je 6 Blatt
Material: Mittelstarker Karton
Technik: Holzschnitt, schablonenkoloriert
Rückseite: Wolkenmarmor in Rotbraun
Inv.-Nr.: A 411
Hoffmann/Dietrich 1979, S. 41.

208 **Markierte Pin-up-Karten**
Einfigurig, französische Farbzeichen
Hersteller: Nintendo
Kyoto, um 1975
Blattzahl: 54; 10,1 x 5,8 cm; Plastikschachtel; Anleitung
Werte: As, K, D, B, 10 - 2, 2 Joker
Material: Spielkartenkarton
Technik: Offset
Rückseite: Muster aus 12-blättrigen Blüten
Inv.-Nr.: 1979-127
Hoffmann/Dietrich 1979, S. 69.

209 **Fächerkarten**
Doppelfigurig, französische Farbzeichen
Tschechoslowakei, um 1925
Blattzahl: 35; 9,3 x 6 cm
Technik: Farblithografie
Rückseite: Gelb, Blau, Rot und Grün
Inv.-Nr.: 1979-117
Hoffmann/Dietrich 1979, S. 72.

210 **Hexenspiel**
Österreich, 1. Hälfte 19. Jahrhundert (?)
Blattzahl: 21 von ?. Vorhanden: I - XII, 2 Deller bzw. Däller; 2 Würst; 2 Glas; Werda; Hexe; 9,1 x 6 cm
Werte: Bild- und Zahlenkarten
Material: Karton aus mehreren Schichten
Technik: Holzschnitt, schablonenkoloriert
Rückseite: Blitzmuster in Schwarz
Inv.-Nr.: 1985-136

211 **Das Brautt-Spil**
Deutsche Farbzeichen
Hersteller: Johann Philip Steydtner
Süddeutschland, um 1700
Signatur: »Jo: Phil. Steydtner. ex.«
Blattzahl: 1 Bogen mit 7 Blatt; Bogengröße: 34 x 27,5 cm; Blattgröße: verschieden
Technik: Kupferstich
Rückseite: Unbedruckt
Inv.-Nr.: B 1018
Hargrave 1930, S. 150.

212 **Lotery – Spel**
Einfigurig
Hersteller: Michael Schmidt
Nürnberg, 2. Viertel 19. Jahrhundert
Blattzahl: 180; Bildkarten: 6,9 x 4,7 cm; Nummerkarten: 3,5 x 4,6 cm; Classekarten: 3,5 x 4,6 cm
Pappschachtel mit Fächerteilung und Deckel; Spielanleitung
Werte: 60 Bildkarten, 60 Nummerkarten, 60 Classekarten
Material: Karton aus mehreren Papierschichten
Technik: Kupferstich schablonenkoloriert
Rückseite: Unbedruckt
Beschriftung auf der Spielanleitung: »de Neuremberg by Michael Schmidt...«
Inv.-Nr.: 1992-378

213 **Tydverdrywend & verlustigende Lottery**
Einfigurig
Hersteller: Michael Schmidt
Nürnberg, um 1800
Blattzahl: 146. Vorhanden: 50 Bildkarten, 49 Nummernkarten, 47 Classekarten; Bildkarten: 6,5 x 4 cm, Nummernkarten: 4,2 x 3,2 cm; Classekarten unterschiedliche Formate; Pappschachtel mit Deckel; Spielregel
Werte: Bild-, Nummern- und Classekarten
Material: Karton aus mehreren Papierschichten
Technik: Kupferstich
Rückseite: Unbedruckt
Beschriftung: »tot. Neuremberg, by Michael Schmidt, graveur sculpteur« auf der Spielregel
Inv.-Nr.: 1992-379
Keller 1981, GER 365.

214 **Praeciosa's Orakelsprüche**
Hersteller: Magazin für Industrie und Literatur
Leipzig, um 1830
Blattzahl: 35 von 36. Es fehlt: 34; 9,2 x 5,9 cm; Schuber; Anleitung
Werte: 1 - 36
Material: Dünner Karton
Technik: Lithografie, schablonenkoloriert
Rückseite: Unbedruckt
Beschriftung auf Schuber: »Praeciosa's Orakelsprüche. Erste Lieferung. Leipzig, Magazin für Industrie und Literatur.«
Inv.-Nr.: 1991-212
Fournier 1982, S. 179, Nr. 78; Keller 1981, GER 319; Kohlmann 1974; Rebusbilder (zum Thema Rebus); Reisinger 1994 (ergänzend zum Thema Rebus).

215 **Rebus-Spiel**
Deutschland, um 1835
Blattzahl: 25 von 36. Es fehlen: 2, 3, 4, 8, 12, 14, 15, 16, 23, 32, 33; 9,3 x 5,85 cm
Werte: 1 - 36
Material: Karton aus mehreren Schichten Papier
Technik: Lithografie, schablonenkoloriert
Rückseite: Marmoriert, Grau
Beschriftung: Auf jeder Karte ein Rätsel
Inv.-Nr.: 1991-115
Rebusbilder (zum Thema Rebus); Reisinger 1994 (ergänzend zum Thema).

Literaturliste

Allemagne 1906
H.-R. d'Allemagne: Les Cartes à Jouer du XIVe au XXe siècle, Bd. I und II, Paris 1906

Amsterdam 1976
In de kaart gekeken. Europese speelkaarten van de 15. eeuw tot heden, Amsterdam 1976

Balan/Radau 1989
Ernst-Henri Balan und Sigmar Radau: Die erste »Wappen- und Militärkarte, in Kupfer, sehr fein« aus dem Industrie-Comptoir in Leipzig vom Jahre 1809, in: Das Blatt, Berlin 1989, Nr. 1, Abb. 13-16

Balan/Radau 1991
Ernst-Henri Balan und Sigmar Radau: Vorbereitung zur Einführung eines einheitlichen Spielkartensteuerstempels für das »Deutsche Reich« nach Reichsgründung im Jahre 1871, in: Das Blatt, Berlin 1991, 4, S. 60-66

Bell 1979
R. C. Bell: Board and Table Games from many Civilisations, New York 1979; überarbeitete Auflage von Oxford 1960, 1969

Böck 1953
Robert Böck: Pfarrer Andreas Strobl von Buchbach. Ein vergessener Predigtschriftsteller des 17. Jh., in: Bayerisches Jahrbuch für Volkskunde, München 1953, S. 149-158

Böck 1955
Robert Böck: Das Geistliche Kartenspiel des Andreas Strobl, in: Bayerisches Jahrbuch für Volkskunde, München 1955, S. 201-210

Breitkopf 1784
Joh. Gottlieb Iammanuel Breitkopf: Versuch den Ursprung der Spielkarten, die Einführung des Leinenpapiers, und den Anfang der Holzschneidekunst in Europa zu erforschen, Leipzig 1784

Bünker 1907
J. R. Bünker: Ein altes Kartenspiel, in: Zeitschrift für österreichische Volkskunde, Wien 1907, XIII, Nr. 4./5, S. 3-11

Culin 1896
Stewart Culin: Chess and Playing-Cards. Catalogue of Games and Implements for Divination Exhibited by the United States National Museum in Connection with the Department of Archeology and Paleontology of the University of Pennsylvania at the Cotton States and International Exposition, Atlanta, Georgia, 1895, in: Report of the U.S. National Museum for 1896, S. 665-942, als Seperatum gedruckt Washington 1898

Culin 1907
Stewart Culin: Games of the North American Indians, Washington 1907

Denning 1976
Trevor Denning: Translucent Playing Cards, Birmingham 1976

Denning 1980
Trevor Denning: Spanish Playing Cards, Birmingham 1980

Depaulis 1984
Thierry Depaulis: Tarot, jeu et magie, Paris 1984

Depaulis 1989
Thierry Depaulis: Qui était donc le colonel Atthalin?, in: L'As de Trefle, Paris 1989, Nr. 36, S. 19/20

Depaulis 1990
Thierry Depaulis: Les cartes de la Révolution. Cartes à jouer et propagande, Issy-les-Moulineaux 1989

Depaulis 1995
Thierry Depaulis: Essai de généalogie du portrait de Paris, in: The Playing Card, XXIII, Nr. 3, Februar 1995, S. 62-74

Dietrich 1992
Margot Dietrich: Das Deutsche Spielkarten-Museum Leinfelden-Echterdingen. Zweigmuseum des Württembergischen Landesmuseum Stuttgart, in: Homo Ludens. Der spielende Mensch, München/Salzburg 1992, 2, S. 201-217

Dornik-Eger 1973
Hanna Dornik-Eger: Spielkarten und Kartenspiele, Wien 1973

Dummett 1980
Michael Dummett: The game of Tarot from Ferrara to Salt Lake City, London 1980

Endrei 1994
Walter Endrei: Die Datierung eines französischen Transformationsspieles, in: Talon, Wien/Budapest 1994, Nr. 3, ohne Seitenzahl

Essenwein 1886
A. Essenwein, Katalog der im germanischen Museum befindlichen Kartenspiele und Spielkarten, Nürnberg 1886

Field 1987
Albert Field, Transformation Playing Cards, Stamford/USA 1987

Fischer 1994
Hubertus Fischer: Wer löscht das Licht? Europäische Karikatur und Alltagswelt 1790-1990, Stuttgart 1994

Fournier 1982
Felix Alfaro Fournier: Fournier Museum. Playing Cards, general history from their creation to the present day, Vitoria 1982

Geisberg 1905
Max Geisberg: Das älteste gestochene deutsche Kartenspiel vom Meister der Spielkarten (vor 1446), Straßburg 1905

Gizycki/Gorny 1970
Jerzy Gizycki/Alfred Gorny: Glück im Spiel zu allen Zeiten, Zürich 1970

Goldschmidt 1919
Victor Goldschmidt: Farben in der Kunst, Heidelberg 1919

Graak 1985
Karl Graak: Künstler-Spielkarten des 20. Jahrhunderts. Kunst zum Spielen. Dumont Taschenbücher Bd. 166, Köln 1985

Grunfeld 1976
Frederic V. Grunfeld (Hrg.): Spiele der Welt. Geschichte, Spielen, Selbermachen. Hrg. von Frederic V. Grunfeld. Deutsche Bearbeitung Eugen Oker. Gestaltung Pieter van Delft, Jack Botermans, Frankfurt/M. 1976

Hargrave 1930
Catherine Perry Hargrave: A History of Playing Cards and a Bibliography of Cards and Gaming, Boston und New York 1930

Hase 1968
Martin von Hase: Spielkarten aus aller Welt vom Mittelalter bis zur Gegenwart aus dem Museum der Vereinigten Altenburger und Stralsunder Spielkartenfabriken Leinfelden bei Stuttgart und aus deutschen Sammlungen, Stuttgart 1968

Hausler 1993
Manfred Hausler: Das Bayerische Bild, Berlin 1993

Hoffmann 1972
Detlef Hoffmann: Die Welt der Spielkarte, Leipzig 1972

Hoffmann, Frankfurt 1972
Detlef Hoffmann: Spielkarten. Inventarkatalog der Spielkartensammlung des Historischen Museums Frankfurt am Main, Frankfurt am Main 1972

Hoffmann, Rethel 1972
Detlef Hoffmann: Ein Kartenspiel Alfred Rethels. Bemerkungen zum Verhältnis von Spielkarten und Historienmalerei, in: Schriften des Historischen Museums, Frankfurt/Main 1972, XIII, S. 141-167

Hoffmann 1979
Detlef Hoffmann: Alte Spielkarten, in: Kunstvolle Zeiten. Zehn Jahre MD Volkskunst-Kalender, Dachau 1979, S. 7-27

Hoffmann 1985
Detlef Hoffmann: Gemalte Spielkarten. Eine kleine Geschichte der Spielkarten anhand gemalter Unikate von Detlef Hoffmann unter Mitarbeit von Margot Dietrich. Insel Taschenbuch Bd. 912, Frankfurt/M. 1985

Hoffmann 1989
Detlef Hoffmann: Bube, Dame, König, As. Spielkarten der Französischen Revolution, in: Vive la Révolution, Berlin 1989, S. 120-127

Hoffmann 1993
Detlef Hoffmann: Altdeutsche Spielkarten 1500-1650. Katalog der Holzschnittkarten mit deutschen Farben aus dem Deutschen Spielkarten-Museum Leinfelden-Echterdingen und dem Germanischen Nationalmuseum Nürnberg. Mit Beiträgen von Detlef Hoffmann, Ursula Timann und Rainer Schoch, Nürnberg 1993

Hoffmann/Dietrich 1979
Detlef Hoffmann und Margot Dietrich: Karten zum Zaubern, München 1979

Hoffmann/Dietrich 1981
Detlef Hoffmann und Margot Dietrich: Die Dondorf'schen Luxus-Spielkarten. Die bibliophilen Taschenbücher Bd. 243, Dortmund 1981

Hoffmann/Dietrich 1982
Detlef Hoffmann und Margot Dietrich: Pikante Blätter. Erotische Spielkarten von gestern und heute, Dortmund 1982

Hoffmann/Dietrich 1984
Detlef Hoffmann und Margot Dietrich: Tarocke mit französischen Farben, Leinfelden-Echterdingen 1984

Hoffmann/Dietrich 1985
Detlef Hoffmann und Margot Dietrich: Gemalte Spielkarten. Verzeichnis der ausgestellten Spiele und Grafiken, Leinfelden-Echterdingen 1985

Hoffmann/Dietrich 1987
Detlef Hoffmann und Margot Dietrich: Geschichte auf Spielkarten 1789-1871. Von der Französischen Revolution bis zur Reichsgründung. Mit einem Beitrag von Thierry Depaulis, Stuttgart 1987

Hoffmann/Dietrich 1988
Detlef Hoffmann und Margot Dietrich: Tarot – Tarock – Tarocchi. Tarocke mit italienischen Farben, Leinfelden-Echterdingen 1988

Hoffmann/Dietrich 1989
Detlef Hoffmann und Margot Dietrich: Tarot-Art. Zeitgenössische Künstler gestalten das alte Tarock, Leinfelden-Echterdingen 1989

Hoffmann/Kroppenstedt 1966
Detlef Hoffmann und Erika Kroppenstedt: Französische Spielkarten des XX. Jahrhunderts, Bielefeld 1966

Hoffmann/Kroppenstedt 1967
Detlef Hoffmann und Erika Kroppenstedt: Tarocke mit französischen Farben, Bielefeld 1967

Hoffmann/Kroppenstedt 1972
Detlef Hoffmann und Erika Kroppenstedt: Wahrsagekarten. Ein Beitrag zur Geschichte des Okkultismus, Bielefeld 1972

Jakstein 1935
Werner Jakstein: Herzbube und Pik-As, in: Hamburger Illustrierte, Hamburg 1935, Nr. 31, S. 15

Jakstein 1949
Werner Jakstein: Könige aller Völker. Eine kleine Spielkartenschau, in: Westermanns Monatshefte, Braunschweig 1949, Nr. 8, S. 71-74

Janssen 1965
Han Janssen: Speelkaarten, Bussum 1965

Janssen 1985
Han Janssen: De Geschiedenis van de Speelkaart, Rijswijk 1985

Kaplan 1978
Stuart R. Kaplan: The Encyclopedia of Tarot. Bd. I, New York 1978

Kaplan 1986
Stuart R. Kaplan: The Encyclopedia of Tarot. Bd. II, New York 1986

Kaplan 1990
Stuart R. Kaplan: The Encyclopedia of Tarot. Bd. III, Stamford 1990

Keller 1981
William B. Keller: A catalogue of the Cary collection of Playing Cards in the Yale University Library. Bd. I-IV, New Haven 1981

Klein 1967
Klein Robert: Les tarots enluminés du XV. siècle, in: L'Œil, 1967, Nr. 145, Januar

Kohlmann 1967
Erwin Kohlmann: Jost Amman. Das Kartenspiel von 1588. Faksimileausgabe, Leipzig 1967

Kohlmann 1974
Erwin Kohlmann: Präciosas Orakelsprüche/Praeciosa's Oracles. (Faksimilespiel mit Begleitheft von Erwin Kohlmann), Heimeran Verlag, München 1974

Kohlmann 1982
Erwin Kohlmann: Die Verkehrte Welt/The Topsy-Turvy World (Faksimilespiel mit Begleittext von Erwin Kohlmann), Edition Leipzig, Leipzig 1982

Kohlmann 1984
Theodor Kohlmann: Berliner Spielkarten. Mit einem Beitrag von Sigmar Radau, Berlin 1984

Kohlmann/Radau 1978
Theodor Kohlmann und Sigmar Radau: Das Preußische Bild. Studien zur Spielkarte, Berlin 1978

Kohlmann/Radau/Schlede 1982
Theodor Kohlmann, Sigmar Radau und Stefan Schlede: Bube Dame König. Alte Spielkarten aus Berliner Museums- und Privatsammlungen, Berlin 1982

Leyden 1977
Rudolf von Leyden: Indische Spielkarten. Inventarkatalog der indischen Sammlung des Deutschen Spielkarten-Museums, Leinfelden-Echterdingen 1977

Leyden 1978
Rudolf von Leyden: Karnöffel. Das Kartenspiel der Landsknechte, seine Geschichte vom 15. Jahrhundert bis zur Gegenwart, München und Wien 1978

Leyden 1981
Rudolf von Leyden: Die Welt der Indischen Spielkarten. Geschichte, Systematik und Herstellung mit einem Katalog der Sammlung des Museums für Völkerkunde, Wien, Wien 1981

Leyden 1982
Rudolf von Leyden: Ganjifa. The Playing Cards of India, London 1982

Leyden/Duda/Roschanzamir 1981
Rudolf von Leyden, Dorothea Duda, Mehdi Roschanzamir: Spielkarten-Bilder in persischen Lackmalereien der Österreichischen Nationalbibliothek, Wien 1981

Madrid 1993
Naipes Britanicos y su influencia international, Madrid 1993

Mann 1966
Sylvia Mann: Collecting Playing Cards, Worcester & London 1966

Mann 1990
Sylvia Mann: Alle Karten auf den Tisch. Geschichte der standardisierten Spielkarten aller Welt. All cards on the table. Standard Playing Cards of the World and their History. Bd./Vol.I I: Text; Bd./Vol. II: Abb./Illustrations, Jonas Verlag, Leinfelden-Echterdingen und Marburg 1990

Milano 1986
Alberto Milano: Two Sheets of ›Padovano‹ Playing Cards, in: The Playing Card, London 1986, XIV, Nr. 3, S. 61-67

O'Donoghue 1901
Freeman M. O'Donoghue: Catalogue of the collection of Playing Cards bequeathed to the Trustees of the British Museum by the late Lady Charlotte Schreiber, London 1901

Pinder 1953
Eberhard Pinder: Spielkarten aus fünf Jahrhunderten, Bielefeld 1953

Pinder 1955
Eberhard Pinder: Zur Geschichte der europäischen Spielkarten, in: Graphis, 1955, S. 242-257

Pinder 1961
Eberhard Pinder: Charta Lusoria, Biberach an der Riss 1961

Prunner 1969
Gernot Prunner: Ostasiatische Spielkarten, Bielefeld 1969

Radau 1989
Sigmar Radau: Tiertarock. Entstehung und Verbreitung der Tarocke mit französischen Farben, München 1989

Radau/Himmelheber 1991
Sigmar Radau und Georg Himmelheber: Spielkarten, München 1991

Rebusbilder
Rebusbilder. Aus der Wiener allgemeinen Theaterzeitung. Nachwort von Fritz Bernhard, Dortmund 1979

Reisinger 1990
Klaus Reisinger: Der oesterreichische Spielkarten-Steuerstempel und andere Mitteilungen, Wien 1990

Reisinger 1994
Klaus Reisinger: Die Rebus-Tarocke, in: Talon, Wien 1994, Nr. 3, Kapitel 15

Rowley's 1973
To the patrons and encouragers of Rowley's new designed patent copper-plate cards, in: The Journal of the Playing-Card Society, Manchester 1973, I, Nr. 4, 2 u. 3.

Sack 1976
Vera Sack: Zwei frühe Volkskartenspiele mit italienischen Farben. Zugleich ein Beitrag zur Datierung von Spielkarten, in: Archiv für Geschichte des Buchwesens, 1976, XVI, S. 1218-1278

Schallaburg 1987
Spielzeug, Spiel und Spielereien. Landesausstellung in der Schallaburg 25. April - 2. November 1987, Wien 1987

Scheidig 1955
Walter Scheidig: Die Holzschnitte des Petraca-Meisters, Berlin (Ost) 1955

Schmid 1898
M. Schmid: Rethel, Bielefeld und Leipzig 1898

Schreiber 1893
Charlotte Schreiber: Playing Cards of various ages and countries. Bd. I-III, London 1893

Schreiber 1937
W. L. Schreiber: Die ältesten Spielkarten und die auf das Kartenspiel Bezug habenden Urkunden des 14. und 15. Jahrhunderts, Straßburg 1937

Seguin 1968
Jean-Pierre Seguin: Jeu de carte, Paris 1968

Seltmann 1991
Friedrich Seltmann: Das Spiel von Arundhati und den sieben Rsi, in: The Playing Card, London 1991, XX, Nr. 1, 1-9

Semrau 1910
Franz Semrau: Würfel und Würfelspiel im alten Frankreich, Halle 1910

Shephard 1985
John Shephard: The Tarot Trumps Cosmos in Miniature. The Structive and Symbolism of the Twenty-two Tarot Trump Cards, Wellingborough, Northamptonshire 1985

Sieber 1875
Ludwig Sieber: Thomas Murner und sein juristisches Kartenspiel, in: Beiträge zur Vaterländischen Geschichte, 10, Basel 1875, S. 273-316

Suma 1994
Wolfgang Suma: Fünfhundert Jahre Leipziger Spielkarten, in: Supplement to the Journal of the International Playing Card Society, No 2, London 1994

Tilley 1967
Roger Tilley: Playing Cards, London 1967

Toulouse 1971
La carte à jouer en Languedoc des origines à 1800, Musée Paul Dupuy, Toulouse 1971

Verame 1989
Jean Verame: Les merveilleuses Cartes à Jouer du XIXe. siècle, Paris 1989

Wayland 1977
Harold Wayland: Lenthall Pack No. XV. Arithmetical Cards, teaching that useful Art after the most plain and easy method, in: The Journal of the Playing-Card Society, London 1977, VI, Nr. 1, S. 28-32

Wayland 1978
Virginia & Harold Wayland: Lenthall Pack No. XVIII. Fortune-Telling Cards, pleasantly unfolding the good and bad Luck attending human life, in: The Journal of the Playing-Card Society, London 1978, VII, Nr. 1, S. 12-21

Wayland 1992
Virginia & Harold Wayland: Playing Cards as a Mirror of Culture in 18th Century England, in: The Playing Card, London 1992, XXI, Nr. 2, 43/44

Westfehling 1988
Uwe Westfehling: Tarocchi. Menschenwelt und Kosmos. Ladenspelder, Dürer und die Tarock-Karten des Mantegna, Köln 1988

Whiting 1978
J. R. S. Whiting: A Handful of History, Trowbridge & Esher, Dursley 1978

Wien 1974
Spielkarten ihre Kunst und Geschichte in Mitteleuropa. Graphische Sammlung Albertina 242. Ausstellung 12. September - 3. November 1974, Wien 1974

Willshire 1876
William Hughes Willshire: A Descriptive Catalogue of Playing Cards and other Cards in the British Museum, London 1876

Wowk 1983
Kathleen Wowk: Playing Cards of the World. A collector's guide, Guildford Surrey 1983

Wykes 1964
Alan Wykes: The Complete Illustrated Guide to Gambling, New York 1964

Zangs/Holländer 1994
Christiane Zangs und Hans Holländer (Hrg.): Mit Glück und Verstand. Zur Kunst- und Kulturgeschichte der Brett- und Kartenspiele, 15.-17. Jahrhundert. Katalogbuch zur Ausstellung im Museum Schloß Rheydt vom 29. Juli bis 25. September 1994, Aachen 1994

Register